जातिविहीन भारत

एक वास्तविकता

वज़ीर सिंह पूनिया

ISBN 979-8-88733-634-3

मेरी स्वर्गीय माता कर्मयोगिनी रिसालो देवी

की स्मृति में

1930-2013

मेरी सदैव प्रेरणा का स्रोत

अनुक्रमणिका

प्रस्तावना

एक विलक्षणता जिसने भारत के तीन पहलुओं (सामाजिक, आर्थिक व राजनीतिक) को सबसे ज्यादा प्रभावित किया है तो वह है जाति व्यवस्था। भारत के हर नागरिक के ऊपरलिखित तीनों पहलुओं को किसी एक कारक ने प्रभावित किया है तो वह है जाति व्यवस्था और अगर किसी एक महत्त्वपूर्ण कारक को बिल्कुल अलग किया जाए जिसने हिन्दू धर्म के भाईचारे व धर्म प्रचार-प्रसार को सबसे अधिक हानि पहुंचाई है तो वह है जाति व्यवस्था और अगर कोई सामाजिक वर्गीकरण की कोई एक ऐसी वैश्विक व्यवस्था जिसका उत्पत्ति के समय से ही विरोध हुआ हो और जो वर्तमान में ही नहीं बल्कि पिछले तीन हजार साल से ज्यादा हर रोज उग्र रूप धारण करती जा रही हो तो वह है हिन्दू समाज में व्याप्त जाति व्यवस्था। इस व्यवस्था के परिणामस्वरूप हिन्दू धर्म से बौद्ध और सिख धर्म की उत्पत्ति हुई और मुगलों ने अत्याचार से लोगों का हिन्दू धर्म से इस्लाम में व लालच में, बहला फुसला कर ईसाईयों ने ईसाई धर्म में परिवर्तन कराया। मुझ से अधिक योग्य और समर्थ लेखकों और विद्वानों ने भारत की इस सामाजिक बुराई पर व्यवस्थित और व्यापक रूप से लिखा है। यह पुस्तक भी उनके प्रयासों को आगे बढ़ाने का ही एक प्रयास है। एक व्यक्ति जिस व्यवस्था का वह भाग है, तो उसे उस व्यवस्था के तथ्यों की जानकारी होनी चाहिए। यह पुस्तक एक कदम आगे बढ़कर वास्तव में एक

आशा की किरण दिखाती है कि इस व्यवस्था को कैसे खत्म किया जा सकता है। अप्रैल 2015 की एक सांय को जातिवाद को खत्म करने बारे विचार आने के साथ ही इस पुस्तक को लिखने की शुरूआत होती है और फिर लगातार इस पर गहन विचार मंथन से दिसम्बर 2015 में एक सम्भावित समाधान सामने आया और उसके बाद वास्तविक शुरूआत हुई, इससे पहले सिर्फ वैचारिक थी और इसे पुस्तक के रूप में प्रस्तुत करने में छः साल से ज्यादा का समय लग गया जिसमें कोविड-19 सबसे ज्यादा फलदायक रहा।

यह पुस्तक समतावादी समाज के संवैधानिक जनादेश, जाति प्रथा की उत्पत्ति व विकास और जाति प्रथा के खिलाफ आन्दोलनों को चित्रित करती है। इसमें एक अध्याय अनुसूचित जाति व अनुसूचित जनजाति की उत्पत्ति और उनके विकास का वर्णन करता है। 'जाति के उन्मूलन के कारण' अध्याय जाति उन्मूलन कितना अनिवार्य है, पर विस्तृत रूप से प्रकाश डालता है। कर्म और जन्म के आधार पर भेदभाव केवल भारत की ही नहीं बल्कि एक वैश्विक समस्या है। अध्याय 'भेदभाव - एक वैश्विक परिपेक्ष्य में' भारत के अतिरिक्त दुनिया के अन्य भागों में सामाजिक स्तरीकरण व भेदभाव का विवरण करता है। इसका अंतिम अध्याय समतावादी समाज का उद्देश्य प्राप्त करने के लिए जाति व्यवस्था को समाप्त करने का सम्भावित मार्ग दिखाता है। यह पुस्तक शायद साहित्यिक समाज की सन्तुष्टी को पूरी न कर सके, पर जिनके लिए यह लिखी गई है वे इसको समझेंगे और जिनके हित के लिए लिखी गई है, पूरी आशा है कि उनका इससे हित होगा।

अन्त में उन लेखकों, विद्वानों और शोधकर्ताओं, चाहे वे मृत हैं या जीवित, चाहे उनका इस पुस्तक में उद्धरण किया गया

है या नहीं, उनका योगदान शब्दों के रूप में इस पुस्तक में हो या ना हो और अगर योगदान है और अनजाने में उद्धरण करने से छूट गया है तो ध्यान में आने पर अगले संस्करण में उद्धृत किया जाएगा, चाहे वह मुद्रित हो या इल्क्ट्रोनिक रूप में हो जो ज्ञान और योगदान मेरे को पुस्तक के रूप में अपने विचारों को आकार देने के लिए प्रकाशित किया है, उनके योगदान को स्वीकार न करना व श्रेय न देना किसी भी तरह बुद्धिमानी नहीं होगी। मैं यह मानकर चलता हूं कि कोई भी लेखक अपने विचारों को शब्दों में परिवर्तित करते हुए, उसमें पूर्ण रूप से सम्माहित हो जाता है। इसलिए उसको केवल श्रेय ही नहीं दिया जाना चाहिए बल्कि सम्मान भी किया जाना चाहिए, वह आदर योग्य होता है, अतः मैं भी यह करता हूँ। डा. बी.आर. अम्बेडकर को पढ़ना शुरू करने के बाद जो प्रेरणा मुझे मिली उसका मैं ईमानदारी से सम्मान करता हूँ। मुझे हर पल प्रोत्साहित करने के लिए, जब भी मैने निराशा महसूस की जो कि छः साल के लम्बे अन्तराल में स्वाभाविक है, मेरी पत्नी श्रीमति नीलम का आभारी हूँ और मेरे परिवार के सभी सदस्यों के समर्थन के बिना विचार को वास्तविकता में परिवर्तित करना सम्भव नहीं था। यह पुस्तक अंग्रेजी संस्करण 'कास्टलैस इण्डिया-नाट ए यूटोपिया'का हिन्दी व संशोधित संस्करण है।

वजीर सिंह पूनिया

चेन्नई

25.07.2022

अध्याय एक
परिचय

1.1

दुनिया के सभी समाजों का स्तरीकरण है और भारत भी इसका अपवाद नहीं है। लेकिन भारतीय समाज का जाति आधारित विभाजन अद्वितीय प्रणाली है जो कि असमान निम्नीकरण के आधार पर है जिसमें ऊपरी जाति को सम्मान दिया जाता है और उससे नीचे की जाति को तिरस्कृत समझा जाता है। भारतीय जातीय व्यवस्था ने एक राक्षसी रूप धारण कर लिया है। समाज के स्तरीकरण का यह घृणित रूप उत्पत्ति से नहीं है, प्रारम्भ में इसका वर्गीकरण व्यवसाय आधारित था, जिसमें वर्ग का बदलाव भी होता रहता था। इसके पश्चात् यह श्रेणीबद्ध असमानता व स्थिरता से दूषित हो गया जिसको कभी भी सहर्ष स्वीकार नहीं किया गया। फिर भी भारत में मौर्यकाल के दौरान एक समय ऐसा था जब जाति व्यवस्था समाप्त हो गई थी परन्तु मौर्य वंश के अन्त के बाद न केवल जाति व्यवस्था को पुनर्जीवित किया गया बल्कि उसने और अधिक खतरनाक स्वरूप धारण कर लिया। कुछ सन्तों और समाज सुधारकों ने जातिवाद के खिलाफ विद्रोह किया और पूर्ण रूप से समाप्त करने के प्रयास शुरू किए परन्तु इसको समाप्त करने

में सफलता नहीं मिली। इसके परिणाम स्वरूप हिन्दू धर्म से अलग होकर बुद्ध धर्म व सिख धर्म की उत्पत्ति हो गई। आज भी सामाजिक उत्पीड़न, जातिवादी शत्रुता के कारण अनुसूचित जाति व अनुसूचित जनजाति का इस्लाम व ईसाई धर्म में परिवर्तन के लिए आकर्षण है।

जातियां हिन्दू समाज की संरचना के निर्माण खण्ड हैं। सामाजिक इतिहासकारों ने सभी प्रकार के गुणों व दोषों के लिए जाति व्यवस्था को ही जिम्मेदार ठहराया है। अपने समकालीन दर्शन में प्रो. ए. आर. वाडिया ने उद्धत किया है कि "उपनिषदों के उच्चतत्त्व मिमांसा और गीता की नैतिकता को जातिवाद के अत्याचार ने केवल शब्दों में सिमेट दिया है। पूरी दुनिया, चाहे चेतन हो या अचेतन, की एकता पर जोर देते हुए कहा है कि भारत ने एक ऐसी सामाजिक व्यवस्था को बढ़ावा दिया है जिसने अपने ही बच्चों को एक दूसरे से अन्तहीन व पीढ़ी दर पीढ़ी विभाजित कर दिया है।

जाति व्यवस्था की असली सफलता ब्राह्मणों में सर्वोच्चता को बनाए रखने में नहीं है, बल्कि निचली जातियों की चेतना को चीजों से प्राकृतिक क्रम के एक भाग के रूप में अनुष्ठान पदानुक्रम में उनकी निम्न स्थिति को स्वीकार करने में है। भारत में जाति व्यवस्था 3000 वर्षों से अधिक से चली आ रही है और आज भी उसके निकट भविष्य में समाप्त होने के कोई लक्षण नहीं दिखाई दे रहे हैं। कोई भी सामाजिक संस्था, जिसमें एक बड़े बहुसंख्यक वर्ग को असमानता व भेदभाव से देखा जाए, केवल सामाजिक संदर्भ से चिरकाल तक जीवित नहीं रखा जा सकता। यह शास्त्रों की पौराणिक कथाओं की व्यापक, जटिल व रहस्यपूर्ण योजना द्वारा किया गया। ब्राह्मणवाद को धार्मिक कृत्यों द्वारा जाति व्यवस्था को नैतिक शक्ति से सम्माहित कर

देने से बहुत प्रभावशाली समाज सुधारक भी इसको प्रभावी रूप से चुनौति नहीं दे पाए।

धर्म और पौराणिक कथाओं का प्रयोग करके जाति व्यवस्था का एक मकड़ जाल बुना गया। धर्मग्रन्थ और पौराणिक कथाओं की सहायता से ब्राह्मण की उच्चतम व शूद्रों की समाज में निम्नतम स्थिति अंतनिर्हित स्थापित कर दी। उदाहरण स्वरूप, तुलसीदास ने रामायण में लिखा है, "ब्राह्मण भले ही सभी गुणों से रहित हो, की पूजा करो, लेकिन अगर शूद्र सर्वगुण सम्पन्न हो तो भी वह सम्मानित नहीं है।"

1.2

तीस वर्ष पूर्व सुप्रीम कोर्ट की नौ न्यायाधीशों की संवैधानिक पीठ ने इन्दिरा साहनी केस, जिसे मण्डल आयोग केस के नाम से भी जाना जाता है, में मण्डल आयोग की रिपोर्ट के कार्यान्वयन पर समतावादी समाज के सवाल को प्रखर रूप से उठाया। मण्डल आयोग की रिपोर्ट को कार्यान्यवन करने में हमेशा सामाजिक सुधारों के विपरीत सरकार का राजनीतिक उद्देश्य की पूर्ति करना ही प्रतीत हुआ है।

राजनीतिक स्वार्थ की उद्देश्य की पूर्ति हेतू सरकार व राजनीतिक वर्ग ने, विस्तृत न्यायायिक निर्णय जो कि सामान्य रूप में भारतीय सामाजिक स्तरीकरण व्यवस्था व विशेष रूप में हिन्दूत्व पर आंखे खोलने वाला व अद्भूत है, केवल मण्डल आयोग की रिपोर्ट को लागू करने का प्रभावी भाग ही पढ़ा। न्यायिक निर्णय की महत्ता इसी से अनुभव की जा सकती है कि उसका आरम्भ ही 'स्थिति की समानता' से किया गया है। संवैधानिक प्रावधानों की व्याख्या करते हुए सर्वोच्च न्यायालय ने सामाजिक न्याय, आर्थिक न्याय और राजनीतिक न्याय के

साथ-साथ स्थिति की समानता और अवसर की समानता हासिल करने को संविधान की मूल संरचना में कायम रखा है। हमारे संस्थापकों ने हमारे संविधान की मूल संरचना के माध्यम से एक समतावादी समाज की स्थापना का सपना देखा है। सर्वोच्च न्यायालय ने इनके उद्देश्यों की पूर्ति बारे व्याख्या करते हुए कहा है कि 'संविधान के लागू होने के चालीस साल (अब सत्तर साल) बाद भी हमें टूटे हुए दिल से इसका उत्तर नकारात्मकता में ही मिलता है।'हम न्यायिक निर्णय के सिर्फ प्रभावी भाग को पढ़कर जो कि, असली मुख्य मुद्दा व निर्णय की आत्मा जिसके पढ़ने के लिए किसी ने साहस ही नहीं किया, की तुलना में तुच्छतम् होते हुए भी हम खुश व संतुष्ट हैं। मैंने आज तक किसी भी सांसद/विधायक को देश की किसी भी विधायिका में या किसी सार्वजनिक मंच पर समतावादी समाज बनाने का मुद्दा उठाते हुए नहीं पाया है जो कि हमारी उत्पीड़ित और तिरस्कृत वर्गों अनुसूचित जातियों और अनुसूचित जनजातियों के साथ क्रूर अत्याचार है।

डा. बी.आर. अम्बेडकर के अनुसार सम्पत्ति व संसाधनों के समान वितरण से एक दूसरे के साथ व्यवहार में समानता बेहतर है। सम्पत्ति और संसाधन व्यक्तियों द्वारा अपनी क्षमताओं (मानसिक प्रयास, कड़ी मेहनत आदि) से अर्जित किए जा सकते हैं, लेकिन व्यवहार में समानता एक दूसरे द्वारा सभी को दी जाती है और सामाजिक व्यवस्था की यही आदर्श स्थिति है।

1.3

महात्मा गान्धी ने 18 जुलाई 1935 को उनके समाचार पत्र 'हरिजन'में लिखा था कि ईसाई धर्म प्रचारक धर्म परिवर्तन करवाने के उद्देश्य से शिक्षा और स्वास्थ्य सेवाएं प्रदान करते

हैं। डा. बी. आर. अम्बेडकर ने भी उनके इस कथन का समर्थन किया था और साथ ही वह चाहते थे कि ईसाईयों का यह कृत्य बन्द होना चाहिए। किसी के लिए भी अपनी धार्मिक निष्ठा व आस्था का जीवन में त्याग करना दर्दनाक कृत्य होता है। कोई कब और क्यों ऐसा करेगा? केवल उसी समय जब उसमें रहना असहनीय हो जाता है, उस व्यवस्था के साथ जीना एक नरक के जीवन की तरह हो जाता है और सिर्फ सम्मान से जीने के लिए त्यागना ही एक मात्र विकल्प बचता है। 14 अक्टूबर 1955 को डा. बी. आर. अम्बेडकर द्वारा हिन्दू धर्म को छोड़कर बौद्ध धर्म अपनाना एक स्पष्ट उदाहरण है।

उनके लिए हिन्दू धर्म का छोड़ना एक वेदना का क्षण था, 13 अक्तुबर 1935 को हिन्दू धर्म छोड़ने के लिए घोषणा करते हुए कहा था कि "यह दुर्भाग्य की बात है कि मैं हिन्दू धर्म में अछूत के कलंक के साथ पैदा हुआ, जो कि मेरी गलती नहीं है, लेकिन मैं उस हिन्दू के रूप में नहीं मरूंगा, यह मेरी शक्ति में है' और हिन्दू धर्म को छोड़ने में उन्होंने घोषणा के बाद 20 वर्ष लगा दिए। इतने लम्बे समय तक उन्होंने हिन्दू समाज में श्रेणीबद्ध असमानता की कठोर व्यवस्था को खत्म करने और स्वतन्त्रता, समानता और बंधुत्व पर आधारित समतावादी समाज की स्थापना के लिए संघर्ष किया और जब वे इसमें सफल नहीं हो सके, लेकिन जाति व्यवस्था को खत्म करने के लिए दृढ संकल्प के रूप में, उन्होंने संविधान सभा की प्रारूप समिति के अध्यक्ष के रूप में संविधान में समता मूलक समाज की स्थापना के लिए, इस उम्मीद के साथ ठोस नींव रखी कि एक दिन आने वाली पीढ़ियों द्वारा जातिविहीन समाज के एक मजबूत और ऊँचे भवन का निर्माण किया जाएगा।

न केवल समतावादी समाज को प्राप्त करने का लक्ष्य है बल्कि इस लक्ष्य को संविधान की मूल संरचना के साथ जोड़ा

गया है जैसा कि प्रस्तावना में लिखा गया है। हमारे संस्थापकों ने न केवल एक समातावादी समाज का सपना देखा था बल्कि हमारे संविधान में राज्य नीति के निर्देशक सिद्धान्तों के भाग चार में इसे प्राप्त करने की पद्धति की परिकल्पना भी की थी।

संवैधानिक प्रावधानों ने सरकार को अनुसूचित जातियों और अनुसूचित जनजातियों के कल्याण के लिए असंख्य कानून बनाने में सक्षम बनाया। हाल ही में, पिछले सत्तर सालों में, इन दलित वर्गों की राजनीतिक और आर्थिक स्थितियों में एक स्पष्ट परिवर्तन हुआ है और अनुसूचित जातियों और अनुसूचित जनजातियों के बीच एक अलग समृद्ध व कुलीन वर्ग उनकी राजनीतिक व आर्थिक स्थिति में सुधार के कारण विकसित हुआ है। लेकिन इनके राजनीतिक व आर्थिक स्थिति के मामले में उच्च वर्ग में होने के बावजूद उच्च जातियों के उच्च वर्ग में आत्मसात करना व आपस में जुड़ना एक सपना है, और हम इन दो उच्च वर्गों में जो दरार/भेद पाते हैं वह केवल जाति व्यवस्था के कारण है। 1998 में एक जज ने अपने चैम्बर व फर्नीचर को गंगा जल से सिर्फ इस लिए धुलवाया था क्योंकि जो जज उससे पहले थे वे अनुसूचित जाति से सम्बन्ध रखते थे।

1.4

सभी पुरूषों और स्त्रियों को भगवान ने रक्त की एक समान शुद्धता रखते हुए जैविक रूप से समान बनाया है। जिस क्षण कोई बच्चा हिन्दू परिवार में माँ के गर्भ से बाहर आता है और अपनी पहली सांस लेता है और उसकी गर्भनाल के कटने से पहले ही, मासूम बच्चे को माता-पिता की जाति के अनुसार छाप लगाकर एक अलग वर्ग में डाल दिया जाता है। हालांकि विशेष वर्ग में बच्चे का जन्म पसंद से नहीं, बल्कि संयोग से होता है।

असमानता की अवधारणा ईश्वर के साम्राज्य में अज्ञात है जिसने सभी प्राणियों को समान रूप से बनाया है लेकिन भगवान के बनाए हुए प्राणी ने ही अपने स्थायी उद्देश्यों और निहित स्वार्थों के साथ जातियों के नाम पर कृत्रिम असमानता पैदा कर दी है। स्वामी विवेकानन्द ने 24 जनवरी 1894 को मद्रास में अपने शिष्यों को सम्बोधित अपने एक पत्र में कहा है, जाति या कोई जाति, पंथ या कोई पंथ या वर्ग या जाति, या राष्ट्र या संस्था जो किसी व्यक्ति की शक्ति, मुक्त विचार और क्रिया को रोकती है - यहाँ तक कि जब तक शक्ति दूसरों को चोट नहीं पहंचाती है, वह शैतानी है और उसे समाप्त कर देना चाहिए। (देखें - स्वामी विवेकानन्द खंड की पूरी कृति - भाग 5 पेज 29)

1.5

हमारे देश में हिन्दू धर्म में जातिवाद की व्यवस्था अद्वितीय है। मनु द्वारा प्रक्षेपित व हिन्दू धर्म द्वारा स्वीकृत जाति व्यवस्था देश के लिए सबसे बड़ा अभिशाप सिद्ध हुई है। आर्यों द्वारा स्थापित चतुर्वर्ण्य व्यवस्था व्यवसायिक आधार पर पूर्ण रूप से श्रम विभाजन पर आधारित थी। प्रोफेसर हैरोल्ड ए गोल्ड की पुस्तक 'दी हिन्दू कास्ट सिस्टम'के अनुसार 'बाद में ब्राह्मणों ने व्यवसायिक आधारित व्यवस्था को धर्म के साथ जोड़ दिया और धर्म को व्यवसाय बना दिया। कालान्तर में जाति व्यवस्था ने हिन्दू समाज में कैंसर का रूप धारण कर लिया।'

तुर्कों के आक्रमण व मुगल शासन की स्थापना से पहले ही भारतीय समाज को जाति व्यवस्था ने तहस नहस कर दिया था। विदेशियों द्वारा देश की लुटपाट करते हुए, हिन्दू समाज के तीन चौथाई लोग सिर्फ मूक दर्शक बने हुए थे और केवल

क्षत्रिय ही युद्ध में भाग ले रहे थे। 1000 ई. और 1027 ई. के बीच मोहम्मद गजनी ने देश के ऊपर सत्तरह बार आक्रमण किया और देश को लूटा। सन् 1023 ई. में मोहम्मद गजनी ने सोमनाथ के प्रसिद्ध मन्दिर को तहस नहस कर दिया। उसने मन्दिर को कैसे लूटा, इतिहास इसका गवाह है। इसके बाद सन् 1175 और 1195 के बीच मोहम्मद गौरी ने कई बार देश पर आक्रमण किया। इतिहासकारों के अनुसार, तुर्कों से भारत की हार का मुख्य कारण भारत की सामाजिक व्यवस्था में हिन्दू समाज में जाति व्यवस्था थी।

श्री एल.पी. शर्मा अपनी पुस्तक 'एनसिन्ट हिस्टरी आफ इण्डिया' में लिखते हैं कि 'तुर्कों द्वारा राजपूतों की हार समाज में प्रचलित परिस्थिति, छुआछूत की परम्परा, समाज का जाति आधार पर विभाजन और दूसरे बहुत से कारणों के साथ थी।'श्री शर्मा दूसरे इतिहासकारों को उद्धत करते हुए लिखते हैं: डा. के ए. निजामी ने भी राजपूतों का सैन्य दृष्टि से कमजोर होना भी जाति व्यवस्था को ही बताया है क्योंकि युद्ध करने की जिम्मेदारी समाज के सिर्फ एक भाग यानि क्षत्रिय पर छोड़ दी गई। वह लिखते हैं कि 'वास्तव में भारतीयों की हार का मुख्य कारण भारतीय सामाजिक व्यवस्था और उनकी अपमानजनक जाति भेदभाव थी जिसने उसके युद्ध के संगठन व ढांचे को क्षीण कर दिया। जाति बन्धन व भेदभाव ने भारतीय समाज की राजनीतिक व सामाजिक एकता की भावना को पूर्ण रूप से समाप्त कर दिया।'डा. के.एस. लाल भी लिखते हैं कि "मुगलों के लिए अन्याय पूर्ण विभाजित समाज से गद्दारों को ढूंढना बहुत आसान था। इसलिए यही सबसे बड़ा कारण था कि आक्रमणकारी मोहम्मद गौरी ने उत्तरी भारत के ज्यादातर शहरों को पन्द्रह वर्ष में ही जीत लिया। डा. आर.सी. मजूमदार

लिखते हैं कि तुर्कों के आक्रमण से हिन्दुओं ने कोई सबक नहीं लिया और जाति व्यवस्था को कायम रखा। पन्द्रहवीं सदी के मध्य तक दिल्ली समेत सम्पूर्ण उत्तरी भारत के ऊपर अफगान के लोधी का कब्जा हो गया। अन्ततः बाबर ने भारत में 1526 में मुगल शासन की स्थापना की। मुगलों के बाद अंग्रेज आए और भारत पर 1947 तक शासन किया।

हमारा देश एक हजार वर्षों से ज्यादा गुलामी की बेड़ियों में जकड़ा रहा। विदेशी शासकों का विरोध करने में हमारी असमर्थता का मुख्य कारण जाति व्यवस्था के कारण भारतीय सामाजिक व्यवस्था में विभाजन था। हमारे देश पर शासन करने के लिए लोगों को आपस में बांटने की आवश्यकता नहीं थी। हमारी जाति व्यवस्था स्पष्ट रूप से संदेश देती थी कि 'हम विभाजित है, आओ और हम पर शासन करो।'

उन्नीसवीं सदी के अन्त में हमारे देश में राष्ट्रीय आन्दोलन प्रारम्भ हुआ। बीसवीं सदी के आते आते महात्मा गांधी, नेता जी सुभाष चन्द्र बोस, बाल गंगाधर तिलक, लाला लाजपत राय और जवाहर लाल नेहरू जैसे नेताओं ने भारत के लोगों में देश के प्रति राष्ट्र भावना व धर्म निरपेक्षता की भावना का संचार किया। भारतीय इतिहास में पहली बार लोगों ने जाति, सम्प्रदाय व धर्म को भुला दिया और ब्रिटिश शासन के विरूद्ध एकत्र हो गए। जाति व्यवस्था को तहस-नहस कर दिया और सभी लोग 'भारत छोड़ो' नारे के साथ एकजुट हो गए। अब केवल क्षत्रिय ही स्वतन्त्रता के लिए नहीं लड़ रहे थे, बल्कि सारा देश स्वतन्त्रता की लड़ाई में खड़ा हो गया। यह लोगों की एकता व अखण्डता ही थी जिसने एक हजार वर्षों की दासता से देश को मुक्त करा दिया। देश के स्वतन्त्रता संग्राम की पृष्ठभूमि में ही भारतीय संविधान का प्रारूप तैयार किया गया।

राजनीतिक स्वतन्त्रता की तर्ज पर समय की जरूरत सामाजिक स्वतन्त्रता के लिए है और इसके लिए जाति छोड़ो आन्दोलन समय की मांग है। राजनीतिक स्वतन्त्रता के लिए स्वतन्त्रता के पश्चात् भारतीय संविधान आया परन्तु हमारा सौभाग्य है कि जाति व्यवस्था के उन्मूलन व समतावादी समाज की स्थापना के लिए हमारे संविधान में प्रावधान पहले ही दिए हुए हैं।

जितना शीघ्रातिशीघ्र हम सभी असमानताओं को मिटा देंगे, ऐतिहासिक भेदभाव को खत्म कर देंगे और पिछड़ेपन के रूढ़िबद्ध, कलंकित और अपमानजनक लेबल द्वारा हमारे नागरिकों की पहचान करना बंद कर देंगे, हम उतने ही मजबूत, स्वस्थ और बेहतर एकजुट होंगे और हम विविधता पर स्थापित रीति रिवाजों, प्रथाओं, धर्मों और भाषाओं तथा आम संस्कृति और परम्परा के असंख्य बन्धनों द्वारा एक साथ बुने हुए एक राष्ट्र के रूप में उभरेंगे। महान स्वतन्त्रता सेनानी नेता जी सुभाष चन्द्र बोस ने 21 दिसम्बर, 1929 को मिदनापुर (बंगाल) में एक विशाल युवा रैली को सम्बोधित करते हुए कहा था 'मैं एक ऐसा समाज और राज्य चाहता हूं जो न केवल भारतीय लोगों की सभी जरूरतों को पूरा करे बल्कि बड़े पैमाने पर दुनिया के लिए एक आदर्श के रूप में काम करे। समानता के आधार पर नये समाज का निर्माण करना होगा। जाति व्यवस्था को खत्म करना होगा।'

1.6

धर्मनिरपेक्षता भारतीय संविधान की मूल विशेषता है। यह एकजुट, एकीकृत और जातिविहीन समाज की परिकल्पना करता है। संविधान की मूल धारणा में जाति व्यवस्था को पूर्ण रूप

से उन्मूलन करने की है और कानून के समक्ष सबको समान आश्वश्त् किया गया है। भारतीय संविधान के अनुच्छेद 15(2) और 16(2) जाति व्यवस्था को जड़ मूल से विच्छेद के बारे में है। जाति के आधार पर निषेध पूर्ण है; जनादेश है कि इस देश में फिर कभी भी जाति अपना सिर नहीं उठाएगी। भारत जातिवाद से समतावाद की ओर और सामंतवाद से स्वतन्त्रता की ओर अग्रसर है।

जिस जातिवाद को हमारे संविधान निर्माताओं ने कब्र में दफना दिया था वह अपने विभिन्न विभित्स रूपों में उभर कर आ रहा है। जाति व्यवस्था धर्म निरपेक्षता और देश की सम्प्रभुता के लिए एक गम्भीर खतरा बनी हुई है। जो व्यक्ति इतिहास की घटनाओं से नहीं सिखता वह फिर से पीड़ित होने के लिए अभिशप्त है।

पैंतालिस साल पहले 1976 में संविधान के बियालिसवें संविधान संसोधन से संविधान की प्रस्तावना में धर्मनिरपेक्ष शब्द को बिना व्याख्या किए जोड़ा गया और जब से राजनीतिक वर्ग सहित सभी वर्ग अपने निहित स्वार्थों से इसको केवल धर्म के चश्मे से ही देखते हैं और इसी प्रकार अल्पसंख्यक शब्द की भी संविधान में व्याख्या नहीं की गई है। इस बारे में हम एक भ्रम की स्थिति में जी रहे हैं। संवैधानिक पीठ द्वारा धर्म निरपेक्ष शब्द की व्याख्या हर भारतीय की आत्मा को झझकोरने वाली है और जब से यह शब्द जोड़ा गया है तब से हम इस भ्रम की स्थिति में ही खुश हैं। हर एक को इस भ्रम की स्थिति से बाहर निकलना होगा। धर्म निरपेक्षता और जातिवाद साथ-साथ नहीं चल सकते, एक की उपस्थिति दूसरे को बाहर करेगी। हमें जाति व्यवस्था का पूर्ण उन्मूलन करके धर्मनिरपेक्ष व समतावादी समाज, जिसमें समानता, स्वतन्त्रता व भाई चारे की

स्पष्ट और जोरदार व्यवस्था हो, की स्थापना करनी है। लेकिन क्या जाति व्यवस्था समाप्त हो सकती है? यह कैसे समाप्त हो सकती है? इससे पहले यह केवल आवश्यक ही नहीं बल्कि यह जानना अपरिहार्य भी है कि जाति क्या है, उसकी उत्पत्ति और उसका विकास कैसे हुआ?

अध्याय दो
जाति और इसके सिद्धांत

2.1

प्रारंभिक समाजों में एक समान सामान्य प्रतिष्ठा सांझा थी। मनुष्य एक सामाजिक प्राणी है जिसने समाज का विकास किया, जो प्रारंभिक सरल रूप के समाज के रूप में आरंभ होकर कालांतर में जटिल रूप में बदलता गया। जटिल समाज में कुछ लोग दूसरे सामान्य लोगों से उच्च स्थिति में पहुंच गए। इसके परिणाम स्वरूप दुनिया के सारे समाजों में पदानुकर्मित सामाजिक स्तरीकरण हुआ। सभी समाज अपने सदस्यों को समाज के असमान संपत्ति, संपन्न गुण विभाजन से वर्गीकरण करते हैं और जितनी संपत्ति जिसके पास अधिक होगी उतना ही वह समाज के उच्च वर्ग में होगा।

भारतीय समाज का वर्गीकरण दूसरे राष्ट्रों के समाज में शिक्षा, संपत्ति और परिवार आदि के आधार के अतिरिक्त भारतीय जाति व्यवस्था की उपस्थिति के कारण अलग है। किस को अनुकूल या प्रतिकूल स्थिति मिलती है यह इस पर निर्भर करता है कि उसका जन्म किस परिवार में हुआ है। अब हम जाति क्या है और यह वर्तमान स्वरूप में कैसे हुई, इसको जानते हैं।

2.2

जाति की परिभाषा

2.2.1

पुर्तगालियों द्वारा भारतीय सामाजिक व्यवस्था के स्तरीकरण के लिए अंग्रेजी के शब्द 'कास्ट', जो कि लेटिन भाषा के 'कास्टस' से लिया गया था, के अनुसार भारतीय सामाजिक व्यवस्था का वर्गीकरण रक्त की शुद्धता कायम रखने के लिए किया गया था। यह व्यवस्था इतनी अजीब, जटिल व हैरान करने वाली है कि कोई भी एक परिभाषा इसकी पूर्ण भावना का वर्णन करने में असमर्थ है और इसलिए इस विषय पर विद्वानों के बीच कोई एकमत नहीं है। जाति के संबंध में फ्रांसीसी विद्वान श्री सेनार्ट के अनुसार "तीव्र वंशानुगत आधार पर घनिष्ठ सहयोग, विशिष्ट पारंपरिक और स्वतंत्र संगठनों से युक्त, जिसमें एक मुखिया और पंचायत हो। उसकी समय-समय पर बैठकें होती हों। कुछ उत्सव पर मेले हों, एक सा व्यवसाय हो, जिसका विशिष्ट संबंध रोटी-बेटी व्यवहार से हो। अंत में, यह अपने सदस्यों को एक क्षेत्राधिकार के द्वारा नियंत्रित करता हो, इसकी प्रभाव सीमा काफी व्यापक हो, पर जो सम्बधित समुदाय पर प्रतिबन्ध और दंड लागू करने में सक्षम हो विशेष तौर पर बहिष्कार का दंड जो प्रवर्तनीय या अपरिवर्तनीय हो।"

2.2.2

सर एच० रिजले के अनुसार जाति का अर्थ है, "परिवारों के समूह का संगठन, जिसका एक नाम हो, जो किसी खास पेशे से संबंध हो, जो एक पौराणिक पूर्वजों-पितरों के वंशज होने का

दावा करता हो, एक जैसा व्यवसाय अपनाने पर बल देता हो और सजातीय समुदाय का हामी हो। जाति इस अर्थ में लगभग निर्पवाद रूप से अंतर्विवाही है, कि बड़े वृत्त का एक सदस्य जिसे सामान्य नाम से निरूपित किया जाता है, उस मंडल के बाहर विवाह नहीं कर सकता है, लेकिन वृत्त के भीतर, आम तौर पर कई छोटे वृत्त होते हैं जिनमें से प्रत्येक बहिर्विवाही भी होता है।"

2.2.3

श्री ई ए गेट का मानना है कि जाति की मुख्य विशेषताएं, सभी सदस्यों द्वारा आयोजित एक समान मूल्यों में विश्वास और पारंपरिक व्यवसाय को अपनाना है। इसे एक अंतर्विवाही समूह या ऐसे समूहों का संग्रह के रूप में परिभाषित किया जा सकता है जिनका एक समान नाम है, जिनका एक ही पारंपरिक व्यवसाय है, एक ही स्रोत से वंश का दावा करते हैं और आमतौर पर एक एकल सजातीय समुदाय बनाने के रूप में माना जाता है।

2.2.4

डॉक्टर केतकर ने अपनी पुस्तक 'जाति का इतिहास' में जाति की परिभाषा दो लक्षणों वाले सामाजिक वर्ग के रूप में की है (क) उसकी सदस्यता उन लोगों तक सीमित होती है जो जन्म से सदस्य होते हैं और जिनमें इस प्रकार जन्म लेने वाले लोग शामिल होते हैं। (ख) कठोर समाजिक कानून द्वारा सदस्य अपनी जाति से बाहर विवाह करने के लिए वर्जित किए जाते हैं।

नेस्फील्ड जाति की परिभाषा इस प्रकार करते हैं, "समुदाय का एक वर्ग जो दूसरे वर्ग से संबंधों का बहिष्कार करता है और

अपने समुदाय को छोड़कर दूसरे के साथ शादी व्यवहार तथा खान-पान से परहेज करता हो।"

2.2.5

अंबेडकर ने 'भारत में जातियां', 1916 में कोलंबिया विश्वविद्यालय के एक संगोष्ठी के लिए लिखे पत्र में जाति को एक अंतर्विवाही ईकाई, एक सलंग्न वर्ग के रूप में परिभाषित किया है। एक अन्य अवसर पर उन्होंने प्रणाली को सम्मान के बढ़ते पैमाने और अवमानना के अवरोही पैमाने के रूप में वर्णित किया है।

2.2.6

विभिन्न क्षेत्रों के विद्वानों द्वारा परिभाषित जाति के अतिरिक्त दुनिया के प्रमुख शब्द कोषों ने जाति को भारतीय व हिंदू के संदर्भ में अर्थ दिए हैं। ऑक्सफोर्ड इंग्लिश डिक्शनरी; भाग दो 'जाति को कई वंशानुगत वर्गों में से एक के रूप में परिभाषित करता है जिसमें भारत में समाज अनादि काल से प्रत्येक जाति के सदस्यों को सामाजिक रूप से समान होने, समान धार्मिक संस्कार रखने वाले और आमतौर पर एक ही व्यवसाय या पेशे का पालन करने के लिए विभाजित करता है, एक जाति के लोगों का दूसरी जाति के लोगों के साथ कोई सामाजिक संबंध नहीं है, हिंदुओं के बीच यह एक विभाजन की व्यवस्था का आधार है।'

वेबस्टर कंप्रिहेंसिव डिक्शनरी; आंतरिक संस्करण जाति का इस प्रकार वर्णन करता है :

(क) "भारत में हिंदू समाज का यह एक वंशानुगत वर्गों में विभाजन है।

(ख) इस तरह के विभाजन के अभ्यास का सिद्धांत या वह स्थिति जो इसे प्रदान करती है।

(ग) समाज का विभाजन कृत्रिम आधार पर है।

दी एनसाइक्लोपीडिया अमेरिकन जाति को इस प्रकार परिभाषित करता है :-

(क) यह एक बड़े पैमाने पर विशेष सामाजिक वर्ग, जिसमें सदस्यता जन्म से निर्धारित होती है और जिसमें प्रथागत प्रतिबंध और विशेषाधिकार शामिल हैं। जाति शब्द पुर्तगाली शब्द 'कास्टस' से आया है जिसका अर्थ है नस्ल या नस्लया प्रकार और यह प्रथम बार हिंदू सामाजिक व्यवस्था के सामाजिक वर्गीकरण के लिए प्रयोग किया गया।

(ख) हिंदू धर्म के अनुसार समाज को चार अप्रवर्तनीय वर्गों ब्राह्मण, क्षत्रिय, वैश्य और शूद्र में विभाजित किया हुआ है और प्रत्येक जाति में अपने विशेषाधिकार व सीमाओं को एक पीढ़ी से दूसरी पीढ़ी को हस्तांतरण किया जाता है।

(ग) समाज का कोई भी एक वर्ग या समूह सामान्य सांस्कृतिक विशेषताओं जिसमें जाति आधारित जाति समाज, एक जाति व्यवस्था व एक जाति संरचना को सांझा करता है।

चूंकि जाति की कोई एक परिभाषा अपने आप में अधूरी है और जाति के सही और वास्तविक अर्थ की व्याख्या नहीं करती है, इसलिए भारतीय जाति व्यवस्था का वास्तविक तात्पर्य समझने के लिए जाति की विशेषताओं का अध्ययन करना उचित होगा। संक्षिप्त में जाति की विशेषताएं प्रकृति के रूप में

वंशानुगत, वैवाहिक संस्था में अंतर्विवाहिक के रूप में, समाज को अलग.अलग खंडों में विभाजित करते हुए, व्यवसाय की शुद्धता और अशुद्धता के आधार पर एक पदानुक्रमित क्रम होना, जिसमे अनुष्ठान व शिक्षण करना सबसे पवित्र व शीर्ष पर तथा सफाई करना अपवित्र व निम्नतम स्तर पर होना, भोजन, पानी व धूम्रपान पर प्रतिबंध होना, कुछ वर्गों के लिए धार्मिक विशेषाधिकार और कुछ वर्गों के लिए धार्मिक अक्षमताओं का होना और स्वयं वर्ग का अपनी समस्याओं व विवादों के निपटारे के लिए तंत्र होना है।

2.3

सामाजिक वर्गीकरण

वैश्विक समाज विभिन्न धार्मिक, परजातीय समूह, जातियों और वर्गों में विभाजित है। भारतीय समाज ही नहीं बल्कि एशियाई समाज जातियों और उप जातियों में विभाजित किया हुआ है इसलिए चाहे संक्षेप में ही सही, पर समाज के स्तरीकरण के विभाजित भिन्न-भिन्न वर्गों के बारे में यह जानना आवश्यक हो जाता है कि यह आपस में भिन्न भिन्न कैसे हैं और आपस में इनका क्या संबंध है?

2.3.1

प्रजाति और जाति

भारत की विभिन्न प्रजातियों के रक्त और संस्कृति में घुलने-मिलने के लंबे समय बाद जाति व्यवस्था अस्तित्व में आई।

यह मानना कि विभिन्न जातियों का भेद विभिन्न प्रजातियों का भेद है और विभिन्न जातियों को विभिन्न प्रजातियों की तरह समझा जाये तो यह तथ्यों का उल्ट फेर होगा। प्रजाति या नस्लें शारीरिक अंतर को संदर्भित करती है जिसे सामाजिक रूप से महत्वपूर्ण मानते हैं जबकि जाति व्यवस्था सामाजिक विभाजन है। कुछ विद्वान जाति व्यवस्था के समर्थन में आनुवंशिकता व सुजनन विज्ञान को मानते हैं जबकि कुछ विद्वान सुजनन विज्ञान के मूल सिद्धांत जिसमें कि विवेकपूर्ण संभोग से प्रजाति के सुधार के विपरीत मानते हैं। लेकिन यह कि जाति व्यवस्था विवेकपूर्व संभोग को सुरक्षित करती है, समझने में विफल रहे हैं। जाति व्यवस्था एक नकारात्मक व्यवस्था है। यह केवल लोगों को अंतरजातीय विवाह करने पर प्रतिबंध लगाती है। यह एक किन दो जाति में विवाह करना चाहिए, के चुनाव का सकारात्मक तरीका नहीं है।

और अगर मान लिया जाए कि अंतरजातीय विवाह प्रतिबंध सुजनन विज्ञान के मूल सिद्धांत से जाति उत्पन्न हुई है, परन्तु फिर जातियों और उप जातियों में भोजन प्रतिबंध का अर्थ क्या है? जातियों का साथ मिलकर भोजन करने से रक्त संक्रमित नहीं होता और इसलिए यह प्रजातियों के सुधार या निर्धारण का कारण नहीं हो सकता। जाति व्यवस्था आधुनिक सूजनन विज्ञान को सम्मिलित नहीं करती है। यह एक ऐसी सामाजिक व्यवस्था है जो हिंदुओं के एक विकृत वर्ग के अहंकार व स्वार्थ का प्रतीक है जो समाज की स्थिति में स्वयं को श्रेष्ठ, अपने चित्ताकर्षक को स्थापित करने और अपने से निम्न स्तर के लोगों पर लागू करने का अधिकार समझते थे।

2.3.2

जाति व नस्ल

नस्ल व जातियता अनुवांशिक स्तर पर भिन्न-भिन्न है लेकिन नस्ल की अवधारणा फिर भी प्रभावित करती है। नस्ल और जातियता मानव वंश से संबंधित दो अवधारणाएं है नस्ल मानव जाति की एक ऐसी श्रेणी के रूप में नामित किया गया है जिसमें कुछ विशिष्ट भौतिक लक्षण समान होते हैं संजातीय शब्द को अधिक व्यापक रूप से लोगों के बड़े समूह के रूप में परिभाषित किया गया है जो सामान्य नस्लीय, राष्ट्रवादी और आदिवासी, धार्मिक, भाषाई पृष्ठभूमि के सांस्कृतिक मूल के अनुसार वर्गीकृत है। नस्ल आमतौर पर जीव विज्ञान से जुड़ी होती है और त्वचा के रंग या बालों की बनावट जैसी शारीरिक विशेषताओं से जुड़ी होती है। संजातीय सांस्कृतिक अभिव्यक्ति और पहचान से जुड़ी हुई है। हालांकि दोनों सामाजिक संस्थाएं हैं जिनका उपयोग आबादी को वर्गीकृत करने और अलग अलग दिखने के लिए किया जाता है। नस्ल को प्राय: हमारे जीव विज्ञान में निहित के रूप में देखा जाता है। और इसलिए पीढ़ियों से विरासत में मिलता है। दूसरी ओर संजातीयता को आमतौर पर उस चीज के रूप में समझा जाता है जिसे हम प्राप्त करते हैं या स्वंय का वर्णन करते हैं, जहां हम रहते हैं, या जिस संस्कृति को हम दूसरों के साथ सांझा करते हैं, उसके आधार पर। नस्ल समान भौतिक और जैविक विशेषताओं पर आधारित है। संजातीयता संस्कृति की अभिव्यक्ति और मूल स्थान पर आधारित है।

2.3.3

जाति और वर्ग

मैक्स वेबर के अनुसार जाति और वर्ग दोनों सामाजिक वस्तुस्थिति को प्रदर्शित करते हैं। जाति धार्मिक स्थिति के वंशानुगत है, जबकि वर्ग गैर वंशानुगत है जिसका संबंध किसी के द्वारा उत्पादित शक्ति को दर्शाता है। एक सामाजिक वर्ग में लोगों की समान सामाजिक व आर्थिक स्थिति होती है जबकि जाति में समान सामाजिक स्थिति उसके धार्मिक कर्मकांड की वैधता पर आधारित होती है। वर्ग व्यवस्था अंतरविवाही व विजातीय विवाही तथा गतिशीलता को अनुमति प्रदान करती है लेकिन जाति व्यवस्था अंतर्विवाही है और जन्म से आजीवन तक एक ही समूह का सदस्य रहता है। जाति जैविक और स्थिर है जबकि वर्ग खंडित और गतिशील है। जाति कर्मकांडो या धार्मिक नियमों पर आधारित है जिसका स्वरूप गैर धर्मनिरपेक्ष है जबकि वर्ग आर्थिक, राजनैतिक और सामाजिक आधारित धर्मनिरपेक्ष व्यवस्था है। जाति व्यवस्था जातियों में सहयोग व आर्थिक निर्भरता है जबकि वर्ग व्यवस्था में ऐसा नहीं है। सामाजिक वर्ग स्वयं के द्वारा उपलब्धि सिद्धांत पर आधारित है जबकि जाति जन्म आधारित है। डी एन मजुमदार ने जाति व्यवस्था को स्तरीकरण की बंद व्यवस्था कहा है। जाति और वर्ग दो अलग-अलग संस्थाएं हैं लेकिन अविभाज्य हैं। सभी जातियों ने सभी वर्गों को समाहित किया है और सभी वर्गों ने सभी जातियों को अपने में समाहित किया है। उच्च वर्ग में उच्च जाति के लोगों की संख्या अधिक है और निम्न जाति के लोगों की संख्या कम है जबकि निम्न वर्ग में निम्न जाति के लोगों की संख्या अधिक होती है और उच्च जाति के लोगों की संख्या कम होती है। जाति व्यवस्था में उच्च जाति में निम्न

जाति के लोगों की सेवा लेने पर प्रतिस्पर्धा होती है। परंतु वर्ग व्यवस्था में निम्न वर्ग उच्च वर्ग की कृपा और सहायता के लिए प्रतिस्पर्धा करता है।

2.3.4

वर्ण और जाति

वर्ण और जाति दोनों को निरूपित करने के लिए जाति शब्द के अंधाधुंध प्रयोग करने से बहुत भ्रम पैदा हो गया है। वर्ण जाति के समान नहीं है, वर्ण समाज को चार भागों में विभाजन की व्यवस्था थी और जाति समाज में उपस्थित छोटे-छोटे समूह जो धर्म शास्त्रों के रचयिताओं द्वारा चार वर्णों में से ही बनाए हैं। मनु स्पष्ट रुप से कहते हैं कि वर्ण चार हैं ब्राह्मण, क्षत्रिय, वैश्य और शूद्र जबकि अंबास्था, चंडाला, यावाना और द्रविड़ जैसी पचास जातियां है। परंतु फिर भी मनु, दूसरे लेखकों के बारे में क्या कहें, स्वयं जाति और वर्ण को लेकर भ्रम की स्थिति में थे।

भ्रम इस स्थिति से पैदा हुआ कि ब्राह्मण वर्ण और जाति दोनों है जबकि शूद्र के अधीन बहुत सी जातियां आती है और शूद्र नाम की कोई जाति नहीं पाई जाती है। ईसा पूर्व दूसरी शताब्दी और प्रथम ईस्वी शताब्दी के आस पास बहुत से व्यवसायिक समूह उभर कर आए और वे अलग-अलग जातियां कहलाने लगी। इस प्रकार से वर्ण व्यवस्था भारतीय सामाजिक व्यवस्था का पाठ्य प्रतिमान है अर्थात यह पुस्तकों में ही पाया जाता है जबकि जाति भारतीय सामाजिक व्यवस्था का प्रासंगिक दृश्याक्षेत्र है अर्थात आज की स्थिति में वास्तव में जाति पाई जाती है वर्ण नहीं। वर्ण केवल चार है जबकि जातियां चार हज़ार हैं। कोई भी बेहतर सामाजिक-आर्थिक परिस्थितियों से अपनी

स्थिति को बदल सकता है लेकिन अपनी जाति को नहीं। इस प्रकार वर्ण और जाति को समानार्थक नहीं लेना चाहिए।

वर्ण प्रत्येक के अपनी योग्यता के सिद्धांत के अनुसार आधारित है जबकि जाति प्रत्येक के जन्म के अनुसार सिद्धांत पर आधारित है। दोनों आपस में उतने ही भिन्न हैं जितना आपस में चाक और पनीर।

2.3.5

जाति, उपजाति और गोत्र

जाति और उपजाति में बहुत कम अंतर है, दोनों के गुण समान हैं हालांकि उपजाति जाति का ही एक भाग है। ब्राह्मण जाति और वर्ण दोनों के रूप में नामित किया गया है। कांपाकुब्ज, सूर्यापूरी और गौड़ ब्राह्मण जाति के उदाहरण हैं, श्रीमाली, पुरोहित और पुष्करण ब्राह्मण उपजातियां हैं जबकि भारद्वाज, गौतम और कश्यप ब्राह्मण गोत्र हैं। जाति और उपजाति अंतर्विवाही समूह हैं जबकि गोत्र विजातीय विवाह करने वाला समूह है।

2.4

जाति की उत्पत्ति और विकास के सिद्धांत

2.4.1

जिस प्रकार से कोई एक परिभाषा जाति की व्याख्या करने में असमर्थ है, इसी प्रकार से कोई एक सिद्धांत, जाति की उत्पत्ति कैसे हुई, अपर्याप्त है। मानव विज्ञानी, समाजशास्त्री, इतिहासकारों और अन्य विद्वानों ने जाति की उत्पत्ति के

विभिन्न सिद्धांत दिए हैं और आने वाले समय में सिद्धांतों पर बहस होती रहेगी, पर हर सिद्धांत अंत में दो समान विशेषताओं, श्रेणी बंद पैमाना या पवित्रता और प्रदूषण की धारणा या दोनों पर ही निष्कर्ष पर ही पहुंचता है। जाति के पिरामिड पर शीर्ष को शुद्ध माना जाता है और इसके बहुत विशेषाधिकार होते हैं। पिरामिड के निम्न स्तर को प्रदूषित माना जाता है और उसके पास कोई अधिकार नहीं होते हैं बल्कि बहुत सारे कर्तव्य होते हैं। प्रदूषण शुद्धता जाति आधारित सांचा पैतृक व्यवसाय की एक विस्तृत प्रणाली से संबंधित है।

2.4.2

पारंपरिक सिद्धांत

इस सिद्धांत की उत्पत्ति प्राचीन साहित्य से हुई है। जाति व्यवस्था की उत्पत्ति का यह सिद्धांत दैवीय आदेश के रूप में माना जाता है। सबसे अधिक प्रचलित धारणा के अनुसार चार वर्णों की उत्पत्ति निर्माता के शरीर से हुई है जिसका वर्णन ऋग्वेद के दसवें मंडल के पुरुष सूक्त (90:11, 12) में किया हुआ है जिसके अनुसार ब्राह्मण, क्षत्रिय, वैश्य और शूद्र जिनकी उत्पत्ति क्रमशः निर्माता के मुख, बाहु, जांघ और पैरों से हुई है।

श्लोक 12 निम्नलिखित है

ब्राह्मणोऽस्य मुखमासीद्बाहू राजन्यः कृतः।

अरू तदस्य यद्वैश्य पद्म्या शूद्रो अजायत।।

ब्राह्मण उसका मुख था, राजन्य उसकी भुजाएं बनीं, वह वैश्य कहलाया जो उसकी जांघ थी, शूद्र उसके चरणों से निकला। बाद में वैदिक धर्म साहित्य, शास्त्रों और पुराणों ने पुरुष सूक्त में वर्णों की उत्पत्ति के विचार को मूल रूप से स्वीकार कर

लिया। प्राचीन विद्वान इस पर एक मत हैं कि वैदिक सूक्त की रचनाएं एक दूसरे से बहुत अलग अलग समय पर की गई। आम राय यह है कि पुरुष सूक्त सबसे नवीनतम है और ब्राह्मण काल से संबंधित है। मनु ने न केवल इसको स्वीकार किया बल्कि इसके विषय पर आदेशात्मक घोषणाएं की।

सतपथ ब्राह्मण हालांकि बाद में लिखा गया लेकिन उसके आदेशात्मक लेख वेदों के समान स्वीकार किए जाते हैं। सतपथ ब्राह्मण जातियों की उत्पत्ति का निम्नलिखित विवरण देता है।

भू (कहते हुए) प्रजापति ने इस पृथ्वी को उत्पन्न किया, भुव: (कहते हुए) उन्होंने वायु उत्पन्न की और स्वाहा (कहते हुए) उन्होंने आकाश उत्पन्न किया। भू कहकर प्रजापति ने ब्राह्मण उत्पन्न किया। भुवः कह कर उन्होंने क्षत्रिय उत्पन्न किया और स्वाह कहते हुए उन्होंने विस (11.1.4) उत्पन्न किया।

तैत्तिरीय ब्राह्मण ग्रंथ एक और व्याख्या देता है 'यह संपूर्ण (ब्रहमांड) ब्रह्म द्वारा बनाया गया है। पुरुष का कहना है कि वैश्य वर्ण ऋग्वेद से उत्पादित है। वे कहते हैं कि यजुर्वेद के गर्भ से क्षत्रिय का जन्म हुआ। ब्राह्मण जिससे उत्पन्न हुआ उसका स्रोत सामदेव है। (111.12.9)

महाभारत के शांति पर्व में जाति की उत्पत्ति का अलग उल्लेख है 'जातियों में कोई अंतर नहीं है, ब्रह्मा द्वारा पूर्ण संसार को ब्राह्मण के रूप में बनाया जो बाद में काम के आधार पर विभिन्न जातियों में विभाजन हो गया। वह द्विज पुरुष जो कामुक, सुख, उग्र, चिड़चिड़ा, हिंसक व खतरों के शौकीन थे और जिन्होंने अपने धार्मिक कर्तव्य छोड़ दिए, जिनका रंग गोरा था वे क्षत्रिय कहलाये। वे द्विज पुरुष जो गाय से अपनी आजीविका चलाते थे, जो कृषि पर आधारित थे जिनका रंग गेहुआ था वे वैश्य कहलाए व द्विज लोग जो सभी तरह के कार्य करते थे,

जो काले थे और प्रदूषित थे शूद्र कहलाये। इस तरह से काम के कारण एक-दूसरे से अलग होकर ब्राह्मण विभिन्न जातियों में विभाजित हो गए।"

उसी शांति पर्व में जातियों की उत्पत्ति कृष्ण द्वारा भी बताई गई है। भगवत गीता के चौथे अध्याय में जाति के गठन का वर्णन किया गया है देवता ने कहा मेरे द्वारा गुणों और कर्तव्य के अनुसार जाति को चार भागों में विभाजित किया गया है।

हमारे धर्म ग्रंथों में जाति की उत्पत्ति के संबंध में एक-दूसरे के विपरीत बहुत सी कहानियां है।

2.4.3

मनु का सिद्धांत

मनु के अनुसार चार मूल वर्ण ब्राह्मण, क्षत्रिय, वैश्य और शूद्र ब्रह्मा के मुख, हाथ, जांघ और चरणों से पैदा हुए हैं। और विभिन्न जातियां चार मूल वर्णों के आपस में विवाह करने का परिणाम है। उनके अनुसार चार वर्णों द्वारा हर प्रकार से एक दूसरे के वर्ण में विवाह करने से 16 जातियां उत्पन्न हुई और फिर इस तरह से लगातार आपस में विवाह करते रहने से बहुत सी मिश्रित जातियों को जन्म दिया गया।

मैक्स मूलर के अनुसार वास्तव में अधिवकसित समाज में यह मिश्रित जातियां व्यवसायिक व व्यापारिक समूह हैं। इन व्यवसायिक और व्यापारिक समूहों के बनने का कारण सिर्फ अंतर विवाह ही नहीं है। ये व्यवसाय और हस्तशिल्प समूह बिना किसी जाति के संदर्भ के ही विकसित हुए। डॉक्टर क्रोनिश

प्रोफेसर मैक्स मूलर के दृष्टिकोण का समर्थन करते हैं तथा मनु की जाति व्यवस्था प्रणाली की भी व्याख्या करते हैं। इन मिश्रित जातियों के उदय में मनु के सिद्धांत पर निर्भर नहीं रहा जा सकता है। इस प्रकार मिश्रित जातियों के लोग मनु के समय भी थे और उनके अस्तित्व को नकारा नहीं जा सकता। हिंदू लेखक के लिए वास्तविक तथ्यों के स्थान पर काल्पनिक दावे करना ज्यादा आसान रहता है और इसलिए बहुत से मिश्रित जातियों की उत्पत्ति के बारे में बहुत सी काल्पनिक व मनगढ़ंत कहानियों का प्रचलन है। ऐसा लगता है कि जाति के मिश्रण के संबंध में विनियमों का उच्च वर्ग की महिलाओं और उनकी संतानों को निम्न वर्ग में रखना उनका निम्न या अशुद्ध जातियों के साथ मिलन करना है और इसके परिणाम स्वरूप मिश्रित जातियों की उत्पत्ति हुई है। मनु ने ब्राह्मण स्त्री की शूद्र से पैदा होने वाली संतान को सबसे निम्न माना है। पूर्ण जाति व्यवस्था ब्राह्मणवाद से ही उत्पन्न हुई है और इसके अचूक सबूत मौजूद हैं।

श्री शेरिंग, जातियों के उप विभाजन कैसे हुए, इसकी व्याख्या करते हैं। जातियां विभिन्न समूहों में अलग हो गईं, हर समूह अपने अपने मामलों को अपनी पंचायतों के माध्यम से संचालन करने लगे और इस तरह से वे अलग व स्वतंत्र समूह के रूप में विकसित हो गए। ये समूह एक दूसरे या किसी जाति समूह के अधीन नहीं थे और अपने आप को एक संघीय के रूप में मानते थे, धीरे-धीरे वे एक दूसरे के अधिकारों से ईर्ष्या करने लगे और फिर अंत में अपने आप को पूर्ण मानते हुए एक दूसरे को पूर्ण रूप से त्याग दिया और अपने आप जातियों के कार्यों व विशेषाधिकारों को ग्रहण कर लिया।

2.4.4

जाति की उत्पत्ति का नस्लीय सिद्धांत

जाति के नस्लीय सिद्धांत के प्रतिपादक श्री रिजले का कथन है, नस्लों के सांस्कृतिक टकराव व नस्लों का आपस में मिलना जातियों के उत्पन्न होने का कारण है। आर्य जो कि गैर आर्यों की तुलना में बेहतर रंग, शारीरिक संरचना और सुडौल शरीर के कारण भारत में आक्रांता के रूप में आए और अपने आप को आर्यों ने उच्च वर्ग में रखा। गैर आर्यों की पुत्रियों के साथ विवाह किया परंतु अपनी पुत्रियों का विवाह गैर आर्यों के साथ नहीं किया। इस प्रकार की शादियों से उत्पन्न संतानों को उन्होंने निम्न जातियों में रखा। इस सिद्धांत के एक प्रबल समर्थक श्री धुर्ये के अनुसार आर्यों ने अपने आप को अधिक सभ्य और खूबसूरत समझते हुए भारतीय मूल निवासियों से अलग ही रखा।

ब्राह्मणवाद सिद्धांत के बारे में श्री रिजले लिखते हैं कि ब्राह्मणवाद का सिद्धांत प्राचीन फारस के पुरोहित इतिहास का ही संशोधित रूप है जिसमें समाज को चार वर्गों में पुरोहित, क्षत्रिय, किसान व कामगारों में बांटा गया था। परंतु यह नहीं माना जा सकता है कि आर्य ईरान के पौराणिक चार वर्गीय सिद्धांत को भारत लाए हो। और अगर ऐसा होता तो उसका वर्णन वेदों में होता जो कि केवल पुरुष सूक्त में है, जिसके बारे में सभी विद्वान और आलोचक मानते हैं कि पुरुष सूक्त आधुनिक प्रक्षेप है।

2.4.5

सेनार्ट का सिद्धांत

सेनार्ट के विचार के अनुसार जाति का उदय प्राचीन भारतीय आर्यों की संस्थाओं के सामान्य विकास के रूप में हुआ जिसने भारत की विशेष परिस्थितियों के कारण विशेष रूप धारण कर लिया। उनकी पुस्तक 'भारत में जाति' में जाति व्यवस्था का आरंभ आर्य नस्ल से हुआ है। भारतीय, यूनानी और रोमन सभी आर्य हैं और उनकी सभ्यता सबसे प्राचीन है। उनके अनुसार तीनों व्यवस्थाओं में कुछ समानताएं हैं। जैसे भारत में परिवार, गोत्र व जाति पाई जाती हैं, रोम में पैत्रिक, कयूरिया और जनजाति जबकि यूनान में परिवार, फरारिया और फ़ाइल पाई जाती है। जैसे गोत्र भारत में विजातीय विवाह की अनुमति देते हैं वैसे ही पैतृक रोम में और यूनान में फरारिया शादियां अपने ही वर्ग में करते हैं। भारतीय ब्राह्मणों की तरह रोम के कुलीन उच्च वर्ग में विवाह करते हैं। जिस तरह से विवाह के बाद पत्नी का गोत्र बदलकर पति का गोत्र हो जाता है उसी प्रकार से रोम में भी पत्नी का गोत्र बदल जाता है। भारतीय रीति के अनुसार, जिस तरह बहिष्कार के लिए हुक्का पानी बंद कर दिया जाता है ऐसी ही व्यवस्था रोम में भी है। भारत में पंचायत और उसके मुखिया की पूर्ण शक्तियों की तरह रोम और यूनान में भी यही व्यवस्था है। इतिहास के भारतीय-इरानी काल के वर्ण विभाजन के रूप में जाति व्यवस्था की शुरुआत को निर्दिष्ट करना मुश्किल नहीं है क्योंकि समाज का चतुर्वर्ग विभाजन अवेस्तान फारस और ऋग्वैदिक भारत दोनों में पाया जाता है। प्राचीन फारस में चार वर्ग पुरोहित, योद्धा, किसान व कामगार थे। दोनों में केवल इतना ही अंतर था कि फारस में चतुर्थ वर्ग कामगारों का था जबकि भारत में शूद्रों का।

2.4.6

व्यवसायिक सिद्धांत

जाति के विकास का व्यवसाय आधारित विकास श्री जॉन नेस्फील्ड द्वारा प्रतिपादित किया गया था। उन्होंने भारत में जाति की उत्पत्ति के लिए व्यवसाय और केवल व्यवसाय को ही जिम्मेदार माना है। व्यवसाय की विभिन्नता के कारण ही भिन्न भिन्न जातियां और उपजातियां उत्पन्न हुई। उनका मानना है कि प्रारंभ में व्यवसाय में इतनी कठोरता नहीं थी और कोई भी किसी भी व्यवसाय का चुनाव कर सकता था। परंतु धीरे-धीरे व्यवसाय परिवर्तन में स्थिरता आनी आरंभ हो गई और अंततः एक व्यवसाय से दूसरे व्यवसाय को अपनाने पर पूर्ण विराम लग गया। फिर निश्चित व्यवसाय के आधार पर जातियों का निर्धारण होने लग गया। उनके अनुसार भारत में जाति का आरंभ आर्यों के भारत में आने के लंबे समय के बाद जब वे भारतीय लोगों में घुल मिल गए तब हुआ और आर्यों और आदिवासी भारतीय निवासियों में आपस में नस्लीय भेद समाप्त हो गए।

भिन्न भिन्न व्यवसाय के समूह जो भिन्न भिन्न जनजातियों से बने थे जाति के समूह में बदल गए और फिर आदिवासियों के सजातीय विवाह व भोजन के निषेध के सिद्धांत को अपना लिया और फिर स्वयं को अलग अलग इकाइयों में पूर्ण रूप से स्थापित कर लिया। व्यवसाय की तकनीकी कौशल को वंशानुगत पीढ़ी दर पीढ़ी हस्तांतरण के परिणाम स्वरुप व्यवसाय संबंधित जातियों की उत्पत्ति हुई। उनके अनुसार व्यवसाय की श्रेष्ठता और हीनता ही जाति व्यवस्था में पदानुक्रम को जन्म देने वाली है। धातु का निर्माण करने वालों को टोकरी के निर्माण

करने वालों से श्रेष्ठ माना गया और दूसरे प्राचीन काल के व्यवसाय जिनमें धातु का प्रयोग नहीं होता था को निम्न स्तर का व्यवसाय माना।

उनके अनुसार इस व्यवस्था के पहले पुरोहिती पर ब्राह्मण का एकाधिकार नहीं था। लेकिन बाद में भजन व अनुष्ठान अधिक जटिल बना दिए गए और लोगों के एक वर्ग ने इनको विशिष्ट बना दिया और पूजा के महत्व को लोगों द्वारा बहुत आदर योग्य मानने से ब्राह्मण एक अलग वर्ग बन गया। इसके बाद समाज के दूसरे वर्गों ने भी अपने अपने विशेषाधिकार हासिल करने के लिए संगठित किया।

2.4.7

जाति का जनजातिय सिद्धांत

जाति व्यवस्था के विकास में जनजाति एक अन्य महत्वपूर्ण कारक है। श्री केतकर ने प्रारंभिक जनजातियों से जातियों की उत्पत्ति का पता लगाया है। उनका मानना है कि जातियां विकसित जनजातियां या परिवर्तित वर्ग हैं। जाति के विकास में जनजातियों का योगदान आर्यों से अधिक है। जनजातियों का उप विभाजन दूसरी असंख्य जनजातियों में किया गया, जो एक दूसरे को आपसी घृणा की दृष्टि से देखते थे, इन विभाजित जनजातियों के अंतरविवाह प्रतिबंधित थे भले ही उनकी भाषा का उद्गम एक ही हो और चाहे वे एक दूसरे से नदी के दूसरे छोर की जितनी दूरी रखते हों। इस कारण से समुदायों में दूरी और सजातीय विवाह की प्रथा ने जन्म लिया। जब आर्य भारत में आए तो उन्होंने सामाजिक रूप से इन भारतीय जनजातियों को अलग रखा और वे अपने आप को आदिवासी जनजातियों की अपेक्षा श्रेष्ठ मानते थे।

इसके प्रमाण हैं कि गैर आर्य भारतीय आदिवासी विशेष तौर पर द्रविड़, मुंडेया या आस्ट्रो एशियाई लोगों के बीच कुल देवता, बहिर्विवाह और आदिवासी अर्तर्विवाह की प्रथाएँ विशेष रूप से मजबूत थीं और बहुत सी जनजातियों ने जातियों का रूप धारण कर लिया था। इन सामाजिक संगठनों की विशेषताएं ऑस्ट्रेलिया के आदिवासी जनजातियों में देखी गई थी जो किसी भी तरह से भारत के पूर्व द्रविड़ों से संबंधित मानी जाती हैं। फिर भी भारतीय आर्यों के आने से पहले भारत के मूल निवासियों जिसमें सभ्य द्रविड़ों और असभ्य पूर्व द्रविड़ों में बहुत अधिक सांस्कृतिक भिन्नता पाई गई, इनमें सुविकसित राजनीतिक संगठन जो शहरों में रहते थे और दूसरे अभी भी जंगलों और गुफाओं में रहते थे और सांस्कृतिक तौर पर शिकार करने व मछली पकड़ने के आगे विकसित नहीं हो पाए थे।

इन मतभेदों ने दोनों की बीच अलगाव की दीवार खड़ी कर दी। उन दोनों ने एक दूसरे से संपर्क करने से परहेज किया। आर्यों के द्वारा विजय प्राप्त करने के बाद भी जनजातीय तथा सांस्कृतिक समूहों में कोई बदलाव नहीं हुआ और बदली हुई परिस्थितियों में एक-दूसरे से कठोरता से अलग रहे और फिर इन्होंने जातियों का रूप ले लिया। इसलिए यह आश्चर्यजनक तथ्य है कि दक्षिण के द्रविड़ों में ना कि ब्राह्मण और गैर ब्राह्मण बल्कि छूत और अछूत में उत्तरी भारत के आर्यों से भेदभाव बहुत अधिक हैं। इस प्रकार विजित आदिवासियों की प्रथाओं ने जाति के विकास में उतना ही योगदान दिया है जितना कि आर्य जाति के नस्लीय प्रर्वाग्रहों ने।

2.4.8

ब्राह्मणवादी सिद्धांत

इस सिद्धांत के अनुसार ब्राह्मणों के कारण भारत में जाति व्यवस्था की उत्पत्ति और विकास हुआ। श्री आब्बे डुबोइस के अनुसार जाति व्यवस्था ब्राह्मणों के लिए ब्राह्मणों द्वारा चतुराई से रची गई व्यवस्था है। ब्राह्मणों ने कर्मकांड व पूजा की पवित्रता के लिए आवश्यक बताते हुए गैर ब्राह्मणों के साथ खाने-पीने, विवाह व सामाजिक सम्बन्धों पर प्रतिबंध लगा दिया। इसके साथ ही ब्रह्मशास्त्रों व दूसरी पुस्तकों में स्वयं को उच्च माना, और विशेष अधिकार प्राप्त करना व अन्य सभी को स्वयं से निम्न मानना घोषित कर दिया। उन्होंने कहा कि एक ब्राह्मण जो कहता है वह सामाजिक आदर्श है और समाज की सारी संपत्ति ब्राह्मण की है।

सभी व्यक्तियों और समाज का उद्धार ब्राह्मणों द्वारा विस्तृत अनुष्ठानों के प्रदर्शन पर निर्भर करता है। उसकी सेवा के बिना राजा की प्रार्थनाएं और प्रसाद भी देवताओं को अस्वीकार्य होते हैं। बल्कि यहां तक कहा गया कि ब्राह्मणों द्वारा किए गए पूजा, अनुष्ठान और कर्मकांड का सोहलवां भाग का लाभ देश के राजा को मिलता है।

श्री घुर्ये भी (1961:169) जाति की उत्पत्ति में ब्राह्मणों की भूमिका मानते हैं और वह ब्राह्मणवाद के सिद्धांत का जाति की उत्पत्ति में योगदान का समर्थन करते हैं। प्रथम दृष्ट्या में उनका मानना है कि भिन्न-भिन्न वह कार्य जिससे जाति परिणित हुई उनमें एक मुख्य रूप से ब्राह्मणों द्वारा आदिवासियों और शूद्रों का धार्मिक कर्मकांड, अनुष्ठान व पूजा से दूर रखना था।

2.4.9

जैविक सिद्धांत

जैविक सिद्धांत इस मान्यता पर आधारित है कि गुणों की तीन श्रेणियां हर एक में विद्यमान होती हैं। वर्ण का अर्थ बनावट के विभिन्न रंग और साथ में मानसिक स्वभाव का प्रतिनिधित्व करता है। यह तीन गुण सत्त्व, राजस और तमस हैं। सत्त्व सफेद, राजस लाल व तमस काला है। दुनिया के सभी लोगों और समूह में यह गुण भिन्न-भिन्न अनुपात में विद्यमान हैं और उसी के अनुसार उनके स्वभाव में भिन्नता होती है। सत्त्व गुणों वाला चरित्रवान, बुद्धिमान, ईमानदार और अन्य सकारात्मक व्यक्ति होता है। राजस्व गुण वाले में जनून, गर्व व शक्ति विद्यमान होते हैं। तमस गुण वाले व्यक्ति में सुस्ती, मूर्खता, रचनात्मकता की कमी और अन्य नकारात्मक गुण होते हैं।

लोग इन गुणों के विभिन्न अनुपात होने के कारण अलग-अलग उचित व्यवसाय को अपनाते हैं। इस सिद्धांत के अनुसार ब्राह्मण में सत्त्व गुण विद्यमान होते हैं उनमें चुपचाप, शांत, संयम, आत्मनियंत्रित और तपस्या के गुण होते हैं।

ब्राह्मणों में ज्ञान अर्जित करने, बुद्धिमता और धार्मिक निष्ठा अर्जित करने की प्रबल इच्छा होती है। क्षत्रिय और वैश्य में राजस गुण होते हैं और शूद्रों में तमस गुण विद्यमान होते हैं। किसी भी व्यक्ति का चाल चलन, अंहकार की स्थिति, ज्ञान की विद्यमानता, समझ बूझ का होना, धैर्य की दृढ़ता और खुशमिजाजि उसके वर्ण पर निर्भर करती है।

2.4.10

विकासवाद का सिद्धांत

विकासवाद के सिद्धांत के अनुसार जाति व्यवस्था किसी भी निश्चित समय पर अचानक अस्तित्व में नहीं आई। श्री सेरिंग ने अपनी पुस्तक 'दि हिन्दू ट्राइबस एंड कास्टस में लिखा है कि 'यह एक अद्भुत घटना, जो नृवंश विज्ञान की सनक, एक प्राच्य राक्षसी रचना, ऐसे पेड़ का फल जो न तो जड़ से और न ही बीज से उगा हो, आकस्मिक घटना नहीं है। फिर भी जाति का विकास जैसे भारत में हुआ है वह मानव जाति की समस्याओं में सबसे कठिन समस्या है। यह कई सामाजिक, भौगोलिक, राजनीतिक और पर्यावरणीय कारकों के साथ-साथ सामाजिक विकास की लंबी प्रक्रिया का परिणाम है।'

भारत में जाति के विकास में महत्वपूर्ण भूमिका निभाने वाले कारकों में वंशानुगत व्यवसाय, ब्राह्मण की स्वयं को शुद्ध रखने की प्रबल इच्छा, शासकों की एक समान कठोर कानून लागू करने की अनिच्छा, विशेष प्रथाओं को शासन द्वारा मान्यता देने की तत्परता, पुनर्जन्म में विश्वास, कर्म का सिद्धांत, अनन्य परिवारवाद, पूर्वजों की पूजा, सांसारिक भोज, विरोधी संस्कृतियों का संघर्ष विशेषकर पितृसत्तात्मक और मातृसत्तात्मक व्यवस्था के बीच, विभिन्न नस्लों का विवाद व संघर्ष, रंगभेद पूर्वाग्रह, विजित, विभिन्न विजेताओं विशेषकर ब्रिटिश द्वारा जानबूझकर ऐसी आर्थिक और प्रशासनिक नीति को लागू करना, भारतीय उपमहाद्वीप का भौगोलिक अलगाव और हिंदू समाज का स्थिर स्वभाव है। विदेशी आक्रमण, ग्रामीण सामाजिक संरचना और सामाजिक बहिष्कार के हिंदू समाज

की पारंपरिक मानसिकता ने समाज के एक बहुत बड़े भाग को अछूत व पहुंच के बाहर वाला बना दिया।

2.4.11

अंबेडकर सिद्धांत

प्रथम दृष्टया में डॉक्टर अंबेडकर मानते हैं कि आज कोई भी सभ्य समाज भारतीय समाज की तुलना में आदिम काल के अधिक अस्तित्व को स्वीकार नहीं करता है। अनिवार्य रूप से इसका धर्म आदि काल से है और इसकी आदिवासी धर्म संहिता, समय के बदलाव व सभ्य होने के बावजूद, आज भी प्राचीन प्रभावित है जिसमें से एक बहिर्विवाह प्रथा का चलन है। बहिर्विवाह का प्रचलन आदि काल से है और इसके लिए किसी स्पष्टीकरण की आवश्यकता नहीं है। इतिहास के समय के साथ विकास में हालांकि बहिर्विवाह ने अपनी प्रभावकारिता को खो दिया है और निकटतम रक्त संबंधियों को स्वीकारते हुए विवाह के क्षेत्र में प्रतिबंध करने वाला कोई सामाजिक प्रतिबंध नहीं है। परंतु भारत के लोगों के लिए आज भी बहिर्विवाह एक सकारात्मक प्रतिबंध है। भारतीय समाज अभी भी कबीला प्रणाली में विश्वास रखता है हालांकि कबीले समाप्त हो चुके हैं और यह आज भी विवाह में बहिर्विवाह के सिद्धांत की मान्यता के रूप में देखा जा सकता है क्योंकि रक्त के रिश्ते में विवाह वर्जित है बल्कि सगोत्र में विवाह को अपवित्र माना जाता है।

भारतीय लोगों के लिए अंतर्विवाह एक विदेशी व्यवस्था है जो आसानी से समझी जा सकती है। भारत के विभिन्न गोत्र बहिर्विवाही में विश्वास रखते हैं और इसी तरह से अलग अलग कुल देवता के समूह भी बहिर्विवाही को मानते हैं। यह कहना भी कोई अतिशयोक्ति नहीं होगी कि भारतीयों के लिए बहिर्विवाही

एक पंथ की तरह है और इसका उल्लंघन करने की कोई हिम्मत नहीं करता है, इतना ही नहीं उनमें जातियों के अंतर्विवाह के बावजूद बहिर्विवाही का सख्ती से पालन किया जाता है और अंतर्विवाह के उल्लंघन करने वालों की तुलना में बहिर्विवाही का उल्लंघन करने वालों को कठोर दंड दिया जाता है। अब इस बात को आसानी से समझा जा सकता है कि बहिर्विवाह के रूप में कोई जाति उत्पन्न नहीं होती है बल्कि बहिर्विवाही का अर्थ है सम्मिश्रण विलय करना।

परंतु हमारे यहां जाति व्यवस्था है इसके फलस्वरूप जातियों के निर्माण में अंतिम विश्लेषण में जहां तक भारत का संबंध है बहिर्विवाही विशेषता पर सजातीय विवाह का सर्वोच्च स्थिति में होना। हालांकि मूल रूप से बहिर्विवाही करने वाली आबादी में आसानी से सजातीय विवाह (जोकि जाति के निर्माण के समान है) होना एक गंभीर समस्या है, बहिर्विवाही के विरुद्ध सजातीय विवाह के संरक्षण के लिए उपयोग किए जाने वाले साधनों पर विचार करके ही हम समस्या का समाधान खोजने की आशा कर सकते हैं। इस प्रकार बहिर्विवाही प्रथा पर सजातीय विवाह प्रथा का आरोपण का अर्थ है जाति का निर्माण।

दूसरी ओर डॉक्टर अंबेडकर मानते हैं कि हिंदू समाज दूसरे समाजों की तरह वर्णों से बना हुआ है और सबसे पहले चार वर्ण ब्राह्मण, क्षत्रिय, वैश्य और शूद्र थे। इस तथ्य पर विशेष ध्यान दिया जाना चाहिए कि आरंभ में अनिवार्य रूप से यह एक वर्ग प्रणाली थी जिसमें व्यक्ति योग्य होने पर अपना वर्ग बदल सकते थे और इसी प्रकार वर्गों ने अपने कर्मों को बदल दिया। हिंदू समाज के इतिहास के किसी समय पर पुरोहित वर्ग ने समाज के अन्य लोगों से दूरी बना ली और दूसरों के लिए बंधन लगाने की नीति के अनुसार अपने आप एक जाति बना

ली। व्यवस्था के सामाजिक विभाजन के कानून के अनुसार दूसरे वर्ग भी विभाजित हो गए जिसमें कुछ बड़े वर्ग बन गए और कुछ छोटे वर्ग। मूल रूप से अविकसित वैश्य और शूद्र वर्ग बहुत सी जातियों का स्रोत रहे हैं। चूंकि क्षत्रिय के व्यवसाय को बहुत छोटे-छोटे समूह में नहीं बांटा जा सकता इसलिए इनका उप विभाजन सैनिक और प्रशासक के रूप में हुआ।

समाज का विभाजन एक स्वाभाविक प्रक्रिया है। लेकिन इनके विभाजन में अप्राकृतिक यह रहा है कि वर्ग व्यवस्था पर खुलेपन को बंद करके जाति व्यवस्था में परिवर्तित कर दिया गया। प्रश्न यह है कि क्या उनके लिए दरवाजे बंद कर दिए और अंतर्विवाह करने के लिए विवश कर दिया या उन्होंने स्वयं ही अपने आप को बंद कर लिया। डॉ अंबेडकर इसमें दोनों तरह से बंद करने की बात करते हैं? कुछ लोगों ने दूसरों को अपने साथ मिलाना बंद कर दिया और कुछ दूसरों ने अपने आप मिलना बंद कर दिया।

चूंकि हर प्रभाव का कारण होता है, हम यह मान सकते हैं कि हिंदू परिवार का विघटन जो अब हम देखते हैं, वह पर्याप्त रूप से जिम्मेदार हो सकता है। जाति की उत्पत्ति के कई सिद्धांतों की व्याख्या की गई है और इसके पहले के इतिहास में अनिश्चितता और अनुमानों के बादल छाए हुए हैं, फिर भी इसकी प्रगति की पेचीदगियाँ, विसंगतियां और विलक्षणताएं वर्तमान जंगली भोंडापन आने तक भारत में इसका विस्तार कहीं अधिक चैंकाने वाला और रोमांचक है।

अध्याय तीन
जातियों का इतिहास

3.1

दुनिया के अन्य सभी समाजों की तरह भारतीय समाज का भी स्तरीकरण है, पर यह दूसरों से प्रवृति, अधिनियम और आचरण में अलग है जो कि जाति व्यवस्था के रूप में लोकप्रिय है और मानव जाति की सबसे कठिन समस्याओं में से एक है। जाति व्यवस्था आज जिस रूप में मौजूद है वह न तो आरम्भ से है, न इतिहास में अनायास रूप से आई है और न ही एक आकस्मिक घटना है। इसने अपना यह बहसी रूप हजारों साल और इतिहास के अलग-अलग काल खंडों में अपनाया है। भारत में जाति व्यवस्था के इतिहास के विकास के बारे में जानने से पहले समाज में सामाजिक स्तरीकरण का विकास कैसे हुआ यह जानना जरूरी है।

प्रारंभिक समाजों में सभी लोग एक समान स्थिति में थे। समय के साथ समाज में जटिलता आती गई, जिससे समाज में कुछ लोग अन्य लोगों से उच्च श्रेणी में आ गए, जो कि समाज में संसाधनों के असमान वितरण का परिणाम था, जिसके परिणाम स्वरुप स्तरीकृत समाज की स्थापना हुई। समाज के

संसाधनों पर आधिपत्य के कारण लोगों को पदानुक्रम की परतों में व्यवस्थित किया गया। समाज में सामाजिक स्तरीकरण की उत्पत्ति स्वाभाविक परिणाम है और इससे समाज के विकास का पता लगाया जा सकता है।

प्रथम पीढ़ी के समाजों में, जो की शिकार व संग्रह करने तक सीमित थे, जिसमें मनुष्य मांस के लिए शिकार करते थे और स्त्रियां खाने के लायक पौधों का संग्रह करती थी। वे आपस में एक समान बांट लेते थे और उस समय समाज में स्तरीकरण न के बराबर था। अगली पीढ़ी के बागवानी और चारगाही समाजों ने समाज में असमानता को पैदा किया। बागवानी समाजों में लोगों ने भोजन के लिए खेती करना आरंभ कर दिया और चारगाही समाजों ने जानवरों को पालतू बनाना आरंभ कर दिया। इससे जो उत्पादन हुआ वह न केवल सिर्फ उनकी आवश्यकताओं के अनुसार था बल्कि उनकी जरूरतों से अधिक था। कृषि समाज बड़े होते चले गए, जिसके कारण श्रमिक विभाजन हुआ और इसमें विशेष कौशल के कारण स्तरीकरण हुआ। सामाजिक विकास के इस चरण में कुछ व्यवसायों और कार्यों को दूसरों की तुलना में अधिक सम्मान देना शुरू कर दिया। वास्तविक कृषि कार्य की तुलना में दूसरे शारीरिक कार्यों का सम्मान कम होता था।

अतिरिक्त उत्पादन के कारण समाज में एक नए वर्ग का जन्म हुआ जो अधिक उत्पादन का संग्रह कर सकते थे और जिनको जरूरत थी उनको वितरित करते थे। इस तरह से एक व्यापारिक वर्ग का जन्म हुआ। जो जितना अधिक संग्रह कर सकता था समाज में उसका उतना ही सम्मान होता था। इस चरण में लोगों ने संग्रह करना शुरू कर दिया और अपनी आने वाली पीढ़ी को स्थानांतरित करना प्रारंभ कर दिया। समाज की

बढ़ती आवश्यकताओं के कारण भिन्न भिन्न तरह के काम व सेवाओं का विकास व विस्तार हुआ। आगे के सामाजिक विकास में औद्योगिक समाज का उदय हुआ और कारखाना मालिक, कुशल श्रमिक, विशेष सेवाओं के लिए वर्ग और वेतन पाने वालों का उदय हुआ।

इससे अमीर व गरीब के बीच खाई बढ़नी शुरू हो गई। भारतीय समाज का वर्गीकरण दुनिया के दूसरे समाजों से, वैदिक काल से जाति व्यवस्था विद्यमान होने के कारण भिन्न था। भारत में जाति के इतिहास को जानने के लिए छ: काल खंडों में विभाजित किया जा सकता है और उसके अनुसार जाति के इतिहास की चर्चा करना अनुचित नहीं होगा।

3.2

प्राचीन काल (4000 ईसा पूर्व - 700 ईस्वी)

प्राचीन काल में वैदिक काल, ब्राह्मणवादी काल, मौर्य और मौर्य के बाद का 700 ईस्वी तक का काल सम्मिलित है। ऋग्वेद के पूर्व काल में विद्वानों की जाति व्यवस्था के बारे में दो अलग-अलग धारणाएं हैं। एक मत के अनुसार उस काल में तीन जातियां ब्राह्मण, क्षत्रिय और वैश्य थी जबकि दूसरे मत के अनुसार ये तीन जातियां न होकर तीन वर्ण थे जो व्यवसाय के आधार पर परिवर्तनीय थे और उस समय तक वंशानुगत नहीं थे। लेकिन दोनों धारणाएं ऋग्वैदिक के पूर्व काल में समाज को तीन भागों में विभाजन पर एकमत थे और चतुर्थ विभाजन शूद्र का आर्यों द्वारा ऋग्वेद के लिखने के काफी समय बाद किया गया।

3.2.1

वैदिक काल (4000 ईसा पूर्व - 1000 ईसा पूर्व)

3.2.1.1

भारतीय इतिहास ऐतिहासिक संदर्भ में वैदिक काल से आरंभ होता है जो कि 4000 ईस्वी पूर्व से माना जाता है लेकिन जाति की उत्पत्ति के संबंध में विभिन्न क्षेत्रों के विद्वानों, इतिहासकारों, पुरातत्वविदों, मानव विज्ञानियों, नृवंश विज्ञानियों, समाजशास्त्रियों आदि का केवल कालखंड पर ही नहीं उत्पत्ति के सिद्धांतों पर भी अलग-अलग मत है। जाति व्यवस्था की उत्पत्ति भारतीय आर्य समाज में चातुर्वर्ण्य की उत्पत्ति के साथ आरंभ होती है जिसका वर्णन ऋग्वेद के दसवें मंडल के 90वें सूक्त के 11वें और 12वें छंद में किया गया है जिसे पुरूष सूक्त के प्रसिद्ध नाम से जाना जाता है जिसमें 16 छंद है और जिसे भारतीय जाति व्यवस्था का मैग्ना कार्टा कहा जाता है।

यह भी माना जाता है कि पूर्व वैदिक काल में भी समाज का चार भागों में विभाजन प्रचलित था। इस विचारधारा को मानने वाले विद्वानों का मत ईरानी आर्य जाति व भारतीय शाखाओं का संयुक्त होना ही आधार था। उस समय ईरानी समाज में भारतीय समाज के ब्राह्मण, क्षत्रिय, वैश्य और शूद्र के समकक्ष अथर्वा, राथेस्था, वस्तरिया स्योन्त और हैती थे।

ऋग्वैदिक काल के शुरुआती समय से ही ब्राह्मणों ने समाज के अन्य तीन वर्गों पर अपनी श्रेष्ठता को लागू करना शुरू कर दिया और इसके लिए पवित्र और औपचारिक कर्तव्यों को भी हासिल कर लिया। उस समय राजा और पुजारी के बीच स्पष्ट

अंतर था और वैदिक राजा को पुजारी का दर्जा नहीं दिया जाता था। लेकिन फिर भी, उस समय तक, पुरोहित कार्य ब्राह्मण का अनन्य विशेष अधिकार नहीं था, बल्कि ब्राह्मणों के अलावा अन्य पुरोहित कार्यों का करना वैदिक साहित्य के लिए अज्ञात नहीं है। वैदिक साहित्य में ब्राह्मण के अतिरिक्त पुरोहित और कर्मकांड कार्यों को करने वाले व्यक्ति अक्सर पाए जाते थे। विश्वामित्र जो कि एक क्षत्रिय थे अक्सर पुरोहित का कार्य करते थे और राजा सुदास सहित कई राजाओं के पुजारी थे। विश्वामित्र को श्लोकों के लेखक के रूप में भी श्रेय दिया जाता है जिनमें सबसे पवित्र गायत्री श्लोक भी शामिल है। अन्य वर्गों के असाधारण ज्ञान और क्षमताओं वाले अन्य व्यक्तियों का भी पुरोहिती कार्य करने के लिए उपयोग किया जाता था।

पौराणिक साहित्य में काण्वयन ब्राह्मणों को कांवास के वंशज के रूप में वर्णित किया गया है, जो पूरु वंश के राजा अजमिधा के वंशज माने जाते हैं। विश्वामित्र जैसे कई अन्य क्षत्रियों को पदोन्नत किया गया था जैसे कि गार्ग जो भारता के वंशज थे, चंद्रवंश के भार्मयस्व के पुत्र मदगाला और सूर्यवंश के युवासां के पुत्र हरिता। महाभारत के अनुशासना में एक और उदाहरण है, जहां ग्रितसाम्दा, जो ऋग्वेद के कई सूक्तों के लेखक हैं, ब्राह्मण बन गए और आज के कई ब्राह्मण उनके वंशज माने जाते हैं। एक सूक्तों की रचना करना और दूसरा पुजारी के रूप में कार्य करना वैदिक ऋषियों के मुख्य दो कार्य थे। पहला कार्य ब्राह्मण का अनन्य एकाधिकार नहीं बन सका क्योंकि समाज के सभी वर्गों द्वारा काव्य वंश का सम्मान किया जाता था। जब तक सूक्तों का निर्माण जारी रहा अन्य वर्ग के व्यक्ति को ब्राह्मण वर्ग में पदोन्नत किया जाता रहा।

3.2.2.2

प्राचीन भारत में ब्राह्मण पर्याप्त रूप से चतुर थे और उनमें विशेषाधिकार और दिखावे के लिए जोरदार ललक थी। उन्होंने अपने आप को शासन के काम से अलग रखा और क्षत्रिय सहित अन्य वर्गों पर अपने वर्चस्व को बनाए रखा, यूरोप में चर्च और शासन के बीच संघर्ष में चर्च की हार हुई थी जबकि भारत में ब्राह्मणों और अन्य जातियों के संघर्ष ने युद्ध का रूप नहीं लिया बल्कि वह संघर्ष केवल वशिष्ठ और विश्वामित्र तक ही सीमित रहा और ब्राह्मण का सौभाग्य था कि उन्हें दिखावे और विशेषाधिकार के संघर्षों में विजय प्राप्त हुई।

3.2.2.3

आरंभ से ही ब्राह्मणों ने अपने आप को अन्य वर्गों से अलग रखा। स्वयं को श्रेष्ठ मानते हुए पुरोहित वर्ग और अन्य वर्गों के बीच स्पष्ट अंतर रखा, जबकि दूसरे अन्य वर्गों में आपस में इस तरह के भेदभाव का अभाव था जोकि ऋग्वेद में स्पष्ट है। परंतु फिर भी आम लोगों और शासकों के बीच फर्क स्पष्ट दिखाई देता था। ब्राह्मण की प्रधानता उसके भजन कीर्तन, पुरोहित कार्य और विधि विधान करने से स्थापित हुई।

क्षत्रिय शासक वर्ग के भी शासन करने की शक्ति व पर्याप्त मात्रा में धनी होने के कारण कम विशेषाधिकार नहीं थे। इन दोनों के बीच संघर्ष जारी रहने की बजाय दोनों एक अध्यात्मिक शक्ति और दूसरी शासकीय शक्ति ने आपस में लेन-देन के सिद्धांत पर सहमत हो गए ताकि दोनों मिलकर आम लोगों पर शासन कर सकें। फिर भी इस काल में भी क्षत्रिय ही नहीं बल्कि वैश्य को भी ब्राह्मण पदोन्नत करने के स्पष्ट प्रमाण मिलते हैं।

उस समय के साहित्य में भालन्दाना के पुत्र वात्सापारी, जो कि एक वैश्य था, को ब्राह्मण पदोन्नत करने का उल्लेख मिलता है। मत्स्य पुराण में वास्वा और साकीला जोकि सूक्त रचयिता वैश्य थे, का ब्राह्मण पदोन्नत होने का स्पष्ट उल्लेख किया है। वैश्य नाभागारिता के दो पुत्र भी ब्राह्मण बनाए गए थे।

आम लोगों पर अधिकार और सत्ता के लिए ब्राह्मण और क्षत्रिय के बीच मिलीभगत के परिणामस्वरूप, उन वर्गों की एकता, उनके निश्चित व्यवसायों और कार्यों के आधार पर उनमें समरूपता स्थापित हो गई। दूसरी और वैश्यों में केवल नाम की एकता थी क्योंकि उनके विभिन्न व्यवसायों के फलस्वरूप भिन्न-भिन्न नियम अधिनियम थे, भिन्न-भिन्न व्यवसायों को अपनाने के लिए भिन्न-भिन्न सिद्धान्तों का पालन करना पड़ता था।

ऋग्वैदिक समाज अब तक आदिम व्यवस्था से अधिक विकसित स्थिति में आ गया था। इस विकसित समाज में श्रम विभाजन विभिन्न व्यवसायों के अपनाने के फल स्वरूप एक आवश्यकता बन गई थी। कामगारों का यह वर्ग शूद्र कहलाने लगा था क्योंकि सभी जातियां मिश्रित थी इसलिए समाज में सभी को समान दृष्टि से देखा जाता था। उस समय किसी भी व्यवसाय को निम्न नहीं माना जाता था हालांकि पुजारी और शासक वर्ग का समाज में अधिक सम्मान था यहां तक कि महान संतों के वंशजों ने भी कारीगर सहित अन्य व्यवसायों को अपनाया।

3.2.2.4

ऋग्वैदिक समाज में तीन वर्गों ब्राह्मण, क्षत्रिय और वैश्य ने अपनी अलग स्थिति प्राप्त कर ली थी और इन वर्गों की तुलना

दास और दस्युयों के साथ नहीं की जाती थी। ऋग्वेद में कई स्थानों पर जिसे का उल्लेख पाया जाता है और जिनके पास जितने अधिक दास होते थे, वे उतने ही धनाढ्य माने जाते थे। दासों को वे गैर आर्य मानते थे जिनको आर्यों ने जीत लिया था। पुरुष सूक्त जिसको भारतीय ब्रह्मांड की उत्पत्ति भी कहा जाता है कि रचना करने तक दासों और दस्युयों को शूद्र कहना आरंभ कर दिया था और इसलिए पुरुष सूक्त में दास और दस्यु के स्थान पर शूद्र पाया जाता है जबकि पुरुष सूक्त के अतिरिक्त शूद्र शब्द का उल्लेख ऋग्वेद में और कहीं भी नहीं है। अब तक आर्य समाज में चतुर्वर्ण व्यवस्था पूर्ण हो गई थी जिसमें शूद्र को कोई भी व्यवसाय देने के बजाय केवल दूसरे तीन वर्णों की सेवा करने की ही जिम्मेदारी दी गई।

3.2.3

ब्राह्मणवाद और महाकाव्य काल (1000 ईसा पूर्व 300 ई पूर्व)

3.2.3.1

ऋग्वैदिक काल की समाप्ति के बाद वैदिक युग के बाद का काल आरंभ होता है जिसे ब्राह्मणवाद काल के रूप में जाना जाता है। इस युग का प्रतिनिधित्व करने वाले साहित्य में ब्राह्मणा और पुराने उपनिषद् शामिल हैं। वैदिक आर्यों के विस्तार से समाज में प्रमुखतः दो बदलाव आए जिनमें एक सामाजिक विकास और दूसरा जातियों में दृढ़ता आती गई। पुरोहित वर्ग को विशेष बनाने के लिए और उसमें अन्य वर्ग का निषेध करने के लिए पुराने सूक्तों को स्थापित कर दिया गया और नए सूक्तों की रचना पर प्रतिबंध लगा दिया गया। कर्मकांड के संस्कारों को

और जटिल बना दिया ताकि उनका संचालन करने के लिए विशेष अध्ययन की आवश्यकता हो और वह भी वर्षों तक विशेषज्ञों के मार्गदर्शन में ही संभव हो सके।

जैसे जैसे आर्यों का प्रभाव देश के बड़े भाग में बढ़ता गया तो दासों और शूद्रों को अपनाना आरंभ कर दिया और उनके विनाश की नीतियों को बदलना पड़ा। लेकिन इससे शूद्रों को दूसरे तीन वर्गों से बहिष्कार की स्थिति का सामना करना पड़ा। साथ ही शूद्रों और दासों तक सीमित रक्त की शुद्धता की धारणा विजेताओं के विभिन्न वर्गों में फैलने लगी और इसने समाज के विभिन्न वर्गों के बीच जहरीली भावना को बढ़ा दिया। आर्यों ने पूर्व और दक्षिण में जनजातियों को असभ्य मनुष्यों की स्थिति में पाया, जिनमें सभ्यता और जीवन के स्तर का कोई ज्ञान नहीं था, बल्कि उनका स्वभाव फूहड़ व विद्रोही था। पहले के शूद्रों की तुलना में ये जंगली जनजातियां असभ्य थीं जिसके परिणामस्वरुप समाज में एक और वर्ग का गठन हुआ यानी पांचवा वर्ण जिसमें सारी घृणित आदते थीं। इस समय छुआछूत का प्रश्न उठाया गया। आर्यों में विजेताओं और विजिताओं के बीच रक्त की शुद्धता की धारणा गहरी होती चली गई जिसके परिणाम स्वरुप समाज के सभी वर्गों में इसका संक्रमण धीरे-धीरे फैल गया जिससे जाति व्यवस्था में और दृढ़ता आती गई विशेषत: अंतर्विवाह और अंतर्भोजन के संबंधों में। विजित मूल निवासियों की संख्या में वृद्धि होने के परिणाम स्वरुप शारीरिक श्रम के आवश्यकता वाले सभी व्यवसायियों के लिए दासों की उपलब्धता में वृद्धि हो गई जिसके कारण शासक वर्ग ने व्यवसायों से अपने को अलग कर लिया और इससे समाज में और अधिक विभाजन पैदा हो गया। जैसे-जैसे यह शारीरिक श्रम और औद्योगिक कलाएं शूद्रों के हाथों में आती गई ऐसे व्यवसायों के लिए अवमानना की भावना पैदा हुई। शूद्रों के

साथ-साथ औद्योगिक व्यवसायों में रक्त और रोजगार के मिश्रण से समाज में बड़ी संख्या में आर्य जाति का पतन हुआ, जिसे मिश्रित जाति कहा जाता था। वैदिक समाज के बहुविवाह चरित्र से समाज के उच्च वर्ग का अश्वेत महिलाओं से घनिष्ठ संबंध का कारण बना। यहां तक की ब्राह्मण और शूद्र स्त्री के विवाह को भी नहीं रोका जा सका। दासी के साथ संबंध रखने की यह प्रथा नापसंद होने के बावजूद भी आम थी।

3.2.3.2

मुख्य रूप से व्यवसायिक चरित्र के आधार पर ऋग्वैदिक समाज को वर्गों या जातियों में विभाजित करने के बावजूद आर्य समुदाय में तौर-तरीकों और आदतों में एकरूपता स्पष्ट थी, लेकिन बाद में प्रत्येक जाति के लिए अलग-अलग विशेष नियम निर्धारित किए गए, जिसके परिणाम स्वरुप अलग-अलग आदतें बन गईं। जातियों के बीच यह अंतर क्षितिज नहीं बल्कि ऊर्ध्वाधर थे और जातियों को व्यवसाय के अनुसार वर्गीकृत किया गया था। पुरोहित वर्ग को अत्याधिक ढोंग और विशेष अधिकारों से सम्मानित किया गया था।

ब्राह्मण ने स्वयं को भगवान का दर्जा दिया और सभी जातियों से श्रेष्ठ माना। बल्कि ब्राह्मण को देवताओं से भी ऊपर का दर्जा दिया गया। ब्राह्मण का सम्मान करना सभी जातियों का कर्तव्य था। पुरोहित का कार्य ब्राह्मणों का एकाधिकार प्राप्त हो गया था और अन्य किसी को भी पुरोहिती और कर्मकांड करने की अनुमति नहीं थी जबकि पहले विश्वामित्र जैसे जिनमें ज्ञान और योग्यता थी वह पुरोहिती व कर्मकांड का कार्य करते थे। क्षत्रियों ने न कि पुरोहित और कर्मकांड का कार्य खो दिया बल्कि उनका पुरोहित की नियुक्ति और हटाने का भी अधिकार

छीन लिया। इसके परिणामस्वरूप पुरोहित और कर्मकांड पर ब्राह्मण का एकाधिकार स्थापित हो गया। यह निराशाजनक रूप से कर्मकांड करने वाले पुरोहितों की दया पर निर्भर करता था।

3.2.3.3

सभी समाजों में शासक वर्ग में न केवल शासक क्षमताओं के लिए विशेष योग्यताएं थी बल्कि वे समृद्ध साहित्यकि भी थे। पूर्व वैदिक काल में कई राजाओं ने साहित्य में पाए जाने वाले प्रसिद्ध भजनों की रचना की, राजा वर्ग द्वारा बनाई गई कविताओं ने उस समय के समाज में लेखन में महत्वपूर्ण स्थान हासिल कर लिया था। जब नए भजनों और श्लोकों का समावेश बंद हो गया तो पुरोहित वर्ग का पवित्र कार्य और वैदिक साहित्य पर एकाधिकार हो गया। ब्राह्मणों ने अन्य वर्गों के लिए विशेष रूप से स्त्रियों के लिए यज्ञ, अनुष्ठान कार्यों और धार्मिक साहित्य में नए भजनों के समावेश पर प्रतिबंध के नाम पर दरवाजे बंद कर दिए। लेकिन फिर भी क्षत्रिय धार्मिक मामलों में ब्राह्मणों के अनन्य एकाधिकार को चुनौती देते रहे और प्रतिस्पर्धा करते रहे।

यहां तक की बांलाकी, गार्ग्य, उद्दालक, अरुणी, सोमा शुषमा और सत्य यज्ञी जैसे प्रसिद्ध ब्राह्मण संतो ने भी अपनी हीनता को स्वीकार किया और काशी के अजातशत्रु, केकया के अश्वपति पांचाल के प्रवाहनना जेबली और विदेह के जनक जैसे राजाओं से शिक्षा प्राप्त की। क्षत्रियों ने उस क्षेत्र में प्रयास और भागीदारी जारी रखी, जिसे ब्राह्मणों ने विशेष रूप से अपने लिए सुरक्षित किया और एक अन्य क्षेत्र, उपनिषदों का विज्ञान था जहां क्षत्रिय ब्राह्मणों से कम सक्षम नहीं थे। राजा जकार्ता को कुछ ब्राह्मणों द्वारा एक बहस के लिए चुनौती दी गई थी जिसमें से याज्ञवल्वय ने खुद को यह कहते हुए वापस ले लिया कि अगर

हम हार गए, तो यह कहा जाएगा कि ब्राह्मणों को एक क्षत्रिय ने हराया है और यदि हम हराते हैं, तो यह कोई नहीं कहेगा कि ब्राह्मणों ने क्षत्रियों को हराया है। कई राजाओं ने राज ऋषि या राजा ऋषि का दर्जा प्राप्त किया।

3.2.3.4

उत्तर वैदिक काल में जातियों के बीच का अंतर और व्यापक होता गया। जैसे-जैसे आर्य क्षेत्र का विस्तार होता गया, समाज आदिवासीवाद से अधिक सभ्य होता गया। शासक वर्ग क्षत्रिय और आम लोगों के बीच अंतर बढ़ता गया और वैश्यों की स्थिति कम होती गई। और समस्त वर्ग ने इसे पहले ही आम लोगों से अलग कर लिया था, एक सजातीय समाज के निर्माण के लिए एक साथ एकजुट होने के बजाय, दोनों उच्च वर्गों ने अपने-अपने शासन और आध्यात्मिकता और पुरोहित कार्यों के माध्यम से आम लोगों पर सामूहिक रूप से शासन करने के लिए हाथ मिलाया। विस्थापित क्षेत्र और गुलामों के रूप में विजित गैर आर्यों की प्रचुर उपलब्धता के परिणामस्वरूप औद्योगिक, चारागाह और कृषि कार्यों में रोजगार मिला।

इसके परिणामस्वरूप शारीरिक श्रम की अवमानना हुई और उच्च वर्गों ने औद्योगिक प्रतिष्ठानों सहित शारीरिक श्रम करने वाले लोगों की स्थिति को और कम कर दिया। सतपथ ब्राह्मणा में यह वर्णित है कि एक बढ़ई के स्पर्श से औपचारिक अशुद्धता प्रदान होती है। इसी तरह, अन्य जातियां जैसे रथकारा, एक रथ निर्माता जो वैश्य वर्ग का एक हिस्सा था, उस स्थिति से नीचा हो गया। इस समय के दौरान रथकारा, टकसान और कारमारा जैसी पेशेवर जातियां वैश्य जाति से अलग हो गईं और शूद्र जाति में आ गईं। अगली पंक्ति में, किसानों को वैश्य समुदाय

से अलग कर दिया गया, वैश्य से उनकी स्थिति कम कर दी गई और केवल व्यापारी समुदाय को वैश्य कहा गया।

3.2.3.5

फिर भी लोगों का एक वर्ग था जो शिकार और मछली पकड़ने आदि व्यवसाओं का पालन कर रहा था, और बहुत निम्न स्तर के सांस्कृतिक और घृणित जीवन में रह रहा था। जब आर्य विजेता इन लोगों से मिले तो, उन्हें बहुत असंस्कृत पाकर, उनके प्रति घृणा की भावना विकसित हो गई और लोगों के इस वर्ग से खुद को अलग रखा। उन्हें जाति विहीन कहा जाता था, वे उन कार्यों का अनुसरण कर रहे थे जिनका पालन कोई उच्च वर्ग का व्यक्ति नहीं करना चाहेगा। ये एक पूर्व - द्रविडियन वर्ग शायद मुंडा - मौखमेर जाति के थे। वे इतने कम सुसंस्कृत और बहुत गंदी आदते रखते थे कि द्रविड़ों ने अपने वर्ग में सम्मिलित नहीं किया। निषाद, चांडाल आदि मूल रूप से अशुद्ध जंगली जनजातियों का प्रतिनिधित्व करते थे, जो बसी हुए बस्तियों के बाहर पहाड़ियों और जंगलों में रहते थे, विजित द्रविड़ों और निषाद में स्पष्ट अंतर था और ब्राह्मण काल में विजित द्रविड़ों को शूद्र तथा निषादों को पांचवां वर्ग कहा जाता था।

ब्राह्मण काल के बाद सूत्रकाल आरंभ होता है जो कि 300 ईसा पूर्व तक रहता है। ब्राह्मण काल के दौरान जातियों ने दृढ़ता प्राप्त कर ली थी और विशेष रूप से पुरोहित वर्ग में शामिल होने के सारे रास्ते बंद कर दिए गए थे। लेकिन सूत्रकाल के दौरान एक बार फिर से दो बार जन्म लेने वालों के लिए पदोन्नति असामान्य नहीं थी, बल्कि पुरोहित वर्ग में एक बार जन्म लेने वाले की पदोन्नति के भी बहुत से प्रमाण मिलते हैं। इसके अलावा वैश्य समुदाय की कई पेशेवर जातियों में निम्न श्रेणी

के व्यवसाय को स्वीकार करने और शूद्र श्रेणी में स्थानांतरित होने के कारण अपनी द्विज स्थिति खो दी थी। क्षत्रिय पिता व शूद्र माता से पैदा हुए भवयवनों को ब्राह्मणों और उनके शास्त्रों का सम्मान करने पर उनको पूर्ण क्षत्रिय स्वीकार कर लिया जाता था।

स्कंद पुराण के सहयाद्रि खंड में उल्लेख किया गया है कि कैसे परशुराम ने चिता से साठ पुरुष बनाये और उन्हें श्राद्ध और कर्मकांड के लिए ब्राह्मणों के रूप में प्रतिष्ठित किया। ऐसा माना जाता है कि राम ने कई पहाड़ी पुरुषों को ब्राह्मण के रूप में प्रतिष्ठित किया, जिनके वंशज अब गुजरात के अनारवाला और सजोदरा ब्राह्मण के रूप में जाने जाते हैं। इसी तरह सूदूर क्षेत्रों में जनजातियां पिछले दरवाजे से ब्राह्मण बन जाती थी, बशर्ते कोई शक्तिशाली व्यक्ति इसका समर्थन करता था। शक्तिशाली संरक्षण के साथ, पुरोहित तांत्रिकों (जादू टोना करने वाला) को भी पूर्ण ब्राह्मण जाति में शामिल किया गया है। हर जाति के मुखिया के समर्थन से ब्राह्मण जाति में जगह मिली थी। (इलियट, 1.148 नेस्फील्ड पे 79) सेनार्ट।

इस प्रकार दो बार पैदा हुए को शूद्रों और बहिष्कर्ता में पतन और एक बार पैदा हुए लोगों का दो बार पैदा हुए में सम्मिलित करने का सूत्र काल में प्रचलन था। ब्राह्मण काल की शुरुआत के बाद से, विभिन्न जातियों के बीच मतभेदों को यथासंभव व्यापक और स्थायी बनाने के लिए विशेष नियम निर्धारित किए गए थे और विभिन्न जातियों का व्यवसाय तय किया गया था। ब्राह्मणों का पेशा पढ़ना और पढ़ाना, कर्मकांड और पुजारी के रूप में कार्य करना और भिक्षा देना और प्राप्त करना था। क्षत्रिय अध्ययन कर सकते थे पर शिक्षकों पर प्रतिबंध था, स्वयं के लिए कर्मकांड और पूजा कर सकते थे और पुजारी के रूप में

कार्य करने पर मनाही थी, भिक्षा दे सकते थे पर ले नहीं सकते थे। इनके अतिरिक्त युद्ध करना और शासन करना क्षत्रिय का काम था। वैश्य लोग पढ़ सकते थे, अपने लिए कर्मकांड व पूजा कर सकते थे, खेती व पशु पालन करते थे, व्यापार और ब्याज पर पैसे उधार देने का काम कर सकते थे। शूद्र उच्च जातियों की सेवा करके और यांत्रिक और कामगार का काम करके अपनी आजीविका चला सकते थे।

3.2.3.6

सूत्र काल के अंत तक, समाज जाति के व्यवसायिक आधार से आगे बढ़ चुका था और कई नए व्यवसाय विकसित हो चुके थे जिनके लिए कुछ विशेष कौशल की आवश्यकता थी। आजीविका की आवश्यकता के मामले में किसी को अपनी जाति से नीचे एक पद का अनुसरण करने की अनुमति दी गई थी। आखिरकार जब कोई अन्य जातियों के पेशे को अपनाता है, तब भी वह अपनी जाति के अधिकारों और विशेषाधिकार को बरकरार रखता था। लेकिन जब वे विशिष्ट अपराध - भावना से असाधारण अधिकारों और विशेष अधिकारों का दावा करते थे, उन पुरुषों द्वारा उनके दुरुपयोग को रोकने में सक्षम हुए बिना, जो अपने संबंधित व्यवसाय से अलग हो गए थे, उन्हें अपमानजनक और बहिष्कृत करने की धमकी दी जाती थी, लेकिन इसका बहुत कम प्रभाव होता था। इस प्रकार ब्राह्मण जो कि अन्य व्यवसायों में लगे हुए थे, उन्हें सम्मानजनक नहीं माना जाता था, और इसलिए वे पवित्र और अनुष्ठान प्रदर्शन के योग्य नहीं थे, हालांकि वे अपनी जाति नहीं छोड़ते थे।

भारत और जाति व्यवस्था के लिए वह सबसे बुरा दिन था जब व्यवसाय की बजाए जाति निर्धारण के लिए जन्म एकमात्र

आधार बन गया। ब्राह्मण स्वयं को एक विशिष्ट वर्ग के रूप में संगठित करने में सफल रहे। पुरोहित्य वंशानुगत हो गया और अनिवार्य रूप से ब्राह्मण ने रक्त की शुद्धता पर ध्यान देना शुरू कर दिया और इससे उसने श्रेष्ठता का स्थान प्राप्त कर लिया।

लोगों के सामाजिक जीवन को व्यवस्थित करने के लिए उन्होंने गृह सूत्र (700-300 ई पू) और धर्मसूत्र (600-300 ई पू) आदि लिखे। गृहसूत्र ने मनुष्य के जन्म से लेकर दाह संस्कार तक तथा धर्म सूत्र ने सामाजिक व्यवहार और संबंधों के बारे में स्पष्ट विवरण निर्धारित किए। इसलिए कहा जा सकता है कि जाति व्यवस्था का प्रारंभिक बिंदु उत्तर वैदिक काल (800-500 ई पू) और महाकाव्य युग (700-300 ई पू) था। क्योंकि सामाजिक स्तरीकरण का आधार श्रम विभाजन था, इसलिए अपने मूल रूपों में पहले यह जाति व्यवस्था के बजाय वर्ग व्यवस्था थी।

3.2.4

मौर्य और उत्तर मौर्य काल (300 ई0 पू0 - 700 ई0)

सूत्रकाल के दौरान, व्यवसायों ने जातियों का दर्जा हासिल कर लिया था, और बाद में, जातियां जन्म आधारित हो गई थी। जीविका के लिए पेशा बदलने पर भी जाति वही रहती थी जो जन्म के समय थी। 322 ई0 पू0 में भारत चंद्रगुप्त मौर्य के शासन में राजनीतिक रूप से एकजुट हो गया। पूरे भारत में एकात्मक आदेश के कारण, समानता की स्थिति को बढ़ावा दिया गया था। समाज में पहले से जो असमानता थी, उसे समाप्त कर दिया गया जिसके परिणामस्वरुप जाति की असमानता को समाप्त कर दिया गया।

ब्राह्मणों द्वारा शूद्रों पर लगाए गए विभिन्न प्रतिबंधों को हटा दिया गया और धर्म कानून पर शाही कानून की सर्वोच्चता लागू की गई। अशोका ने सार्वभौमिक भाईचारे को बढ़ावा दिया और समाज में जाति व्यवस्था को और हत्तोसाहित किया और इस अवधि के दौरान जाति को कठोरता नहीं मिल सकी। ब्राह्मणों के अधिकारों और विशेषाधिकारों में काफी कटौती की गई जिससे उनका आध्यात्मिक और औपचारिक वर्चस्व खत्म हो गया।

अंतिम मौर्य शासक की हत्या करके, पुष्यमित्र शुंगा ने शुंगा वंश का शासन स्थापित किया जो विभिन्न सुंगो ने 72 ईसा पूर्व तक 100 साल से अधिक समय तक भारत पर शासन किया। पुष्यमित्र ब्राह्मणवाद के प्रबल समर्थक थे। शुंगो के बाद कणव और कुषाण राजाओं ने ब्राह्मण धर्म का जोरदार प्रचार किया और शूद्रों पर बड़ी संख्या में गंभीर प्रतिबंध लगाए और जन्म से लेकर मृत्यु तक लोगों से संबंधित सभी घटनाओं में आध्यात्मिक और औपचारिक कर्तव्यों को लागू किया। मनुस्मृति इसी काल में लिखी गई। कानून में समानता को नष्ट कर दिया गया और ब्राह्मणों ने खुद को विशेषाधिकार दिए, एक बार फिर से वर्चस्व स्थापित किया और जाति व्यवस्था को बहुत कठोर तर्ज पर विकसित किया गया।

पिछले शासकों द्वारा बहाल किए गए ब्राह्मणवाद को गुप्तों के शासन के दौरान और अधिक प्रोत्साहन मिला, जो कि 300 ईस्वी से 500 ईस्वी तक फैला था। जाति व्यवस्था वंशानुगत आधार पर जारी रही लेकिन जातियों के बीच विवाह प्रचलित पाया गया। इस अवधि में शूद्र केवल उच्च जाति की सेवा करने तक ही सीमित नहीं थे बल्कि व्यापारी, कारीगर और कृषक बन गए थे, फिर भी अस्पृश्ता मौजूद थीं। गुप्ताओं के शासन के

अंत के बाद काफी समय तक छोटे-छोटे क्षेत्र बने रहे। हर्षवर्धन के काल में पुनः इन विघटित इकाइयों को एक कर दिया गया। जाति व्यवस्था वैसे ही जारी रही जैसे गुप्ताओं के शासन के दौरान थी।

3.3

मध्यकालीन काल (700 ई0 से 1757 ई0)

3.3.1

मध्यकालीन काल में राजपूत काल (700 ई0 -1200 ई0) और मुगल काल (1200 ई0 -1757 ई0) शामिल है। हर्षवर्धन की मृत्यु के बाद भारत की एकता फिर से छोटी-छोटी स्वतंत्र ईकाइयों में बिखर गई। इन छोटे-छोटे क्षेत्रों पर अलग-अलग राजपूत शासकों ने स्वतंत्र रूप से शासन किया। राजपूतों के शासन में भारतीय सामाजिक व्यवस्था न सिर्फ स्थिर बनी रही बल्कि जाति नियमों को और अधिक कठोर बना दिया गया और कठोर जाति व्यवस्था को आगे मजबूत बनाया गया।

3.3.2

राजपूत काल (700 ई0 - 1200 ई0)

छोटी छोटी ईकाइयों में विघटन ने विभिन्न संस्कृतियों को बढ़ावा दिया यहां तक कि जाति के नियम भी एक ईकाई से दूसरी ईकाई से भिन्न थे। बड़ी संख्या में जातियों और उपजातियों का निर्माण हुआ। ब्राहमण जाति स्वयं विभिन्न उपजातियों में विघटित हो गई और उनका निर्धारण क्षेत्र आधारित हो

गया जैसे कनौजिया ब्राह्मण, कोंकण ब्राह्मण, तेलुगू ब्राह्मण आदि। इसी प्रकार क्षत्रिय व वैश्य जातियां विभिन्न प्रकार की उपजातियों में बंट गई। ये जातियां और उपजातियां स्वयं पर केंद्रित थीं और जिनका स्वयं अपनी जातियों और उपजातियों के हितों के स्वार्थ से संबंध था। छोटी ईकाइयों में विघटन और जातियों और उपजातियों में समाज के आगे विभाजन का भारत की सामाजिक और राजनीतिक व्यवस्था पर प्रतिकूल प्रभाव पड़ा। मुगलों के आगमन से पहले, हमारी जाति व्यवस्था ने गतिशीलता के मामले में कठोरता हासिल की और प्रत्येक जाति के लिए कड़े नियम बनाए।

3.3.3

मुगल काल (1200 ई0 से 1757 ई0)

सातवीं सदी से ही मुगल भारत में प्रवेश की कोशिश कर रहे थे लेकिन वास्तव में यह सफलता उनको 12 वीं सदी में मिली। जब मोहम्मद गोरी ने 1175 ई0 में अपने शासन की स्थापना की और फिर भिन्न-भिन्न मुगल शासकों ने भारत पर 1757 ई0 तक शासन किया। मुगल शासन की अवधि में जाति व्यवस्था और कठोर होती चली गई। मुसलमान हिंदू धर्म में अवशोषित नहीं किए जा सके क्योंकि दोनों धर्मों की पूजा पद्धति में मौलिक अंतर था हिंदू बहुदेववाद में विश्वास रखते हैं और मुसलमान एकेश्वरवाद में। मुसलमानों ने हिंदुओं पर एक तरह से धार्मिक युद्ध कर दिया और बहुत से हिंदुओं को इस्लाम धर्म में परिवर्तित कर दिया। ब्राह्मणों ने धर्म परिवर्तन से हिंदुओं की रक्षा की। लेकिन साथ ही ब्राह्मणों ने जाति व्यवस्था को एक कठोर व्यवस्था बनाते हुए हिंदुओं पर गंभीर प्रतिबंध लगा दिए।

इस काल में भक्ति कवियों और संतों रामानुज, कबीर, नानक, चैतन्य, तुकाराम, तुलसीदास और नामदेव आदि ने भक्ति पंथ का प्रचार किया जिसमें मूर्ति पूजा की निंदा की और सभी लोगों की समानता और जाति व्यवस्था के खिलाफ प्रचार किया, फिर भी वे जाति व्यवस्था को भंग करने में सफल नहीं हुए क्योंकि ब्राह्मण धार्मिक और सामाजिक मामलों में हिंदुओं पर अपनी श्रेष्ठता थोपने में बहुत सफल रहे थे। हिन्दू अपने देवी देवताओं की मूर्ति पूजा करने में विश्वास रखते हैं और वे मूर्तियां मंदिरों में स्थापित होती हैं और मंदिरों का नियंत्रण ब्राह्मणों के हाथों में था जिससे आम हिंदुओं पर जाति व्यवस्था के कठोर नियम थोपने में ब्राह्मणों को मदद मिली। इस काल में जाति व्यवस्था और कठोर व जटिल बन गई।

3.4

ब्रिटिश काल (1757 ई0 - 1947 ई0)

3.4.1

ईस्ट इंडिया कंपनी और ब्रिटिश काल का उदय (1757 ई0 - 1918 ई0)

ईस्ट इंडिया कंपनी ने 1612 ई0 में मुगल बादशाह जहांगीर के साथ एक व्यापारिक संधि की और उसके फलस्वरूप 1619 ई0 में सूरत में अपने पहले व्यापारिक संस्थान की स्थापना की और बाद में मद्रास में 1639, मुंबई में 1668, में अपनी व्यवसायिक गतिविधियों को बढ़ाया और 1690 में कलकत्ता में व्यवसाय की स्थापना की और इसी के साथ भारत का विश्व के

साथ अलगाव समाप्त हो गया और दुनिया के दूसरे भागों के साथ भारत का संपर्क स्थापित हो गया। 1774 ई0 तक ब्रिटिश ने मुगल शासकों और मराठों से भारत पर विजय प्राप्त करके ब्रिटिश शासन की स्थापना की।

ब्रिटिश काल में भारत में भौतिक विकास की शुरुआत हुई। इस काल में प्रशासनिक, सामाजिक और आर्थिक नीतियों और विधायी उपायों के कारण भारतीय समाज की जाति संरचना में परिवर्तन आया। जिन विवादों का समाधान पहले पंचायतों द्वारा किया जाता था उनके स्थान पर दीवानी व फौजदारी न्यायालय करने लग गई जिससे पंचायतों के अधिकारों में कमी आती चली गई। जाति विकलांगता अधिनियम 1850, विधवा पुनर्विवाह अधिनियम 1856 और विशेष विवाह अधिनियम 1872 ने जाति व्यवस्था और भारत की सामाजिक संरचना पर महत्वपूर्ण प्रभाव डाला। यद्यपि ये अधिनियम प्रशासनिक दृष्टि से लाए गए थे लेकिन फिर भी इनकी वजह से जाति व्यवस्था की कई विशेषताओं (लक्षणों) पर प्रभाव पड़ा और वे कमजोर हुए।

इस काल में राजा राममोहन राय, के. सी. सेन और डी. एन. टैगोर जैसे समाज सुधारकों ने जातिगत बंधनों का (प्रबल) जोरदार विरोध किया। उनके द्वारा स्थापित ब्रह्म समाज ने मूर्ति पूजा, कर्मकांड और अनुष्ठानों को अस्वीकार कर दिया और भाईचारे को प्रोत्साहित किया।

न्यायमूर्ति रानाडे के प्रार्थना समाज ने अंतर्जातीय विवाह, अंतर्जातीय खानपान और विधवा के पुनर्विवाह की वकालत करने में महत्वपूर्ण भूमिका निभाई थी।

स्वामी दयानंद सरस्वती ने आर्य समाज नामक सामाजिक संगठन की स्थापना की जो एक वेद, एक धर्म और एक ईश्वर में विश्वास रखता है, जिसने स्मृतियों और पुराणों को अस्वीकार

कर दिया जो कि जाति के कठोर नियमो और बंधनो से भरे पड़े हैं तथा जाति व्यवस्था के विरुद्ध प्रबल रूप से आवाज उठाई। आर्य समाज ने जाति बहिष्कृत, धर्मान्तरित हुए और दूसरों के लिए शुद्धि आंदोलन शुरू किया। स्वामी विवेकानंद ने कहा कि जाति व्यवस्था में विश्वास करने वाले ईश्वर से दूर हैं व इस व्यवस्था को समाप्त कर देना चाहिए। विवेकानंद ने घोषणा की कि जाति का हिंदू धर्म, धर्म, जन्म या हिंदू से कोई संबंध नहीं है और हिंदू संस्कृति और सभ्यता सबसे बेहतर है।

3.4.2

स्वतंत्रता संग्राम काल (1919 ई0 - 1947 ई0)

3.4.2.1

भारतीय इतिहास में यह काल स्वतंत्रता आंदोलन के लिए राजनैतिक जागरूकता, आर्थिक विकास और सामाजिक वर्गों की एकजुटता के संदर्भ में बहुत ही महत्वपूर्ण था। यह वह काल था जिसमें डॉक्टर बी0 आर0 अंबेडकर ने शूद्रों, जिनको वह अछूत कहते थे, को उनके साथ सदियों से हुए अत्याचार और अन्याय के बारे में अवगत कराया और उनमें आत्म साक्षात्कार की भावना पैदा करने में सफलता हासिल की। अंग्रेजों ने प्रशासनिक दृष्टि से महत्वपूर्ण बदलाव किये जिन्होंने भारत के सामाजिक जीवन को प्रभावित किया। लेकिन इस अवधि के दौरान भी जाति व्यवस्था फलती फूलती रही। बल्कि कर संग्रह की जिम्मेदारी उच्च जातियों को दी गई जिसने निचली जातियों पर उच्च जातियों की स्थिति को और मजबूत किया। द्वितीय महायुद्ध के बाद भारत में औद्योगिकरण की शुरुआत हुई जिसके

परिणामस्वरूप लोगों का एक क्षेत्र से दूसरे क्षेत्र में पलायन हुआ, विशेषकर ग्रामीण क्षेत्रों से शहरी क्षेत्रों में।

3.4.2.2

द्वितीय महायुद्ध के बाद औद्योगिकरण को प्रोत्साहन मिला, उद्योगों में बड़े पैमाने पर, अच्छी गुणवत्ता के साथ और सस्ता उत्पादन होने लगा जिसके फलस्वरूप ग्रामीण भारत का शिल्प नष्ट हो गया। लोग अपने अस्तित्व के लिए उद्योगों में काम करने के लिए लाचार हो गए। उद्योग और कारखाने शहरी क्षेत्रों में स्थापित होने के कारण लोगों का ग्रामीण क्षेत्र से शहरी क्षेत्रों में पलायन हुआ। व्यवसायिक गतिशीलता और संगठित ग्रामीण क्षेत्र से शहर की ओर लोगों के पलायन ने विवाह से संबंधित बंधनों को छोड़कर जाति के बाकी बंधनों को कमजोर करना शुरू कर दिया। लोगों के एक स्थान से दूसरे स्थान पर आवागमन ने यातायात साधनों जैसे बस व रेल सेवा का विकास किया। रेल व बसों में लोगों की भीड़ के कारण औपचारिक शुद्धता और जातिगत बंधनों को कमजोर किया। कारखानों में एक ही जगह इकट्ठा काम करने और परिवार को अपने गांव में छोड़कर शहर में सामूहिक रूप से रहने के कारण छुआछूत खत्म होने लगी।

जब ये लोग गांव में अपने परिवारों से मिलने जाते थे तो गांव में जाति व्यवस्था के बंधन धीरे-धीरे खत्म होने लगे। गांवों व शहरों में आवागमन से सामाजिक समानता के बढ़ावे ने जाति के बहुत से बंधनों को तोड़ दिया लेकिन सामाजिक रीति रिवाज और विवाह संबंधी प्रथाओं पर कोई असर नहीं पड़ा। औद्योगिकरण ने जातिगत के कठोर बंधनों पर विपरीत प्रभाव डाला और आपसी भाईचारे को प्रोत्साहित किया जिसमें समाज में जाति व्यवस्था के बजाय वर्ग व्यवस्था बेहतर होती गई।

3.4.2.3

पूर्व में शिल्प समाज से औद्योगिक समाज में परिवर्तन होने से शहरों का विकास हुआ। अपनी आजीविका के लिए ग्रामों से शहरों की ओर लोगों के प्रवासन ने जाति के आधार पर लोगों के बीच विभाजन की उनकी धारणा को बदल दिया। जाति से सबंधता के बावजूद लोग इकट्ठे रहने लगे। शहरी आबादी जाति विशेष के बजाय वर्ग विशिष्टता पर आधारित होती चली गई। न केवल सहभोज जैसे जातीय अवरोध खत्म हो गए बल्कि ब्राह्मणों के अधिकारों पर भी सवाल उठने लगे।

एम एन श्री निवासन (1962:85-86) का उल्लेख करते हुए कहा है कि ब्राह्मणों का शहरों में प्रवास के कारण गैर ब्राह्मणों ने पहले जैसा सम्मान दिखाने से इंकार कर दिया और अंतरजातीय खाने पीने की वर्जनाएं भी कुछ हद तक समाप्त हो गई। घुर्ये (1961-202) ने भी प्रवासी आबादी के साथ शहरी जीवन के विकास के कारण जाति व्यवस्था की कठोरता में इन परिवर्तनों को स्वीकार किया है। किनले डेविस (1951) ने माना कि शहर में गुमनामी, भीड़भाड़, गतिशीलता, धर्मनिरपेक्षता और परिवर्तनशीलता जाति के संचालन को लगभग असंभव बना देती है।

3.5

उत्तर स्वतंत्रता काल

भारत को 1947 में स्वतंत्रता मिली और 26 जनवरी 1950, जिसको गणतंत्र दिवस के रुप में मनाया जाता है, को संविधान के माध्यम से कल्याणकारी राज्य घोषित किया गया। हमारे संविधान निर्माताओं ने समाज के सभी नागरिकों के लिए

सामाजिक, राजनीतिक और आर्थिक न्याय को सुरक्षित करने के लिए संविधान के माध्यम से अपनी अभिलाषा व्यक्त की। उन्होंने महसूस किया कि सामाजिक, आर्थिक व्यवस्था और राजनीतिक संगठन में अंतर्निहित असमान ताक़तों के परिणाम स्वरूप समाज के गरीब और कमजोर वर्गों के लिए अभाव और भेदभाव हुआ है। इसलिए उन्होंने अनुसूचित जातियों और अनुसूचित जनजातियों को विशिष्ट सुरक्षा प्रदान करना आवश्यक समझा जो भारतीय समाज के विभिन्न वर्गों में सबसे अधिक वंचित और कमजोर थे।

आजादी के बाद औद्योगिक और शहरी विकास की गति को बढ़ावा मिला जिसने जाति व्यवस्था को सबसे ज्यादा प्रभावित किया और इसके अतिरिक्त कई कानूनों, सामाजिक, आर्थिक सुधारों, आधुनिक व्यवसायों के विकास और बाजार अर्थव्यवस्था ने जाति व्यवस्था को कमजोर करने में महत्वपूर्ण भूमिका निभाई। हमारे संविधान में जाति, पंथ या धर्म में अंतर के बावजूद सभी व्यक्तियों को न्याय, स्वतंत्रता और समानता हासिल करने का प्रावधान किया और अस्पृश्यता के उन्मूलन ने जाति व्यवस्था की कठोरता को खत्म करने में मदद की। शिक्षा के क्षेत्र को प्राथमिकता देने से साक्षरता में उल्लेखनीय वृद्धि हुई। शिक्षा लोगों को उदार, व्यापक दिमाग, तर्कसंगत और लोकतांत्रिक बनाती है। शिक्षित लोग जातिगत मानदंडों में कम से कम विश्वास रखते हैं।

आधुनिक उत्पादन प्रणाली, आजीविका के लिए नए प्रकार के पेशे, पश्चिमीकरण को अपनाने, वैश्विक संचार में वृद्धि ने भोजन और पानी के बंटवारे के खिलाफ वर्जनाओं को ध्वस्त कर दिया। यह धारणा कि एक व्यक्ति को निम्न जाति के व्यक्ति द्वारा उच्च जाति के संपर्क में आने से अपवित्र किया जाता

है, वर्तमान भारतीय समाज में विशेष रूप से शहरी समाज में कोई स्थान नहीं है। फिर भी जाति का अस्तित्व समाज में एक वास्तविकता है। सामाजिक और राजनीतिक सत्ता हासिल करने के लिए जाति के आधार पर संगठन स्थापित किए जा रहे हैं। जातिगत की बढ़ती भावनाएं अब जातिगत संघर्षों में परिणित हो रही हैं। रोजगार और शिक्षण संस्थाओं में आरक्षण हासिल करने के लिए पहले ही उच्च जातियों में रस्सा खिंचाई आरंभ हो चुकी है। रोजगार और शिक्षण संस्थाओं में जाति आधारित आरक्षण के लिए उच्च जातियां अब निम्न जातियों के साथ प्रति स्पर्धा कर रही हैं जो कि एक विपरीत प्रवृति देखी जा रही है।

पिछली दो शताब्दियों में जाति व्यवस्था में बहुत सारे परिवर्तन हुए हैं और ये परिवर्तन विशेष रूप से पिछले 75 वर्षों में अधिक स्पष्ट और मुखर हुए हैं। जाति व्यवस्था ने 3000 से अधिक वर्षों की यात्रा को तय किया है और समानता के वर्ग की मूल वर्ग प्रणाली से लेकर वर्तमान राक्षसी, श्रेणीबद्ध असमानता के लिए सबसे घृणित, तिरस्कृत वर्गीकृत असमानता तक कई चरण पार किए हैं, लेकिन कुछ लचीलेपन के साथ। कोई भी चरण रातों-रात और स्वत: स्फूर्त रूप से नहीं बदला गया, लेकिन एक चरण से दूसरे चरण तक एक लंबी यात्रा की। जाति की वर्तमान स्थिति भी न तो रातों रात पैदा हुई है और ना ही किसी अन्य प्रक्रिया का उपोत्याद है बल्कि कई प्रक्रियाएं हैं जिन्होंने जाति व्यवस्था में परिणामी परिवर्तन किए हैं।

प्रक्रियाओं के एक समूह संस्कृतिकरण, पश्चिमीकरण और आधुनिकीकरण में जाति व्यवस्था की विभिन्न जातियों के साथ संचार व सहभोज की वर्जनाओं की कठोरता को लचीलापन में बदल दिया। पश्चिमीकरण ने तर्कसंगतता, भौतिक प्रगति और उच्च सामाजिक गतिशीलता के प्रति दृष्टिकोण को प्रभावित

किया है, जबकि आधुनिकीकरण के परिणामस्वरुप बड़े पैमाने पर लामबंधी, सहानुभूति, पूर्णता के साथ विश्वास और काम में विशेषज्ञता ने जाति की कठोरता को, सार्वजनिक पार्कों, रेस्तरां, कैंटीन, होटलों, कार्यालयों और संचार प्रणाली जैसे बसें और रेलों आदि के कारण जहां सहभोज और सांझा करने के स्थान अपरिहार्य हैं, लगभग समाप्त कर दिया है।

3.6

समकालीन भारत

पिछले दो दशकों में भारत की साक्षरता दर में उल्लेखनीय सुधार हुआ है। विवेकशीलताएँ विश्लेषणात्मक शक्ति, समझने की क्षमताओं और व्यापक सोच सीधे तौर पर शिक्षा से संबंधित होती हैं। आत्म विकास के परिणाम के लिए भी शिक्षा को ही जिम्मेदार माना जाता है। इन सभी ने जाति व्यवस्था के विघटन में योगदान दिया है, लेकिन इसके बावजूद स्थिति दुर्भाग्यपूर्ण है क्योंकि न तो व्यवस्था को खत्म किया गया है और न हीं ऐसा प्रतीत हो रहा है कि यह निकट भविष्य में होगा। बावजूद इसके कि जाति व्यवस्था के कई गुण काफी हद तक कमजोर हो गए हैं। श्री हेरोल्ड गोल्ड (1987:156) का मत है कि समकालीन शहरी भारत में, जाति रुचिकार समूहों के जटिल नेटवर्क के रूप में बनी रहती है जबकि ग्रामीण भारत में, यह सामाजिक स्तर की एक प्रणाली के रूप में कार्य करती है जो पदानुक्रम से वर्गीकृत अंतर्विवाही, व्यवसायिक और वस्तुत: विशिष्ट होती है।

जाति व्यवस्था अपनी पकड़ मजबूत ही नहीं कर रही है, बल्कि अन्य जातियों से ऊपर उठने की दिशा में भी विभिन्न

जातियों के रवैये में बदलाव आया है। साथ ही सामाजिक प्रतिष्ठा हासिल करने की मंशा भी स्पष्ट रूप से दिखाई देती है। प्रयास जाति व्यवस्था को भंग करने की दिशा में नहीं है बल्कि अन्य जातियों पर सामाजिक, राजनीतिक और आर्थिक लाभ प्राप्त करने के लिए जाति की एकता को सर्वोपरि बनाना है। सामूहिक भावना से आवेशित होकर, वे जाति व्यवस्था को और अधिक मजबूती प्रदान करना चाहते हैं।

फिर भी जाति संरचना में काफी बदलाव आया है। यद्यपि आनुवांशिक सदस्यता और पदानुक्रम की दो महत्वपूर्ण विशेषताएं बिल्कुल भी नहीं बदली हैं। हम अंतर्विवाही की विशेषता में कुछ बदलाव, पारंपरिक व्यवसायों में, सहभोजी प्रतिबंध, शुद्धता और अशुद्धता के विचार में, सामाजिक संबंधों पर प्रतिबंध और जाति परिषदों द्वारा प्राप्त शक्तियों में महत्वपूर्ण परिवर्तन पाते हैं। इन दिनों जाति व्यवस्था में सबसे महत्वपूर्ण परिवर्तन यह है कि निम्न जातियों में अपनी स्थिति सुधार करने की इच्छा बढ़ी है परंतु उच्च जातियां अपनी सामाजिक स्थिति को यथा स्थिति रखने का प्रयास कर रही हैं। इसने विभिन्न जातियों के बीच पूर्वाग्रह और संघर्षों की स्थिति को जन्म दिया है।

एम एन श्री निवासन (1952 से 1985) ने कहा की जातियों के बीच आपसी अधिकार और दायित्व समाप्त हो रहे हैं। लोगों की निष्ठा उनके जन्म स्थान या धर्म के बजाय अपनी जाति के प्रति होती जा रही है। घुर्ये (1961-209-110) के अनुसार जाति की कुछ विशेषताओं में काफी लचीलापन आया है। उनके अनुसार जाति की कठोरता अब किसी व्यक्ति के व्यवसाय को निर्धारित नहीं करती है लेकिन जहां तक विवाह का संबंध है आज भी जाति व्यवस्था में कोई उल्लेखनीय परिवर्तन नहीं हुआ है। अभी भी एक-दूसरे की मदद के लिए जाति पर ही निर्भर रहना पड़ता है विशेषकर विवाह और मृत्यु के समय।

कपाड़िया (कॉस्ट इन ट्रांसजिशन सितंबर 1962-75) में जातियों की विभिन्न विशेषताओं जैसे जाति परिषद, सहभोज निषेध, औपचारिक शुद्धता तथा अंतर्विवाह के बदलते स्वरूप का अध्ययन किया। शहरी आबादी में कार्यालयों और औद्योगिक संस्थानों में छुआछूत पूर्ण रूप से अपना अस्तित्व खो चुकी है परंतु ग्रामीण अंचल में अभी भी विद्यमान है। सहभोज की वर्जनाओं की कठोरता बहुत कम हो गई है और औपचारिक शुद्धता भी काफी हद तक कम हो गई है। जातीय अंतर्विवाह शहरी समाज में आम होते जा रहे हैं परंतु यह अब ग्रामीण अंचल में भी अनजान नहीं हैं। अंतर्विवाह निषेध की पालना अब इतनी कठोरता से नहीं होती है। व्यवसाय भी अब जातीय आधारित नहीं रहे हैं सिवाय पुजारी और अनुष्ठान कर्मकांड के जो केवल आज भी ब्राह्मण ही करते हैं। ब्राह्मण अब जूते और शराब का भी व्यवसाय करते हैं परंतु अनुष्ठान और कर्मकांड में किसी दूसरी जाति के लिए आज भी निषेध है, यही नहीं अनुसूचित जाति और अनुसूचित जनजाति का तो भगवान के मंदिर में प्रवेश व पूजा भी वर्जित है जबकि हम मानते हैं कि भगवान के सामने सब समान हैं।

हेरोल्ड गोल्ड का मानना है कि भारत में जाति की अनुकूली संरचना की विशेषताएं न केवल शहरों में, बल्कि गांवों में भी स्पष्ट है, जहां जाति व्यवस्था लोगों के समूह के लिए सुरक्षा, एकजुटता और अधिमान्य उपचार के कार्य करती रहती हैं। पिछले दो-तीन दशकों से जाति के आधार पर संघों में वृद्धि हो रही है। भले ही संघ वर्ग आधारित हों, फिर भी वर्ग आधारित संघों के भीतर जाति आधारित संघ आजकल आम है। छात्र संघ वर्ग आधारित होते हैं लेकिन इनके भीतर हम जाति आधारित संघ पाते हैं।

समाज के विभिन्न वर्ग जाति के तर्ज पर लंबवत रूप से विघटित हुए हैं। कर्मचारी संघों और व्यवसायिक संघों का गठन जाति के आधार पर हुआ है। यहां तक कि पेशेवर संघ जो विशुद्ध रूप से वर्ग के आधार पर बनते हैं, ऐसे संघों के कार्यकारी निकायों के चुनावों में मतदान का आधार उम्मीदवारों की योग्यता की अनदेखी करते हुए जाति के आधार पर प्रमुखता से किया जाता है। इतना ही नहीं जहां संगठन जाति आधारित है उनकी कार्यकारिणी के चुनाव में मतदाता गोत्र आधारित मतदान करता है, यह अतिशयोक्तिपूर्ण नहीं है बल्कि समाज की सच्चाई है।

हमारा संविधान एक समतावादी समाज की स्थापना की परिकल्पना करता है और विधायी निकायों को इस आशय के कानून बनाने का अधिकार है। देश के सभी विधायी निकायों का प्रतिनिधित्व विभिन्न राजनीतिक दलों द्वारा किया जाता है जिसके परिणामस्वरुप राजनीतिक दलों के कंधों पर समतावादी समाज की स्थापना का भार है। एक समतावादी समाज के उद्देश्य के जनादेश के विपरीत, राजनीतिक दल स्वयं जातिवाद को प्रोत्साहित कर रहे हैं, अपने संगठन में विभिन्न जाति प्रकोष्ठों का निर्माण कर रहे हैं, जाति आधारित कार्यों और कार्यक्रमों को प्रेरित कर रहे हैं, जाति के आधार पर चुनाव के लिए उम्मीदवारों को नामित कर रहे हैं और अंत में सरकार बनाते समय विधायकों को जाति के आधार पर मंत्रीपरिषद में शामिल किया जाता है। यह निष्कर्ष निकालना अतिशयोक्ति नहीं होगी कि राजनीतिक दल एक समतावादी समाज के संवैधानिक जनादेश के विपरीत काम कर रहे हैं।

अध्याय चार

अनुसूचित जातियों और अनुसूचित जनजातियों की उत्पत्ति

4.1

मोटे तौर पर भारतीय आबादी के दलित वर्ग को दो श्रेणियों, अनुसूचित जातियों और अनुसूचित जनजातियों में बांटा जा सकता है। इसमें अनुसूचित जातियों का एक समूह है जो जाति व्यवस्था के पिरामिड के निचले भाग को दर्शाता है जबकि अनुसूचित जनजाति भारत के आदिवासियों से संबंधित जनजातियों का एक समूह है जो जंगलों और पहाड़ियों में निवास करते हैं। अनुसूचित जातियों की उत्पत्ति प्राचीन के शूद्र वर्ण से मानी जाती है अतः अनुसूचित जाति कौन है इसका अध्ययन करने के लिए यह जानना आवश्यक हैं कि शूद्र कौन थे?

4.2

शूद्र कौन थे?

4.2.1

यह पता लगाने के लिए की शूद्र कौन थे और वे चौथे वर्ण के रूप में कैसे आए, भारतीय आर्य समाज में चतुर्वर्ण की उत्पत्ति से शुरु होना चाहिए। चतुर्वर्ण का अध्ययन ऋग्वेद के दसवें मंडल के 90 सूक्त, पुरुष सूक्त जो कि ब्रह्मांड की उत्पत्ति का सिद्धांत है के साथ शुरु होना चाहिए। पुरुष सूक्त में 16 श्लोक हैं जिनका महत्त्व एक जैसा नहीं है और श्लोक 11 व श्लोक 12 अलग श्रेणी में आते हैं और वे भारतीय आर्य समाज के वर्गीकरण का वर्णन करते हैं।

प्रथम दृष्टया में श्लोक यह बताने के अलावा और कुछ नहीं है कि चार वर्ण अर्थात् ब्राह्मण या पुजारी, क्षत्रिय या सैनिक, वैश्य या व्यापारी और शूद्र सृष्टिकर्ता पुरुष के शरीर से कैसे उत्पन्न हुए? पुरुष सूक्त द्वारा बताई गई समाज की संरचना को चतुर्वर्ण कहा जाता है। दैविय अनुसार रचित भारतीय आर्य समाज एक आदर्श सामाजिक स्थिति है। चतुर्वर्ण का यह आदर्श साँचा था जिसमें भारतीय आर्य समुदाय के जीवन को उसकी प्राथमिक अवस्था में डाला गया था। यह वह साँचा था जिसने भारतीय आर्य समुदाय को उसका विशिष्ट आकार और सरंचना प्रदान की।

4.2.2

पुरुष सूक्त के समर्थन में आपस्तंभ धर्मसूत्र और वशिष्ठ धर्मसूत्र का संदर्भ दिया जा सकता है। बहुत से कानून निर्माताओं ने

अपनी पवित्रता और शुद्धता को छोड़ दिया और अंत में मनु, जिनको हिंदू समाज का रचयिता माना जाता है, ने सामाजिक व्यवस्था दी। मनु ने दो काम किये, सबसे पहले उन्होंने दैवीय आदेश को एक भाग के रूप में पुरुष सूक्त के आदर्श को नए सिरे से प्रतिपादित किया। उन्होंने कहा कि संसार की समृद्धि के लिए रचयिता ने अपने मुख, भुजाओं, जांघाओं और पैरों से ब्राह्मण, क्षत्रिय, वैश्य और शूद्र की रचना की। ब्राह्मण, क्षत्रिय और वैश्य ये तीन दो बार जन्म लेने वाली जातियां हैं लेकिन चौथी शूद्र का केवल एक बार जन्म होता है। इसमें वे निस्संदेह अपने पूर्ववर्तियों का अनुसरण कर रहे थे। लेकिन उन्होंने एक कदम और आगे बढ़ कर एक और प्रस्ताव दिया जिसमें उन्होंने कहा कि वेद ही धर्म के लिए एक मात्र और अंतिम स्वीकृति है।

यह ध्यान में रखते हुए कि पुरुष सूक्त वेद का एक हिस्सा है, यह महसूस करना मुश्किल नहीं हो सकता कि मनु ने पुरुष सूक्त में निहित चतुर्वर्ण के सामाजिक आदर्श को दिव्यता और अचूकता की स्थिति के साथ जोड़ दिया था जो पहले नहीं था। विभिन्न वर्गों में समाज का विभाजन एक सार्वभौमिक घटना है और भारत भी इसका अपवाद नहीं था। इतिहास के लिए ज्ञात किसी भी समाज में वर्गों की संख्या कभी भी हठधर्मिता का विषय नहीं रही है। रोमन समाज में दो वर्ग थे। मिस्र वासियों के तीन वर्ग थे। इंडो इरानी में भी तीन से अधिक वर्ग नहीं थे। पुरुष सूक्त भी समाज को चार वर्गों में विभाजित करता है न कम और न ज्यादा।

4.2.3

प्रत्येक समाज में अपने महत्त्व के अनुसार अन्य वर्गों की तुलना में अपना नया स्थान खोजने के लिए अपने वर्ग को छोड़ना पड़ता है, जो कि समय-समय पर कार्य करने वाली

ताकतों द्वारा निर्धारित किया जाता है। सम्मान के बढ़ते पैमाने और अवमानना के अवरोही पैमाने के साथ किसी भी समाज में अधिकारिक उन्नयन निश्चित और स्थायी नहीं है। पुरुष सूक्त की योजना इस मामले में अनूठी है क्योंकि यह विभिन्न वर्गों के बीच वरीयता का एक स्थाई आदेश तय करती है, जिसे न तो समय और न हीं परिस्थितियां बदल सकती हैं। वरीयता का आदेश चार वर्गों के बीच श्रेणीबद्ध असमानता के सिद्धांत पर आधारित है, जिसके द्वारा यह ब्राह्मण को सबसे ऊपर, क्षत्रिय को ब्राह्मण से नीचे लेकिन वैश्य और शूद्र से ऊपर, वैश्य को क्षत्रिय के नीचे लेकिन शूद्र से ऊपर और शूद्र को इस असमानता के श्रेणीबद्ध सिद्धांत पर सबसे निम्न स्तर पर मानता है।

4.3

पुरुष सूक्त की समाजशास्त्रिय जांच से निकलने वाली पहेलियों में से एक शूद्र की स्थिति से संबधित है। पुरुष सूक्त खुद को वर्णों की उत्पत्ति के साथ चिंहित करता है और कहता है कि वे भगवान द्वारा बनाए गए थे - एक ऐसा सिद्धांत जिसे किसी भी धर्मशास्त्र ने प्रतिपादित करना बुद्धिमानी नहीं समझा। यह एक अजीब बात है। लेकिन जो चीज हमें चकित करती है वह यह है कि विभिन्न वर्णों को रचनाकार के शरीर के विभिन्न अंगों से तुलना करने की योजना। विभिन्न वर्णों का शरीर के विभिन्न अंगों से समीकरण आकस्मिक नहीं है। यह जानबूझकर किया गया है। इस योजना के पीछे का विचार एक सूत्र की खोज करना प्रतीत होता है जो दो समस्याओं को हल करता है। एक चार वर्णों के कार्यों को प्रतिस्थापना करना और दूसरा पूर्वकल्पित योजना के अनुसार चार वर्गों के क्रम की प्रतिस्थापना करना।

ब्राह्मण को रचयिता के मुख के समान रखा गया है। शारीरिक रचना का मुख संभ्रांत भाग है अतः ब्राह्मण चार वर्णों में सबसे कुलीन हो जाता है। वह पैमाने पर सबसे ऊपर है उसे ज्ञान और सीखने के संरक्षण के रूप में सबसे महान कार्य दिया जाता है। क्षत्रिय को रचयिता की भुजाओं के बराबर माना जाता है। एक व्यक्ति के अंगों में हाथ मुंह से नीचे होते हैं। नतीजन क्षत्रिय को ब्राह्मण के नीचे विधाता का आदेश माना जाता है और उसे एक ऐसा कार्य दिया जाता है जो ज्ञान के बाद दूसरे स्थान पर होता है अर्थात युद्ध करना। वैश्य रचनाकार की जांघों के बराबर है। अंगों के कर्मानुक्रम में जांघें भुजाओं के नीचे होती हैं नतीजन वैश्य का क्षत्रिय के नीचे वरीयता का क्रम दिया जाता है और उसे उद्योग और व्यापार का कार्य सौंपा जाता है जो नाम और प्रसिद्धि में योद्धा के नीचे के क्रम में दिया जाता है।

शूद्र को रचयिता के पैरों के बराबर माना जाता है। पैर मानव संरचना का सबसे निचला हिस्सा माना जाता है। तदानुसार शूद्र को सामाजिक व्यवस्था में अंतिम स्थान पर रखा गया है और उसे सबसे गंदा कार्य दिया गया है अर्थात एक नौकर के रूप में सेवा करने के लिए। चतुर्वर्ण के बाद के घटनाक्रम में मुख्य रूप से दो कार्य हैं, पहला शूद्रों के नीचे पांचवे वर्ग की रचना करना, दूसरा सवर्ण, अवर्ण, द्विज, गैरद्विज और वर्णिका के रूप में अजीबोगरीब शब्दों के साथ व्यक्त करके पहले तीन वर्णों से शूद्रों का अलगाव करना। वे मूल चार वर्णों के उपखंड और इन वर्णों की एक अलग स्थिति को सापेक्ष क्रम में इंगित करने के लिए हैं।

सवर्ण से तात्पर्य है कि जो चार वर्णों में से किसी एक वर्ण से संबंध रखता है। अवर्ण से तात्पर्य है कि जो चारों में से किसी भी वर्ण से संबंध नहीं रखता है। ब्राह्मण, क्षत्रिय,

वैश्य और शूद्र सवर्ण वर्ग से संबंध रखते हैं। अछूत और अति शूद्र अवर्ण कहलाते हैं, जिनका कोई वर्ण नहीं है। द्विज और ग़ैर द्विज आपस में विरोधी हैं। द्विज वे हैं जिनका जन्म दो बार होता है, जिनको उपनयन का अधिकार है, ग़ैर द्विज वे हैं जिनका जन्म एक बार होता है। उपनयन को दूसरा जन्म माना जाता है। जिनको जनेऊ पहनने का अधिकार है उन्हें द्विज कहा जाता है। जिन्हें जनेऊ पहनने का अधिकार नहीं है उन्हें गैर द्विज कहा जाता है। ब्राह्मण, क्षत्रिय और वैश्य को जनेऊ पहनने का अधिकार है और इसलिए ये द्विज कहलाते हैं। शूद्र और अति शूद्र को जनेऊ पहनने का अधिकार नहीं है इसलिए इन्हें गैर द्विज कहा जाता है। त्रिवर्णिका को शूद्रों के विपरीत समझा जाता है।

4.4

शूद्रों की उत्पत्ति और स्थिति का ब्राह्मणवादी सिद्धांत

4.4.1

चार वर्णों और शूद्रों की उत्पत्ति पर ब्राह्मणवादी सिद्धांत पर अटकलों का एक पूरा संग्रह है। प्राचीन ब्राह्मण इस तथ्य से अवगत थे कि चार वर्णों की उत्पत्ति एक असामान्य सामाजिक घटना थी और इसमें शूद्र का स्थान बहुत ही अप्राकृतिक था अतः इसके लिए कुछ स्पष्टीकरण की आवश्यकता थी। अन्यथा चतुर्वर्ण और शूद्रों की उत्पत्ति की व्याख्या करने के इन असंख्य प्रयासों का हिसाब देना असंभव होगा। उनकी विविधता बहुत चौंकाने वाली है। कुछ का मानना है कि चार वर्णों की उत्पत्ति का स्त्रोत पुरुष है, कुछ का मानना है कि ब्रह्मा है, कुछ

प्रजापति को और कुछ वृत्य को मानते हैं। एक ही स्त्रोत भिन्न-भिन्न स्पष्टीकरण देता है। ब्लैक यजुर्वेद तीन स्पष्टीकरण देता है दो में वह प्रजापति को और एक में ब्रह्मा को उत्पत्ति का कारण मानता है। अथर्वेद चार स्पष्टीकरण देता है एक में पुरुष को, दूसरे में ब्राह्मण को, तीसरे में वृत्य को और चौथा इन तीनों से बिल्कुल भिन्न है। यद्यपि सिद्धांत एक समान होने पर भी विवरण अलग अलग हैं। कुछ स्पष्टीकरण जैसे प्रजापति और ब्राह्मण के संदर्भ में धार्मिक मान्यता के हैं, दूसरे मनु या कश्यप के संदर्भ में मानवतावादी है। शूद्रों की नागरिक स्थिति के बारे में ब्राह्मणवादी दृष्टिकोण की ओर मुड़ते हुए, जो बात सबसे ज्यादा प्रभावित करती है, वह है पीड़ाओं और दंडों की सबसे गंभीर व्यवस्था के साथ अक्षमताओं की लंबी सूची जिसके लिए शूद्र ब्राह्मणवादी कानूनविदों द्वारा शासित होते हैं।

4.4.2

संहिताओं और ब्राह्मणों में पाए जाने वाले शूद्रों की अक्षमताओं और दंडों को निम्नलिखित शीर्षों के अंतर्गत किया जा सकता है:

1. शूद्रों का सामाजिक व्यवस्था में सबसे निम्न स्थान था।

2. यह कि शूद्र अशुद्ध थे इसलिए उनकी दृष्टि में और श्रवण के भीतर कोई भी पवित्र कार्य नहीं किया जाना चाहिए।

3. यह कि शूद्र को अन्य वर्णों की भांति सम्मान नहीं दिया जाना चाहिए।

4. यह कि शूद्र के जीवन का कोई मूल्य नहीं है और उसे कोई भी बिना मुआवजे की भुगतान के मार सकता

है और भुगतान करना भी पड़े तो ब्राह्मण, क्षत्रिय व वैश्य की तुलना में वह नाम मात्र हो।

5. यह कि शूद्र को कोई ज्ञान अर्जित नहीं करना चाहिए और उसे शिक्षित करना, पाप व अपराध है।

6. यह कि शूद्र को संपत्ति का अधिग्रहण नहीं करना चाहिए और ब्राह्मण उसकी संपत्ति को अपनी मर्जी से ले सकता है।

7. यह कि शूद्र राज्य में कोई पद ग्रहण नहीं कर सकता।

8. यह कि शूद्र का कर्तव्य और उसकी मुक्ति उच्च वर्गों की सेवा करने में निहित है।

9. यह कि उच्च वर्गों ने शूद्रों के साथ अंतर विवाह नहीं करना चाहिए। यद्यपि वे शूद्र महिला को रखैल रख सकते हैं लेकिन अगर शूद्र उच्च वर्ग की महिला को घुरता है तो उसे उसके गंभीर परिणाम भुगतने होंगे।

10. यह कि शूद्र दास पैदा हुआ है और हमेशा दास ही रहेगा।

धर्मसूत्र और स्मृतियों ने शूद्रों पर अपात्रता लादने में कौन सी शरारत की है? अक्षमताओं का आरोपण इतना अत्याचारी नहीं होता यदि अक्षमता स्थिति पर निर्भर होती और यदि अक्षमताओं का उन शर्तों को आगे बढ़ाने की स्वतंत्रता होती। लेकिन ब्राह्मणवादी कानून केवल अक्षमताओं को थोपने के लिए ही नहीं है, बल्कि एक अधिनियम बनाकर उन शर्तों को उल्लंघन करने पर सख्त सजा का प्रावधान करता है। इस प्रकार ब्राह्मणवादी कानून न केवल अक्षमताओं को थोपने का प्रयास करता है बल्कि उन्हें स्थाई बनाने का प्रयास करता है। ब्राह्मणी

कानून की पुस्तकें केवल अक्षमताओं को बताती हैं। उनमें यह लिखा है कि शूद्रों को उपनयन का अधिकार नहीं है, यह भी लिखा है कि शूद्रों को संपत्ति रखने का अधिकार नहीं है। परंतु ऐसा क्यों है, यह नहीं बताया है? इन अक्षमताओं का शूद्रों के आचरण से कोई संबंध नहीं है। शूद्र को प्रथम दृष्ट्या इस बात पर दंडित किया जाता है कि वह शूद्र है।

4.5

शूद्र और आर्य

4.5.1

ब्राह्मणिक साहित्य से हमें यह कोई आभास नहीं होता कि शूद्र कौन थे और वे चौथे वर्ग के रूप में कैसे आए? पश्चिमी लेखकों के पास शूद्रों की उत्पत्ति के बारे में एक निश्चित सिद्धांत है। हालांकि सिद्धांत के हर पहलू पर उन सभी की सहमति नहीं है लेकिन ऐसे बिंदु हैं जिन पर उनमें एक निश्चित मात्रा में एकता प्रतीत होती है, जो कि निम्नलिखित हैं:

1. वैदिक साहित्य जिन लोगों ने लिखा वे आर्य थे।

2. आर्य जाति भारत के बाहर से आई और भारत पर अतिक्रमण किया।

3. भारत के मूलनिवासी दास और दस्यु के रूप में जाने जाते थे जो आर्यों के नस्लीय रूप से भिन्न थे।

4. आर्य स्वेत जाति के थे, दास और दस्यु एक काली जाति के थे।

5. आर्यों ने दासों और दस्युओं पर विजय हासिल की।

6.   दासों और दस्युओं के ऊपर विजय हासिल करने के बाद उन को गुलाम बनाया गया और शूद्र कहलाए।

7.   आर्य जाति ने रंग पूर्वाग्रह को पोषित किया और इसलिए चतुर्वर्ण का गठन किया जिसे उन्होंने श्वेत जाति से दास और दस्यु जैसी काली जाति को अलग कर दिया।

भारतीय आर्य समाज में शूद्रों की उत्पत्ति और स्थिति के बारे में पश्चिमी सिद्धांत में ये प्रमुख तत्व हैं। यह मान्य है या नहीं यह अलग मामला है। लेकिन इसके बारे में इतना जरूर कहा जाना चाहिए कि एक सामाजिक तथ्य को एक दैवीय व्यवस्था के रूप में मनाने का प्रयास करते हुए अपने लंबे और थकाऊ स्पष्टीकरण के साथ ब्राह्मण सिद्धांतों को पढ़ने के बाद कोई अपने आप को एक निश्चित सिद्धांत होने में राहत महसूस कर सकता है कि कम से कम एक सामाजिक तथ्य की प्राकृतिक व्याख्या उसके सामने है। ब्राह्मणवादी सिद्धांतों के साथ कोई और कुछ नहीं कर सकता, सिवाय इसके कि ये मूर्ख दिमाग के संवेदनहीन उफानभर हैं। समस्या जस की तस है। आधुनिक सिद्धांत के साथ व्यक्ति कम से कम अपने को एक रास्ते पर पाता है जहां से इस विषय पर शोध करके कुछ हासिल किया जा सकता है।

4.5.2

सिद्धांत की वैधता का प्रशिक्षण करने के लिए सबसे अच्छी बात यह है कि साक्ष्य के समर्थन से इसकी थोड़ी जांच की जाए। जिस नींव पर सिद्धांत का पूरा ताना-बाना टिका है वह यह है कि एक ऐसे लोग रहते थे जो नस्ल से आर्य थे।

मानवमिति के उपायों को लागू करते हुए प्रोफेसर रिप्ले, जो की नस्ल के विषय पर विशेषज्ञ हैं, ने निष्कर्ष निकाला है कि मस्तक और चेहरे के सूचकांक के मामले में यूरोपीय लोग तीन अलग-अलग जातियों से संबंधित हैं। क्या वास्तव में शब्दों के भौतिक अर्थ में आर्य जाति है? इस विषय पर भिन्न भिन्न दो मत हैं। इनमें से एक के अनुसार वास्तव में आर्य नस्ल विद्यमान है और दूसरा मत इसके विपरीत है। पहले मत के अनुसार: आर्य - एक अपेक्षाकृत लंबे सिर (डालियोंसेफेलिक), एक सीधी बारीक कटी हुई नाक (लिपोराहाइन), एक लंबा सममित संकीर्ण चेहरा, अच्छी तरह के विकसित नियमित विशेषताएं और एक उच्च चेहरे का कोण वाली नस्ल है। उनका कद काफी ऊंचा है और आकृति का सामान्य निर्माण बड़े पैमाने पर होने की बजाय अनुपातिक और पतला है।

दूसरा दृष्टिकोण प्रोफ़ेसर मैक्स मूलर का है - उनके अनुसार इस शब्द का प्रयोग तीन भिन्न भिन्न अर्थों में किया जाता है। भाषा विज्ञान पर अपने व्याख्यान में वे कहते हैं :

आर या आरा में, पृथ्वी के सबसे पुराने नामों में से एक को जोता हुआ भूमि के रूप में पहचाना जाता है जो संस्कृत में खो गया है लेकिन ग्रीक में एरा (युग) के रूप में संरक्षित है जोकि आर्य मूल रूप से भूमि धारक, भूमि के किसान का अर्थ बताते हैं। जबकि विस से वैश्य का अर्थ गृहस्थ है, मनु की पुत्री इडा खेती की गई पृथ्वी का दूसरा नाम है और शायद आरा का एक संशोधित रूप है। दूसरा अभिप्राय जिसमें इसका उपयोग जमीन की जुताई या जुताई के विचार को व्यक्त करने के लिए किया जाता था। इस संबंध में प्रोफ़ेसर मैक्स मूलर निम्नलिखित अवलोकन करते हैं :-

मैं केवल यह कह सकता हूं कि आर्य का व्युत्पत्तिगत अर्थ यह लगता है जो हल जोतता है। ऐसा प्रतीत होता है कि आर्यों ने खानाबदोश जातियों तुरानिया के विपरीत इस नाम को अपने लिए चुना था, जिनके मूल नाम तुरा का अर्थ घुड़सवार की तेजता है। तीसरे अर्थ में, इस शब्द का प्रयोग वैश्यों के लिए एक सामान्य नाम के रूप में किया गया था अर्थात् लोगों का सामान्य निकाय जिन्होंने लोगों के पूरे समूह का गठन किया था। इसके लिए प्रोफेशर मैक्स मूलर अपने स्पष्टीकरण के लिए पाणिनि (III 1103) पर निर्भर हैं। फिर चौथा भाव है, जो बाद के कालखंड में मिला जिसके अर्थ में यह शुद्ध मूल शब्द लगता है।

आर्य जाति के प्रश्न पर प्रोफेसर मैक्स मूलर के मत का क्या विशेष महत्व है? उनके अनुसार रक्त में कोई आर्य जाति नहीं है, आर्य एक वैज्ञानिक भाषा है जिसका पूरी तरह से जाति से कोई सम्बन्ध नहीं है। इसका अर्थ भाषा से है और केवल भाषा से है और कुछ नहीं, और अगर हम आर्य जाति के बारे में बात करते हैं तो हमें यह समझना चाहिए कि यह आर्य भाषा के अतिरिक्त कुछ नहीं है।

स्पष्ट रूप से दोनों मतों में सामंजस्य नहीं है। एक दृष्टिकोण के अनुसार, आर्य जाति एक शारीरिक अर्थ में अस्तित्व में थी जिसके विशिष्ट वंशानुगत लक्षण, एक निश्चित मस्तक और चेहरे के सूचकांक थे। प्रोफ़ेसर मैक्स मूलर के अनुसार आर्यन जाति एक भाषा विज्ञान संबंधी अर्थ में लोगों के एक समान भाषा बोलने के रूप में अस्तित्व में थी।

मतों की विरोधीभाषा की दृष्टि से यह प्रश्न उत्पन्न होता है कि वैदिक साहित्य में क्या साक्ष्य उपलब्ध हैं? वैदिक साहित्य के विवेचन से पता चलता है कि ऋग्वेद में आर्य और अर्य दोनों

शब्दों का प्रयोग किया गया है एक दीर्घ "आ" के साथ है और दूसरा ह्रस्व "अ" के साथ।

अर्य शब्द का प्रयोग ऋग्वेद में 88 बार हुआ है इसका उपयोग चार विविध अर्थों में (1) शत्रु (2) संभ्रांत नागरिक (3) भारत देश का नाम (4) स्वामी, वैश्य अथवा नागरिक के अर्थ में किया गया है। आर्य शब्द 31 बार आया है। किंतु उसका उपयोग जाति के अर्थ में नहीं किया गया है। उपरोक्त चर्चा से यह सिद्ध होता है कि वेदों में अर्य या आर्य का शब्द उल्लेख जाति के अर्थ में कहीं भी नहीं किया गया। अतः आर्य या अर्य का अर्थ किसी जाति विशेष का नाम या संबोधन नहीं है। अब यह प्रश्न उठाया जा सकता है कि मानव शरीर रचना शास्त्र का साक्ष्य क्या है? आर्य जाति की पहचान के लिए केवल लंबे सिर का होना पर्याप्त नहीं है। प्रोफेसर रिप्ले ने लंबे सिर वाली दो जातियों का उल्लेख किया है। अतः हमारा यह प्रश्न अभी बरकरार है।

4.6

आर्यों का अतिक्रमण?

4.6.1

अब हम अगला आधार लेते हैं। आर्य बाहर से आए। उन्होंने भारत पर अतिक्रमण किया और यहां के मूल निवासियों पर विजय प्राप्त की। बेहतर होगा कि इन प्रश्नों को हम अलग अलग ही लें।

आर्य जाति भारत में कहां से आई? आर्य जाति के मूल स्थान का पता लगाने के बारे में बहुत भ्रामक विचार हैं। बेनफे

के अनुसार आर्यों के मूल स्थान का निर्धारण समान शब्दावली के आधार पर किया जाना चाहिए। प्रोफेसर आईसक टेलर ने उनके इन विचारों का सार संक्षेप इन शब्दों में किया है :-

समस्त आर्यों की भाषा में समान शब्दावली इस बात का संकेत दे सकती है कि उस मूल भाषा के शाखाओं में बंट जाने के पूर्व उनका आरंभिक प्रदेश कौन सा था? उन्होंने कहा कि कुछ पशुओं और वृक्षों के नाम जैसे वृक्ष बीच और भूर्ज तथा पशु भालू और भेड़िया ऐसे शब्द हैं जिनसे उन दिनों आर्य भलीभांति परिचित थे और सभी कटिबंधीय जलवायु में मिलते हैं और विशेषत: यूरोप में, जबकि दक्षिण एशिया के पशु और वृक्ष हैं बाघ और ताल जिनसे केवल भारतीय और ईरानी परिचित थे। उनका कहना है कि आदिम आर्यों की भाषा में बाघ और सिंह जैसे इन एशियाई जंगली जानवर अथवा एशिया का प्रमुख परिवहन पशु ऊंट समान नामों के आर्य शब्दावली में न होने से इस सिद्धांत को स्वीकार नहीं किया जा सकता कि आर्य कैस्पियन सागर के पूर्वी क्षेत्र से आए क्योंकि यूनानी सिंह को सामी नाम से जानते हैं और भारतीय नाम का मूल आर्य मेल नहीं खाता। इससे यह तर्क उभरता है कि सिंह यूनानियों और भारतीयों के लिए समान नहीं है।

बेनफे का कथन सार्थक सिद्ध हुआ है। गीजर ने उनका समर्थन किया, परंतु उन्होंने आर्यों का मूल स्थान बेनफे से भिन्न कृष्ण सागर के उत्तर पश्चिम, मध्य पश्चिम जर्मनी में बताया। गीजर का तर्क महत्व हीन नहीं था। उनका निष्कर्ष मोटे तौर पर वृक्षों के नामों पर आधारित है जो आदिम आर्यों की भाषा में मौजूद है। रुई और बेंत, अंगू, भिदुर व पहाड़ी बादाम के अतिरिक्त उनकी दृष्टि में भूर्ज, बीच और शाहबलूत शब्दों का उपयोग निर्णायक है। क्योंकि यूनान का फीगो शाहबलूत का

समकक्ष है, वह जर्मन बीच से मिलता है और लेटीन का फेग यह संकेत देता है कि यूनानी बीच के देश से शाहबलूत के देश में आए और फलदार वृक्ष का नाम दूसरे वृक्ष को दे दिया गया।

दूसरा मत यह है कि आर्यों का मूल स्थान काकेशिया था क्योंकि आर्यों की तरह काकेशियाओं का रंग साफ और भूरे बाल होते हैं। उनकी नाक ऊंची होती है और चेहरा खूबसूरत होता है। इस संबंध में रिप्ले का कथन उल्लेखनीय है। इस विषय में प्रोफेसर रिप्ले कहते हैं :

काकेशिया के मिथ्य नाम का अंतर्गत प्रलाप जो पश्चिमी यूरोप की नीली आंखों और भूरे बालों (वाली आर्य) प्रजाति के लिए किया गया है। उससे दो निर्विवाद तथ्यों का पता चलता है। पहला तो यह कि इस प्रकार की शारीरिक बनावट काकेशिया में सैकड़ों मील तक नहीं मिलती। उक्त दूसरा यह कि कहीं भी काकेशियाई श्रृंखला किसी एक कबीले से संबंध नहीं है जो पूरी तरह आर्यों की भाषा की तरह विभक्ति प्रधान हो।

यहां तक कि ओसेटस भी, जिनकी भाषा ही एकमात्र विभक्ति प्रदान भाषा है, शायद यह दावा नहीं करते कि वे आर्य हैं और यदि ओसेटियन आर्य हैं भी तो इसके कई कारण हो सकते हैं। ईरान से आए आव्रजक हैं और काकेशियाई बिल्कुल नहीं हैं। उनके सिर की आकृति उनके अधिकार में आए क्षेत्रों के लोगों के समान है। टेरील दर्रा-दक्षिण श्रृंखला के लोगों के समान होने की अटकल है। सभी बातों को देखते हुए कि ओसेटस आर्य हो या ना हो उनका अन्य लोगों से अधिक साम्य नहीं बैठता। इनमें इतना शरीर सौष्ठव नहीं है जितना क्षेत्र के लोगों का है। इनका व्यवसाय देखते हुए ना ही ये इतने साहसी हैं और उनमें रुसियों के समान प्रतिरोध के चिन्ह भी नहीं हैं।

यह सच नहीं है कि काकेशियन कुछ सीमा तक विशिष्ट हैं। दरअसल इनमें कोई विशिष्टता नहीं है। यूरेशियाई भाषी इस नाम से जाने जाते हैं जैसा कि कहा है गोरा रंग, सुनहरी बालों वाले, लंबी कद काठी वाले लोगों को आर्य कहा जाता है। यह सब भ्रामक ही नहीं बल्कि अविश्वसनीय है। काकेशिया संस्कृति, भाषा या रीति-रिवाजों और शारीरिक विशेषताओं का पालना नहीं कब्रिस्तान है। हमें यह जान लेना चाहिए कि संसार में आरंभ से ही अन्यत्र इतनी विविधाएं नहीं हैं जितनी यहां हैं, चाहे वह भाषा का प्रसन्न हो या धर्म का। काकेशिया पर्वतमाला में यह मिश्रण मौजूद है। तिलक ने कहा है कि आर्य जाति का मूल स्थान आर्कटिक क्षेत्र है। तिलक ने आर्कटिक क्षेत्र की दशाओं के संदर्भ में बताया और तर्क दिया है :

वैदिक व्याख्याओं अथवा परंपराओं से पता चलता है कि उपरोक्त प्रवृतियों से यह अनुमान होता है कि ध्रुव और परिध्रविय परंपराओं से वे ऋषि अवगत थे जो उन्हें वंशानुगत मिली थी। संयोग से वैदिक साहित्य में ऐसे अनेक प्रसंग हैं जिनसे दीर्घ रातों और दीर्घ दिवसों का प्रत्यक्ष संबंध मिलता है। इसके साथ ही बहुत सी कथाएं भी इस बात के साथ मेल खाती हैं। तिलक अपनी नैसर्गिक और वैदिक कथाओं के संबंध से संतुष्ट हैं कि वे उत्तरी ध्रुव की अवस्था से मेल खाती हैं और निष्कर्ष निकालते हैं कि वैदिक आर्यों का मूल स्थान आर्कटिक क्षेत्र रहा होगा।

दरअसल यह एक मौलिक सिद्धांत है। इसमें मात्र एक बिंदु ऐसा है जिसकी अनदेखी कर दी गई है। वह है आर्यों का प्रिय प्राणी। वह उनके जीवन और धर्म से बड़ी गहनता से जुड़ा है। वह है अश्व जिसका अश्वमेघ यज्ञ से प्रमाण मिलता है। प्रश्न है कि क्या आर्कटिक क्षेत्र में घोड़ा विद्यमान था? यदि उत्तर नकारात्मक है तो आर्कटिक क्षेत्र का सिद्धांत संदिग्ध है।

4.6.2

ऋग्वेद भारतीय समाज पर उपलब्ध सबसे प्राचीन ग्रंथ है। ऐसा कौन सा साक्ष्य है जिसे पता चल सके कि आर्यों ने भारत पर अतिक्रमण किया और यहां के मूल निवासियों को अपने अधीन कर लिया?

जहां तक ऋग्वेद का संबंध है उसमें रंचमात्र भी भारत पर बाहर से आक्रमण का संकेत नहीं है। श्री पी टी श्रीनिवास आयगंरचार कहते हैं - "मंत्रों की सावधानीपूर्वक की गई मीमांसा से जहां-जहां आर्य, दास और दस्युयों का संदर्भ मिलता है, पता चलता है कि वह पूजा पद्धति का संघर्ष है, प्रजाति का नहीं। ये शब्द अधिकांशत: ऋग्वेद संहिता में आते हैं। 153972 शब्दों में से इनकी आवृत्ति 33 बार हुई है। इतना अल्प प्रसंग इस बात का प्रमाण है कि आर्य कबीला आक्रांता नहीं था, जिसने विजय के पश्चात् स्थानीय लोगों को भगा दिया हो, क्योंकि विजेता जाति अपनी विजयों पर बार-बार जिक्र करती है।"

जहां तक वैदिक साहित्य का प्रश्न है उससे पता नहीं चलता है कि आर्य बाहर से आए। इस संदर्भ में ऋग्वेद के मंत्र (10-75-5) में सात नदियों का प्रसंग महत्त्वपूर्ण है।

प्रोफेसर डी एम त्रिवेदी के अनुसार नदियों का संबोधन मेरी गंगा, मेरी जमुना और मेरी सरस्वती कहकर किया गया है। कोई भी विदेशी ऐसा संबोधन क्यों करेगा? ऐसा संबोधन वही कर सकता है जिसका निकट का भावनात्मक संबंध हो।

4.6.3

जय पराजय के प्रश्न का उत्तर वेदों में सुलभ है। दास और दस्यु आर्यों के शत्रु के रूप में वर्णित हैं। इनके वध और उन्मूलन

के लिए अनेक बार वैदिक ऋषियों ने देवों को आह्वान किया है। किंतु आर्यों की विजय के विषय में कोई निर्णय करने से पहले निम्नलिखित बातों पर विचार करना आवश्यक है।

पहले ऋग्वेद में आर्यों और दास तथा दस्युओं में युद्ध के प्रसंगों की कोई विशेष कथा नहीं मिलती। केवल छोटी-छोटी झड़पों का उल्लेख मिलता है। यह जय पराजय का प्रमाण नहीं हो सकता। ऋग्वेद में 33 स्थानों पर इस शब्द का उल्लेख है। केवल आठ में उन्हें दासों का विरोधी कहा गया है। सात स्थानों पर दस्युओं के विरुद्ध है। कहीं-कहीं दोनों के बीच संघर्ष का उल्लेख है जय पराजय का प्रमाण नहीं मिलता।

दूसरे दासों, दस्युओं और आर्यों में संघर्ष की स्थिति रही है, दोनों में शांति बनाए रखने के लिए सम्मानजनक समझौते हुए हैं। ऋग्वेद के मंत्र 6-33-3, 7-83-1, 8-51-9, 10-102-3 में स्पष्ट कहा गया है कि आर्य और दास एवं दस्युओं ने संयुक्त रूप से शत्रु से युद्ध किया।

तीसरे आर्य और दास एवं दस्युओं में जो भी विरोध रहा है, उनमें जातिगत विरोध नहीं रहा। ऋग्वेद के अनुसार संघर्ष जातीय नहीं, धार्मिक आधार पर था। ऋग्वेद में इसका प्रमाण है। ऋग्वेद में दस्युओं के बारे में बताया गया है 1-51-8.9; 1-132-4; 4-41-2; 6-14-3 के अपव्रत (ऋग्वेद 5-42-2) अन्यव्रत के विभिन्न मन्त्र, ऋग्वेद 8-59-11 और 10-22-8, अनाग्निमित्र (ऋग्वेद 5-189-3) अयजु अयजवान ऋग्वेद 10-105-8, ब्राह्मण द्वेषी ऋग्वेद 5-42-9 तथा अनिन्द्र ऋग्वेद 1-133, 5-2-3, 7-18-6, 10-27-6 और 10-48-7 में बताया गया है। ऋग्वेद के मन्त्र 10-22-8 में कहा गया है कि हम दस्यु जातियों के बीच रहते हैं। यह न तो यज्ञ करती है और न ही किसी की पूजा। उनके संस्कार अनुष्ठान भी भिन्न हैं।

अतः वे मनुष्य कहलाने योग्य नहीं हैं वे शत्रु हैं। इन दासों का विनाश करो। इस विवेचन से ऋग्वेद के अनुसार इस मत का खंडन होता है कि आर्य बाहर से आए और उन्होंने यहां के मूल निवासियों दास और दस्युओं को जीता।

यह तो हुई आर्यों के बाहर से आने, दास और दस्युओं को जीतने की बात। अब तक इस पर आर्य दृष्टिकोण से विचार किया गया है। आइए अब इस पर विचार करें कि क्या दास और दस्युओं के नाम का प्रयोग जातिसूचक है। जो इसका समर्थन करते हैं वे इसका प्रमाण देते हैं:-

जो लोग दासों और दस्युओं से जातीय संघर्ष मानते हैं, वे निम्नांकित प्रश्नों के उत्तर दें:-

1.   ऋग्वेद में प्रयुक्त मृध्रावक और अनास को दस्युओं के लक्ष्य गुण के समान बताया गया है।

2.   ऋग्वेद में दास कृष्ण वर्ण कहे गए हैं। ऋग्वेद में मृध्रावक शब्द का 8-32-5 ;2-4-1 तथा 3-18-7 में प्रयोग किया गया है। ऋग्वेद में मृध्रावक से आशय है वह व्यक्ति जो गंवार है और अपरिष्कृत भाषा का प्रयोग करता है। क्या भाषा का गंवारू पन या अपरिष्कृत होना जाति भिन्नता का साक्ष्य माना जा सकता है? इसे साक्ष्य के रूप में ग्रहण करना विवेकशीलता नहीं है।

ऋग्वेद 5-29-10 में अनास का अर्थ क्या है? इसकी दो व्याख्याएँ मिलती हैं। प्रो मैक्समूलर के अनुसार अनास का अर्थ बिना नाक वाला या चपटी नाक वाला है। सायणाचार्य इसका अर्थ बिना मुंह वाला अर्थात् कटुमासी बताता है अर्थात देव वचनों से वंचित। सायणाचार्य ने इस शब्द को अन असा पढ़ा

है, मैक्समूलर के अन्नासा अर्थात् बिना नासिका वाला। इनमें शुद्ध क्या है? उनका मत विसंगत प्रतीत होता है। इसके पक्ष में दो बातें प्रमुख है - एक तो यह कि शब्द के अर्थ का अनर्थ नहीं किया गया और दूसरा यह कि दस्युओं को कहीं भी बिना मुंह अथवा नाक वाला नहीं बताया गया। उन्हें मुधावक का प्रमाण माना जाना चाहिए। अस्तु ऐसा कोई प्रमाण उपलब्ध नहीं है जो इस मत की पुष्टि करे कि दस्यु एक भिन्न जाति थी।

अब दासों को लें। यह सच है कि ऋग्वेद 6-47-21 में दासों को कृष्णांग बताया गया है। फिर भी इस मत को स्वीकार करने से पूर्व निम्नांकित बातों पर विचार करना आवश्यक है:-

1. ऋग्वेद में दासों के लिए केवल एक बार कृष्ण यानि शूद्र का प्रयोग किया गया है।

2. यह स्पष्ट नहीं है कि क्या यह शब्द लाक्षणिक रूप से प्रयोग किया गया है अथवा शाब्दिक अर्थ में।

3. हमें यह पता नहीं है कि क्या यह यथार्थ है अथवा घृणा का प्रतीक।

जब तक इन प्रश्नों का समुचित उत्तर न मिले, यह मत स्वीकार करना संभव नहीं कि दासों को कृष्ण कहा जाने मात्र से उन्हें काले रंग की जाति का माना जाए।

देखिए ऋग्वेद के निम्नलिखित मन्त्र:-

1. ऋग्वेद 10-22-6 हे वज्रि, तुमने दासों को आर्य बनाया है, अपनी शक्ति से बुरे को अच्छा बनाया है। हमें भी यही शक्ति दो जिससे हम शत्रुओं पर विजय पा सके।

2. ऋग्वेद 3-49-10 इन्द्र कहते हैं - मैंने दस्युओं को आर्य संबोधन से वंचित कर दिया है।

3. ऋग्वेद 108-15-1 हे इन्द्र यह मालूम करो कि आर्य कौन है और दस्यु कौन। इनको प्रथक करो।

इन मन्त्रों से क्या पता चलता है? उनसे यह स्थापित होता है कि आर्यों और दासों तथा दस्युओं के बीच अंतर न तो प्रजातिय था और न ही शारीरिक बनावट का। इसलिए दास और दस्यु आर्य कहे जा सकते हैं। अतः इन्द्र से कहा गया कि उन्हें आर्यों से अलग किया जाए।

4.6.4

पश्चिमी लेखकों द्वारा आर्य जाति के विषय में प्रतिपादित सिद्धांत का आधार निर्मूल है। यह आश्चर्य की बात है क्योंकि पश्चिमी विद्वानों के निष्कर्ष आमतौर पर गहन अन्वेषण और विश्लेषण पर आधारित होते हैं। इस सिद्धांत पर वे क्यों विफल रहे? यह जानना महत्वपूर्ण है कि वह असफल क्यों रहे? ध्यान से निरूपण करने पर पता चलता है कि वह दोहरी भ्रांतियों से ग्रसित हैं। पहली बात तो यह कि वह खुशफमियों और उन पर आधारित अटकलों से ग्रस्त रहे। दूसरी बात यह है कि यह सिद्धांत वैज्ञानिक अनुसंधानों के प्रतिकूल हो गए। इस कारण तथ्य प्रकट न हो सके इसके विपरीत उन्होंने इसे सिद्ध करने के लिए पूर्व निर्णित और चुनिंदा सिद्धांत अपनाए।

आर्य जाति का सिद्धांत अनुमान के सिवाय कुछ नहीं है। यह डॉक्टर बोप के दार्शनिक विचारों पर आधारित है जो उन्होंने सन 1835 में प्रकाशित अपनी युगांतकारी पुस्तक "कंपैरेटिव ग्रामर" में प्रकट किए हैं। इस पुस्तक में डॉक्टर बोप ने लिखा है कि यूरोप की अधिकांश और एशिया की कुछ भाषाओं से पता चलता है उनके पूर्वज एक ही थे। जिन भाषाओं की ओर डॉक्टर बोप ने संकेत किया है वे भारत - जर्मन भाषाएं कहलाती हैं। इन्हें

समुच्चय रूप से आर्य भाषा कहा गया है। क्योंकि वैदिक भाषा आर्यों का उल्लेख करती है और वह भारत जर्मन भाषा परिवार से सम्बन्धित है। यही मुख्य सिद्धांत आर्य जाति पर लागू है।

आर्यों के अतिक्रमण का सिद्धांत एक नया अनुसंधान है। इसकी खोज की आवश्यकता पश्चिमी विद्वानों के इस कथन को सिद्ध करने के लिए पड़ी कि इंडो-जर्मन ही वर्तमान मूल आर्यों के मूल प्रतिनिधि हैं। इनका मूल स्थान यूरोप बताया गया है। यहां अब यह प्रश्न उठता है कि आर्य भाषा भारत में कैसे पहुंची और इसका उत्तर यह होगा कि आर्य बाहर से आए। इस तरह अतिक्रमण का सिद्धांत प्रतिपादित हुआ।

तीसरी कल्पना एक और भी है कि आर्य एक श्रेष्ठ जाती थी। इस मत का आधार यह विश्वास है कि आर्य यूरोपिय जाति के थे और यूरोपीय होने के नाते वे एशियाई जातियों से श्रेष्ठ हैं। श्रेष्ठता कि इस परिकल्पना को यथार्थ सिद्ध करने के लिए भी इस कहानी के गढ़ने की आवश्यकता पड़ी कि यह सोचकर अतिक्रमण की बात कहने के सिवाय और तरीका नहीं है। इसलिए पश्चिमी लेखकों ने यह कहानी रची कि आर्यों ने अतिक्रमण करके दासों और दस्यूयों को पराजित किया।

चौथा तर्क यह है कि गौर वर्ण होने के कारण यूरोपिय जातियां एशियाई जातियों से घृणा करती हैं। क्योंकि वह श्याम वर्ण होती हैं, आर्यों को यूरोपिय मान लेने से उनके रंगभेद की नीति में विश्वास आवश्यक हो जाता है और उसका साक्ष्य व चतुर्वर्णीय व्यवस्था से खोजते हैं। पाश्चात्य विद्वानों के अनुसार वर्ण व्यवस्था रंगभेद का पर्याय है। इन परिकल्पनाओं में कोई भी तथ्यों पर आधारित नहीं है। यह दावा कि आर्य बाहर से आए और भारत पर आक्रमण किया और यह कल्पना कि दास या दस्यू भारत के मूल निवासी थे, एकदम गलत है।

आर्य जाति के अभ्युदय के सिद्धांत के प्रतिपादक अपने मत की पुष्टि में इतने उत्कंठित हैं कि वह यह भी भूल बैठे हैं कि उनकी परिकल्पना में कितनी विसंगतियां है। ये केवल उत्पत्ति को सिद्ध करना चाहते हैं और इसलिए उन्होंने वेदों से जो कुछ उन्हें अनुकूल लगा सिद्ध साक्ष्य के रूप में प्रस्तुत किया।

प्रोफेसर माइकल फोस्टर ने सही कहा है कि अटकलें विज्ञान की सहायक हैं। बिना अटकलों के अनुसंधान सफल नहीं हो सकते। साथ ही यह भी सत्य है कि अटकलों का ही वर्चस्व हो जाता है तो यह विज्ञान के लिए घातक होता है। पश्चिमी विद्वानों का आर्य जाति का सिद्धांत एक दृष्टांत है कि किस प्रकार अटकलों ने विज्ञान को विषाक्त बना दिया है।

4.7

अतिक्रमण सिद्धांत क्यों रखा गया?

आर्य जाति का उत्पत्ति का सिद्धांत भ्रमित है। इसका अंत बहुत पहले हो जाना चाहिए था। किंतु इसके विपरीत इसका ब्राह्मणों ने समर्थन किया। इसके दो कारण रहे हैं :

पहला ब्राह्मण विद्वानों का सैद्धांतिक समर्पण। यह बहुत आश्चर्यजनक है। हिंदू होने के नाते उन्हें पाश्चात्य विद्वानों के इस मत को अमान्य करना था कि यूरोपीय जाति होने के कारण वे एशियाई जातियों से श्रेष्ठ बताई गई है। किंतु ब्राह्मण इसका तिरस्कार करने के बजाय समर्थन करते हैं। इसका एक सरल सा कारण है कि ब्राह्मण दो राष्ट्र के सिद्धांत में विश्वास रखता है। वह स्वयं को आर्यों का प्रतिनिधि मानता है और शेष हिंदुओं को अनार्य जातियों की संतान कहने से इस सिद्धांत से उसके उत्तम होने के अहम की पूर्ति होती है। वह आर्यों के बाहर

से आने तथा अनार्य जातियों का विजित करने के सिद्धांत का समर्थन इसलिए करता है कि इससे उसे गैरब्राह्मणों पर अपना प्रभुत्व बनाए रखने का औचित्य ठहराने में सहायता मिलती है। दूसरे पाश्चात्य विद्वानों के वर्ण का अर्थ रंग अधिकतर ब्राह्मण विद्वानों ने स्वीकार कर लिया है। वास्तव में आर्य सिद्धांत का मूल आधार यही है। जब तक वर्ण की यह व्याख्या मानी जाती रहेगी आर्य सिद्धांत जीवित रहेगा।

4.8

आर्यों के विरुद्ध आर्य

4.8.1

इस बात पर काफी विचार कर चुके हैं कि पाश्चात्य विद्वानों द्वारा आर्य जाति के संबंध में प्रतिपादित सिद्धांत कितने बुनियादी हैं? और ब्राह्मणों ने उनको सहर्ष स्वीकार कर लिया। फिर भी इस सिद्धांत का लोगों पर इतना गहरा प्रभाव है कि इसके विरोध में कुछ भी कहना उन्हें पसंद नहीं होगा। इसे समूल नष्ट कर देना चाहिए। इस स्थिति में पाश्चात्य सिद्धांत के खोखले पन का विश्लेषण आवश्यक है। आर्यों के बाहर से आने और दास व दस्यु जातियों को पराजित करने के सिद्धांत का समर्थन करने वाले ऋग्वेद के निम्नांकित मंत्रो को अनदेखा करते हैं। इन मंत्रों का निर्णायक महत्व है। आर्यों के भारत में बाहर से आने और स्थानीय निवासियों को पराजित करने के सिद्धांत को इन मंत्रों के संदर्भ में बिना स्वीकार करना अनुचित होगा। ये मंत्र निम्नलिखित हैं :-

1. ऋग्वेद (33.3-5), हे इन्द्र तूने हमारे दोनों विरोधियों दासों और आर्यों को मार डाला।

2. ऋग्वेद (60.3-6), धर्म और न्याय के रक्षक इन्द्र और अग्नि हमें दुख पहुंचाने वाले दुश्मनों का दमन करें।

3. ऋग्वेद (81.1-7), इन्द्र और वरूण ने सुदास के शत्रु दास और आर्यों का हनन किया और सुदास की रक्षा की।

4. ऋग्वेद (24.27-8), हे इन्द्र, तुमने राक्षसों और सिंधु के तटवर्ती क्षेत्रों में निवास करने वाले आर्यों से हमारी रक्षा की है, अब तुम दासों को भी शस्त्रहीन बनाओ।

5. ऋग्वेद (38.3-10), हे परम उपासनिय इन्द्र, दास और आर्य विधर्मी है और हमारे शत्रु है। उनका दमन करने के लिए हमें अपना आशीर्वाद दो। तुम्हारी सहायता से हम उन्हें मार डालेंगे।

6. ऋग्वेद (86.19-10), हे मामेंयू, अपने आराध्य को शक्ति दो। तुम्हारी सहायता से हम अपने शत्रु आर्यों और दासों का विनाश करेंगे।

इन मंत्रों को पढ़कर ठंडे दिमाग से सोचने पर पाश्चात्य सिद्धांत की वास्तविकता प्रकट हो जाएगी। यदि इन मंत्रों के सृष्टा आर्य थे तो इन मंत्रों के साथ पाश्चात्य मत को आधारहीन बनाते हैं। साथ ही यह स्पष्ट होता है कि आर्यों की दो जन श्रेणियां थी जो अलग अलग थी एक दूसरे से द्वेष रखती थी। दो अन्य जातियों के अस्तित्व की बात कपोल कल्पित नहीं है। यथार्थ है। इसके पक्ष में अनेक साक्ष्य भी उपलब्ध हैं।

विशेष रुप से सृष्टि से संबंधित दो अलग-अलग विचारधाराओं के अस्तित्व के पूरे ब्राह्मण साहित्य में पर्याप्त सबूत हैं, जो

फिर से दो अलग-अलग अन्य जातियों के अस्तित्व की ओर इशारा करते हैं। इन दो विचारधाराओं दिव्य और मानव मूल की तुलना निम्नलिखित प्रस्ताव में निर्धारित की गई है।

1. एक रंग और चरित्र में धार्मिक है और दूसरा धर्म निरपेक्ष है।

2. एक में मनुष्यों को मनु को पूर्वज के रूप में संदर्भित किया दूसरा भगवान ब्रह्मा या प्रजापति को प्रवर्तक के रूप में संदर्भित करता है।

3. एक प्रवृत्ति में ऐतिहासिक है दूसरा अलौकिक है।

4. एक का उद्देश्य चार वर्णों की व्याख्या करना है दूसरे का उद्देश्य केवल समाज की उत्पत्ति की व्याख्या करना है।

5. एक जल प्रलय की बात करता है दूसरा इसके बारे में पूरी तरह से चुप है।

अंतर कई हैं और मौलिक भी हैं, विशेष रूप से चतुर्वर्ण के संबंध में मौलिक अंतर प्रतीत होता है। बस इतना ही हुआ है कि एक के बजाय हमारे पास चतुर्वर्ण की दो व्याख्याएं हैं, पुरुष द्वारा निर्मित अलौकिक चतुर्वर्ण और मनु के पुत्रों के बीच विकसित प्राकृतिक चतुर्वर्ण। इसके परिणाम इतने बेबुनियाद हैं कि दोनों विचारधाराएं मौलिक रूप से भिन्न और असंगत हैं। अंबेडकर के अनुसार, वे दो अलग-अलग आर्य जातियों की विचारधाराएं हैं - एक चतुर्वर्ण में विश्वास करने वाली और दूसरी चतुर्वर्ण मे विश्वास नहीं करने वाली - जो बाद में एक में विलीन हो गई।

4.8.2

इस दृष्टिकोण के समर्थन में तीसरा और सबसे अलग साक्ष्य भारतीय लोगों के मानव शास्त्रीय सर्वेक्षण से प्राप्त होता है। ऐसा सबसे पहले एक सर्वेक्षण मस्तक सूचकांक के आधार पर 1901 में सर हरबर्ट रिजले द्वारा किया गया था। उन्होंने निष्कर्ष निकाला था कि भारत के लोग चार अलग-अलग प्रजातियों (1) आर्यन (2) द्रविड़ियन (3) मंगोलियाई (4) सिथियन का मिश्रण थे। उनके निष्कर्ष का परिक्षण डॉक्टर गुहा ने 1936 में किया। डॉक्टर गुहा के निष्कर्ष के अनुसार भारतीय लोग दो प्रजातिय समूहो लंबे सिर व छोटे सिर वालों से बने हैं - लंबे सिर वाले भारत के आंतरिक क्षेत्र में और छोटे सिर वाले बाहरी सरहदी इलाकों में रहते थे। अल्पाइन और भूमध्य सागरीय प्रजातियों के संदर्भ में बोलते हुए कहा जा सकता है कि भारतीय लोग दो समूहों से बने हैं, भूमध्यसागरीय या लंबे सिर वाली प्रजाति से और अल्पाइन या छोटे सिर वाली प्रजाति से।

भूमध्यसागरीय जाति के बारे में, कुछ तथ्य और स्वीकार किए जाते हैं। यह माना जाता है कि यह एक ऐसी जाति है जो आर्य भाषा बोलती है। यह माना जाता है कि इसका घर यूरोप में भूमध्य सागरिय बेसिन के आसपास था और वहां से यह भारत में आकर बस गये। इसके स्थानीयकरण से यह स्पष्ट है कि यह अल्पाइन जाति के प्रवेश से पहले भारत आये होगें। अल्पाइन जाति के बारे में इसी तरह के तथ्यों का पता लगाया जाना बाकी है।

पहला अल्पाइन जाति के स्थान के बारे में है और दूसरा इसकी मूल भाषा के बारे में है। प्रोफेसर रिप्ले के अनुसार अल्पाइन प्रजाति एशिया में कहीं हिमालय में रहती थी। तथ्यों

के पूर्वगामी कथनों से यह देखा जाए तो कि ऋग्वेद के समर्थन में मानव शास्त्र और इतिहास में एक ठोस आधार है कि भारत में दो आर्य जातियां थी, एक नहीं।

4.9

वर्ण तीन थे या चार

4.9.1

आदि काल से ही आर्य समुदाय में वर्ण व्यवस्था मौजूद रही है जिसे सभी हिंदू तथा पश्चिमी विद्वान स्वीकार करते हैं। लेकिन आदिकाल में आरम्भ से तीन वर्ण ही थे, इसके पुख्ता सबूत मौजूद हैं। पहला प्रमाण ऋग्वेद का है। कुछ विद्वानों का मत है कि ऋग्वेद के काल में वर्ण व्यवस्था नहीं थी। उनका मत है कि पुरूष सूक्त बहुत समय बाद का प्रक्षेप है।

यदि यह मान भी लिया जाए कि पुरुष सूक्त बाद का प्रक्षेप है तब भी यह नहीं माना जा सकता कि ऋग्वेद के समय में वर्ण व्यवस्था नहीं थी। ऋग्वेद के साथ इस व्यवस्था का विरोधाभास है क्योंकि पुरुष सूक्त के अतिरिक्त कई स्थानों में ऋग्वेद में ब्राह्मण, क्षत्रिय और वैश्य का वर्णन एक साथ आया है। ब्राह्मणों का जिक्र एक वर्ण के लिहाज से 15 बार और क्षत्रियों का 9 बार आया है पर शूद्र का नाम इस अर्थ में कहीं नहीं आया कि वह एक वर्ण का नाम है। यदि किसी वर्ण का नाम शूद्र होता तो ऋग्वेद में उसका जिक्र अवश्य होता इससे यही परिणाम निकलता है कि शूद्र नाम का कोई चौथा वर्ण नहीं था।

4.9.2

दूसरा प्रमाण तैतिरीय और शतपथ ब्राह्मण का है। दोनों ब्राह्मणों में केवल तीन वर्णों का उल्लेख है। शूद्रों के वर्ण का कोई जिक्र नहीं है।

शतपथ ब्राह्मण (2.1.4.11) में कहा है:- भू कह कर प्रजापति ने पृथ्वी को बनाया, भुव: कह कर वायु और स्व: से आकाश को बनाया। ये तीनों शब्द और ब्रह्माण्ड एक साथ बने। तीनों के साथ अग्नि को बनाया। भू: उच्चारण करके ब्राह्मण को बनाया, भुव: कहकर क्षत्रिय को और स्व: से वैश्य को बनाया। सबके साथ अग्नि को बनाया, भू कह कर प्रजापति ने स्वयं को बनाया, भुव: से प्राणियों को और स्व: से पशुओं को बनाया। दुनिया प्रजापति, प्राणी और पशुओं की है और अग्नि तीनों की है।

तैतिरीय ब्राह्मण (3.12.9.2) में लिखा है, सारी सृष्टि ब्रह्मा से पैदा हुई है। ऋग्वेद से वैश्य बने, यजुर्वेद से क्षत्रिय और सामवेद से ब्राह्मण पैदा हुए। ऐसा प्राचीन समय में कहा गया है।

ऋग्वेद और दोनों ब्राह्मण ग्रंथों से बढ़कर क्या प्रमाण हो सकता है? जिनकी मान्यता वेदवत है, दोनों श्रुति हैं। दोनों में केवल तीन वर्णों का उल्लेख है। शूद्र का प्रथक वर्ण होना अथवा चतुर्थ वर्ण होने का कोई कथन नहीं है। इससे बढ़कर कोई प्रमाण नहीं हो सकता कि मूलत: तीन ही वर्ण थे।

4.10

ब्राह्मण बनाम शूद्र

4.10.1

आरंभ में ऋग्वेद काल में तीन वर्ण थे जो बाद में शूद्रों के दूसरे वर्ण से चौथे वर्ण में निम्नीकरण होने के परिणाम स्वरुप चतुर्वर्ण व्यवस्था बन गई। दूसरे वर्ण से चौथे वर्ण में शूद्रों का पतन ब्राह्मणों और शूद्रों के बीच हिंसक संघर्ष का परिणाम है जिसका प्रत्यक्ष प्रमाण वैदिक साहित्य में मिलता है। इस संघर्ष को समझने के लिए वशिष्ठ और विश्वकर्मा के संबंधों के बारे में जानना आवश्यक है।

वशिष्ठ और विश्वामित्र में सर्वदा विरोध और शत्रुता रही है। कोई ऐसी घटना नहीं है जिसमें यदि उन दोनों में से कोई एक पक्ष में हो तो दूसरा दूसरे पक्ष में ना हो। इसके बहुत से स्पष्ट प्रमाण प्राचीन साहित्य में मिलते हैं जैसे कि हरिवंश पुराण, विष्णु पुराण, मार्कंडेय पुराण और महाभारत के आदि पुराण आदि में। ऐसे विशेष उदाहरण हैं जिनमें वशिष्ठ और विश्वामित्र एक दूसरे के साथ सामान्य शत्रुता के संघर्ष में आ गए थे। यह दुश्मनी इतनी थी कि विश्वामित्र महाभारत के सत्यप्रवर्ण में वर्णित वशिष्ठ की हत्या भी करना चाहते थे। विश्वामित्र और वशिष्ठ की शत्रुता केवल दो पुरोहितों की शत्रुता नहीं थी, यह शत्रुता एक ब्राह्मण पुरोहित और एक क्षत्रिय पुरोहित की थी। वशिष्ट ब्राह्मण और विश्वामित्र क्षत्रिय थे। ये राजवंश के क्षत्रिय थे। उनके बीच दुश्मनी का आधार व्यक्तिगत नहीं था, बल्कि उनके संबंधित वर्णों की श्रेष्ठता, अधिकार और विशेषाधिकारों के लिए था, विशेष रूप से उपहार प्राप्त करने के अधिकार, वेदों

को पढ़ाने का अधिकार और अनुष्ठान करने का अधिकार और जहां ब्राह्मणों ने अपने विशेषाधिकारों का दावा किया था, वहां यज्ञ करने का अधिकार, जिसे क्षत्रियों ने ब्राह्मणों की विशिष्टता को मानने से मना कर दिया था।

रामायण में वर्णित त्रिशुकं की कहानी इन दोनों के बीच विशेष रूप से यज्ञोपवित के अधिकार को लेकर विवाद की पुष्टि करती है। वशिष्ठ और विश्वामित्र के इस विवाद में सुदास ने एक महत्वपूर्ण भूमिका निभाई प्रतीत होती है। वशिष्ठ जो कि सुदास का पारिवारिक पुरोहित था, ने उसके राज्याभिषेक का समारोह आयोजित किया था और सुदास की दस राजाओं के विरुद्ध युद्ध जीतने में विजय प्राप्त करने में मदद की थी। इसके बावजूद सुदास ने वशिष्ठ को पुरोहित के पद से हटा दिया और उसके स्थान पर विश्वामित्र को नियुक्त कर दिया। इसने सुदास और वशिष्ठ के बीच शत्रुता पैदा कर दी। एक और काम जो सुदास ने किया उससे शत्रुता कट्टरता में बदल गई। सुदास ने वशिष्ठ के पुत्र को आग में फेंक दिया और जिंदा जला दिया। इसका वर्णन सत्याना ब्राह्मणा में है। इसका उल्लेख ऋग्वेद की संहिता कात्यायाना अनुहरामनिका में भी है। सुदास और वशिष्ठ की यह शत्रुता उनके पुत्रों में फैल गई इसका वर्णन तैतिरिया संहिता में है। राजाओं और ब्राह्मणों में यही एक संघर्ष नहीं था। पुराणों में राजाओं और ब्राह्मणों के और भी विवादों का वर्णन है उन कथाओं का उल्लेख भी सार्थक मालूम होता है।

4.10.2

दूसरा ब्राह्मण और राजा वेना के संघर्ष का उल्लेख हरिवंश में मिलता है। अगला उल्लेख जिसमें राजा का ब्राह्मणों से विवाद था वह राजा पुरुरावास का था। यह इला का पुत्र और वैवस्वत

मनु का पौत्र था। उसके विवाद का वर्णन महाभारत के आदि पुराण में किया गया है। इसी क्रम में एक और राजा नहुसा जो की पुरुरावास का पौत्र है का विवाद ब्राह्मणों से उल्लेखित है। इस संघर्ष की कथा दो स्थानों पर, एक महाभारत के वन पुराण में और दूसरा उदोयपुराण में पाई जाती है। ऐसा ही ब्राह्मण और राजा का विवाद राजा निमि का विष्णु पुराण में उल्लेखित है।

राजाओं और ब्राह्मणों का विवाद असल में यह विवाद शूद्रों और ब्राह्मणों का विवाद था जो कि दुर्भाग्यवश इस तथ्य को प्रमुखता से उल्लेखित नहीं किया गया। सुदास एक शूद्र राजा था। दूसरे राजाओं को शूद्र नहीं दर्शाया गया बल्कि इक्सवाका के वंशज उल्लेखित किए। सुदास को इक्सवाका का वंशज दर्शाया गया है, अतः इस तरह से सारे राजा शूद्र थे। मनु ने ये विवाद ब्राह्मणों और क्षत्रियों के बीच उल्लेखित किए थे क्योंकि मनु को इस बारे में ज्ञान नहीं था। वास्तव में यह विवाद ब्राह्मण और क्षत्रिय के बीच ही था क्योंकि शूद्र भी क्षत्रियों का ही एक वर्ग था। हालांकि यह बहुत ही स्पष्ट हो जाता यदि इन विवादों को सही रूप में ब्राह्मणों और शूद्रों के बीच संघर्ष के रूप में वर्णित कर दिया होता। अगर इन विवादों को ब्राह्मण और शूद्रों के बीच का संघर्ष समझ कर वर्णित किया होता तो यह समझना आसान हो जाता कि शूद्र को दूसरे वर्ण से चौथे वर्ण में कैसे पतित किया।

4.11

शूद्रों का पतन

4.11.1

अब तक यह सिद्ध हुआ कि शूद्र मूलत: द्वितीय वर्ण क्षत्रिय वर्ण के एक अंग थे और उनके साथ ब्राह्मणों का द्वेष इतना बढ़ चुका था कि ब्राह्मणों ने शूद्रों को उनके दूसरे वाले वर्ण से अपदस्थ कर चौथे वर्ण में पहुंचा दिया। यहां एक प्रश्न उठता है कि शूद्रों के पराभव के लिए ब्राह्मणों ने क्या हथकंडे अपनाए? उन्होंने शूद्रों को समाज की दृष्टि में हेय बनाने और अपने अपमान का बदला चुकाने की क्या तरकीब खोजी? अंबेडकर के अनुसार, शूद्रों का उपनयन संस्कार करने से इन्कार करना है। और इसी नीति से ब्राह्मणों ने शूद्रों का स्थान हेय बनाया।

उपनयन संस्कार का भारतीय आर्य समाज में विशेष महत्व होता था। इसका उद्देश्य पुरुष की वेदों के अध्ययन करने के लिए गायत्री मंत्र से आरंभ होती है और पूरा होने पर यज्ञोपवित धारण किया जाता था। बाद में यह संस्कार सिर्फ यज्ञोपवित धारण करने तक सीमित कर दिया गया।

उपनयन का संस्कार कोई सिर्फ खाली संस्कार नहीं था। इसके साथ शिक्षा ग्रहण करने और संपत्ति ग्रहण करने के अधिकार थे। इससे संबंधित नियम पूर्व मीमांशा में उल्लेखित हैं। सबसे पहले संपत्ति मुख्य रूप से उस व्यक्ति के लिए होती है जिसके पास धार्मिक संस्कार करने के अधिकार होते हैं। संपत्ति का अधिकार धार्मिक संस्कार करने की सामर्थ्य पर आधारित था और यह धार्मिक संस्कार करने का सामर्थ्य उपनयन संस्कार पर आधारित था। दूसरे धार्मिक संस्कार वेद मंत्रों के साथ किए जाते थे। इसका अभिप्राय यह है कि धार्मिक संस्कार वही कर सकता था जिसने वेदों की शिक्षा ग्रहण की हो, जिस व्यक्ति ने वेदों की शिक्षा ग्रहण नहीं की है वह धार्मिक संस्कार करने के योग्य नहीं था।

वेदों की शिक्षा ग्रहण करने के योग्य उसी व्यक्ति को माना जाता था जिसमें उपनयन संस्कार पूर्ण करके यज्ञोपवीत धारण कर लिया हो दूसरे शब्दों में जो उपनयन संस्कार से वंचित है उसका शिक्षा ग्रहण करने और संपत्ति रखने का कोई अधिकार नहीं है। एक बार जब शिक्षा और संपत्ति के संबंध को समझ लिया जाता है तो इस मान्यता को स्वीकार करने में सभी कठिनाइयां दूर हो जाती हैं कि शूद्रों का पतन पूरी तरह से उपनयन के नुकसान के कारण हुआ था।

4.11.2

क्या उपनयन का न होना शूद्रता की पहचान है?

इस शंका के समाधान के लिए सर्वप्रथम यह जान लेना आवश्यक है कि भारत के न्यायालयों ने शूद्रों की पहचान के लिए क्या मानदंड निर्धारित किए हैं। चौधरी रण मरदन सिंह बनाम साहब प्रहलाद इस संदर्भ में पहला उदाहरण प्रिवि काउंसिल द्वारा 1937 ईस्वी में एक मुकदमे (7 MIA 18) में दिया गया निर्णय है।

इसमें यह मामला उठाया गया था कि क्या उस समय भारत में क्षत्रिय थे। एक पक्ष का तर्क था कि क्षत्रिय थे दूसरे पक्ष का तर्क था क्षत्रिय नहीं थे। क्षत्रियों का अस्तित्व न मानने वाले पक्ष का तर्क ब्राह्मणों द्वारा प्रचारित इस सिद्धांत पर आधारित था कि ब्राह्मण परशुराम ने क्षत्रियों का संहार कर दिया था तथा जो बच गए थे उनका मूल्यच्छेदम् मगध के शूद्र राजा महापदम् नंद ने कर दिया था। अतः क्षत्रियों का संपूर्ण विनाश हो गया। केवल ब्राह्मण और शूद्र बचे हैं। प्रिवि काउंसिल ने इसे ब्राह्मणों की कपोल कल्पना कहकर रद्द कर दिया और क्षत्रियों का अस्तित्व

स्वीकार कर लिया। यद्यपि प्रीवी काउंसिल ने कोई ऐसा मानदंड स्थापित नहीं किया जिसके आधार पर क्षत्रियों और शूद्रों का अलग अलग अस्तित्व स्थापित हो सके।

दूसरा मामला (आई एल आर -10 राजकुमार लाल बनाम विशेषर) को लेकर था कि बिहार के कायस्थ क्षत्रिय हैं अथवा शूद्र। बिहार के कायस्थों ने प्रार्थना की थी उनकी स्थिति बंगाल, उत्तर प्रदेश तथा बनारस के कायस्थों की स्थिति से भिन्न है। अत: ये क्षत्रिय है। उच्च न्यायालय ने श्रेष्ठता के दावे को खारिज करते हुए उन्हें शूद्र ही माना। इलाहाबाद उच्च न्यायालय ने (मुकदमा नंबर ILR-12 इलाहाबाद 328 तुलसीराम बना बिहारीलाल में) उपरोक्त निर्णय को अविश्वसनीय माना। न्यायाधीश महमूद ने अपने फैसले के 334 पृष्ठ पर कहा - दोनों निचली अदालतों ने यह विचार प्रकट किया प्रतीत होता है कि इस क्षेत्र की एक पढ़ी लिखी जाति के कायस्थ जिससे यह पक्ष संबंध है शूद्रों की श्रेणी में आती है जैसा कि मनु ने अपनी स्मृति में या अन्यत्र व्यवस्था दी है। मैंने इस मत पर उठाए गए विचारणीय संदेशों पर गौर किया। यह प्रश्न इसी कारण से ही विचारणीय नहीं है कि यह एक जातिय मुद्दा है बल्कि यह समाज के एक महत्वपूर्ण वर्ग पर हिंदू विधान लागू करने का प्रश्न है। दूसरे कई मामलों में इस पर असहमति जताते हुए इसको खारिज कर दिया।

तीसरा मुकदमा (20 कलकत्ता डब्लू एन 901वर्ष 1916 असित मोहन घोष बनाम निरोद मोहन घोष पलिक) इस विवाद को लेकर था कि बंगाल के कायस्थ शूद्र हैं अथवा क्षत्रिय। उच्च न्यायालय ने उन्हें शूद्र करार दिया। इस निर्णय के विरुद्ध प्रिवि काउंसिल ने बंगाल के कायस्थों का मामला ज्यों का त्यों ही छोड़ दिया। वर्ष 1916 से 1926 की अवधि में कलकत्ता, न्यायालय

ने अपने दो निर्णयों में बंगाल के कायस्थों को शूद्रों की तांती, और डोम जातियों से वैवाहिक संबंध स्थापित करने के आधार पर शूद्र घोषित कर दिया। उक्त निर्णयों से कायस्थों की स्थिति में अधोपतन आया। वर्ष 1926 में (ILR-6 पटना 506 ईश्वर प्रसाद बनाम राय हरि प्रसाद लाल) में न्यायधीश जवाहरलाल प्रसाद ने प्रत्येक स्मृति और पुराण का गहन अध्ययन किया, जिनमें कायस्थों का वर्णन था और अपने 47 पृष्ठ के निर्णय में कलकत्ता उच्च न्यायालय के निर्णय से भिन्न मत प्रकट करते हुए बिहार के कायस्थों को क्षत्रिय घोषित किया।

4.11.3

मद्रास उच्च न्यायालय ने वर्ष 1924 में (48 मद्रास - ईश्वर प्रसाद बनाम हरिप्रसाद लाल) एक विरोधीवादी तंजोर राज्य के रिसीवर ने दायर किया था जिसमें मद्रास में 1918 में यह विवाद उठा था कि मराठा क्षत्रिय हैं अथवा शूद्र। मराठा राज्य के संस्थापक शिवाजी के भाई बेकोंजी जो मराठा थे (जिनका नाम एकोजी था) द्वारा दायर किया गया था और राज्य के महाराज उनके दूर पास के उत्तराधिकारी बचाव पक्ष में थे। मद्रास उच्च न्यायालय ने 229 पृष्ठ के निर्णय में मराठों को शूद्र माना, क्षत्रिय नहीं जैसा कि बचाव पक्ष का था।

मराठों से संबंधित 1928 का (आई एल आर 52 मुंबई 49 कोल्हापुर के महाराज बनाम सुंदरम अय्यर 1924) एक और विवाद था। न्यायालय ने निर्णय दिया कि मुंबई प्रेसिडेंसी में मराठों की तीन श्रेणियां है। (1) पांच घर (2) 96 घर तथा (3) अन्य। पहली दो श्रेणियां क्षत्रियों की है।

अंतिम मुकदमें (सुब्बारा हंबीराव राव पाटिल बनाम राधा हंबीराव पाटिल) में यह विवाद था कि मदुरै के यादव क्षत्रिय हैं

अथवा शूद्र। यादवों ने क्षत्रिय होने का दावा किया था। मद्रास उच्च न्यायालय ने इसे अस्वीकार कर शूद्र करार दिया।

यह न्यायालय प्रक्रिया संदिग्ध है क्योंकि इसमें नगण्य प्रमाण उद्घाटित हुए हैं कि क्षत्रिय कौन है और शूद्र कौन है। बिहार के अपर प्रोविंस जो कि अब उत्तर प्रदेश में है और बनारस के कायस्थ क्षत्रिय हैं और बंगाल के शूद्र हैं। मद्रास उच्च न्यायालय ने सभी मराठों को शूद्र माना जबकि बंबई उच्च न्यायालय ने मराठा उसके 5 परिवार और 96 परिवारों को क्षत्रिय करार दिया तथा अन्य को शूद्र। यादव समाज को कृष्ण का वंशज माना जाता है किंतु उच्च न्यायालय ने उन्हें शूद्र माना है।

हमारा मुख्य उद्देश्य यह गुण देखना है कि उपरोक्त मुकदमों का निर्णय देते समय न्यायालयों ने किन प्रमाणों और मानदंडों को दृष्टिगत रखा। ये निम्नलिखित हैं:-

क)   दास शब्द का उपनाम के रूप में प्रयोग करना

ख)   यज्ञोपवित (जनेऊ) धारण करना

ग)   यज्ञ हवन करने का अधिकार।

घ)   असूचिता की अवधि

ड़)   अवैध पुत्र के उत्तराधिकारी होने या ना होने की अर्हता

च)   जन ख्याति का आधार

छ)   जातिगत चेतन

ज)   सभी गैर ब्राह्मण जातियां शूद्र हैं।

झ)   रीति रिवाज

विषय से भिन्न कोई भी विद्वान विभिन्न न्यायालयों द्वारा अपनाए गए मानदंडों को उचित नहीं मान सकता। असुचिता की अवधि अप्रासंगिक है। यज्ञ की पात्रता प्रासंगिक होते हुए भी मान्य नहीं है। जातिगत चेतना को भी संतुष्ट मानदंड नहीं माना जा सकता जैसे उपनयन संस्कार के, मानदंड भिन्न हैं। इसे न्यायालयों ने समुचित तरीके से प्रस्तुत नहीं किया है। किंतु इसमें कोई संदेह नहीं है कि उपनयन संस्कार को ठीक से समझा जाए और समुचित ढंग के उपयोग में लाया जाए तो यह युक्ति संगत है। एक जाति अपरिहार्य परिस्थितियों में दीर्घ काल तक अपने धार्मिक अनुष्ठानों को संपन्न न करा पाने पर अपनी स्थिति से च्युत हो जाती है। न्यायालयों ने उपनयन के संबंध में प्रचलित प्रथाओं और अधिकार में भेद न कर युक्ति मुक्त वर्णन नहीं किया है। फिर भी उपनयन का प्रमाण ठीक हो सकता है। प्राय अदालतें यह मानकर चली हैं कि प्राचीन समय में जो सत्य था वह आज भी सत्य है। अतः इसमें उत्पन्न गोरखधंधों से एक ही जाति कहीं क्षत्रिय और कहीं शूद्र मानी गई है। प्रश्न यह नहीं कि अमुक जाति यज्ञोपवित धारण करती है या नहीं। प्रश्न यह है उसे इसका अधिकार है या नहीं। अतः यह नियमित रूप से कहा जा सकता है कि उपनयन धारणा करने का अधिकार वास्तविक है और यह स्पष्ट होता है कि अमुक व्यक्ति शूद्र है अथवा क्षत्रिय है।

4.11.4

क्या शूद्रों को उपनयन का अधिकार था?

प्राय: प्रत्येक समाज प्रारंभ में एक होता है और कालांतर में अनेक भागों में विभाजित हो जाता है। अतः यह मान लेना कि आर्यों ने प्रारंभ से ही जातिगत आधार पर शूद्रों और स्त्रियों को

उपनयन से वंचित कर दिया था, अनुचित मान्यता है। यह तर्क संगत हो सकता है कि शूद्र और स्त्रियां भी यज्ञोपवित्त धारण करने के अधिकारी थे। प्राचीन समय में उपनयन सभी के लिए अनिवार्य था।

क्षत्रियों, वैश्यों व रथकारों, अम्बष्ठों आदि संकर जातियों के उपनयन के नियमों से स्पष्ट है कि अनुलोम जातियों को भी उपनयन का अधिकार था। (बोधयन गृहसूत्र (2.8) काणे हिस्ट्री ऑफ़ धर्मसूत्र - 2 (1) पृष्ठ 229)। उपनयन की उपयुक्त आयु ब्राह्मण पुत्र के लिए आठवां वर्ष, क्षत्रिय पुत्र के लिए ग्यारवां वर्ष और वैश्य पुत्र के लिए बारह वर्ष थी। फिर भी यह संस्कार विशेष परिस्थितियों में क्रमशः 16वें, 21वें तथा 24वें वर्ष में हो सकता था।

इस परिप्रेक्ष्य में विश्वास कर लेना कठिन है कि क्या आर्यों ने प्रारंभ से ही शूद्रों और स्त्रियों को उपनयन से वंचित रखा था। इस संदर्भ में भारतीय इरानियों का उदाहरण देना युक्तिसंगत होगा, जिनके साथ भारतीय आर्यों से सांस्कृतिक और धार्मिक आचार पर निकटस्थ संबंध थे। ईरानियों में सभी वर्ग के स्त्री-पुरुष यज्ञोपवित्त धारण करते थे। फिर भारतीय आर्यों में भेद का क्या कारण है? प्रत्यक्ष प्रमाण मौजूद है कि आर्यों में भी स्त्रियों और शूद्रों को उपनयन का अधिकार था। हिंदू धर्म शास्त्र (पुरुषार्थ, सितंबर 1940 का अंक) के अनुसार स्त्रियों का उपनयन होता था। वे न केवल वेदपाठ करती थी, अपितु वे वेदध्याय हेतु पाठशालाएं भी चलाती थी। यही कारण है कि स्त्री पूर्व मीमांसा पर भाष्य लिखे हुए हैं।

जहां तक शूद्रों का प्रश्न है इस पर भी अनुकूल प्रमाण है। राजा सुदास का राज्य अभिषेक वशिष्ठ ने किया था। उसने राजस्व यज्ञ किया था। सुदास शूद्र था। वह यज्ञोपवित धारण

करता होगा, क्योंकि उपनयन के उपरांत ही वह इन संस्कारों का अधिकारी बन सकता था। यह स्पष्ट है कि शूद्र भी उपनयन के अधिकारी थे। मैक्समूलर द्वारा उद्धृत संस्कार गणपति में शूद्र उपनयन के अधिकारी हैं। हिस्ट्री ऑफ ऐशेंट संस्कृत लिटरेचर (1860 पेज 207)।

4.11.5

जब आर्य अथवा अनार्य सभी उपनयन के पात्र थे, उनके लिए सामाजिक महत्व का कोई स्थान नहीं था। यह सभी के लिए समान संस्कार था। यह मुट्ठी भर लोगों का विशेषाधिकार नहीं था। जब शूद्र इससे वंचित कर दिए गए तो यह प्रतिष्ठा का चिन्ह बन गया और इसका वर्जन दासत्व की निशानी बन गया। शूद्रों को उपनयन से वंचित करने से आर्य समुदाय में एक नया अध्याय जुड़ गया। इससे शूद्र अपने से ऊपर वाले वर्णों को श्रेष्ठ समझने लगे और उच्च वर्ग शूद्रों को हीन मानने लगा। शूद्रों के पतन में यज्ञोपवित की अधिकार हीनता एक सूत्र था।

उपनयन के बारे में पूर्व मीमांसा का एक नियम कि किसी व्यक्ति को कोई भी संपत्ति उपलब्ध कराने का अर्थ है कि वह उसका उपयोग यज्ञ के लिए करेगा। दूसरे शब्दों में जो व्यक्ति यज्ञ नहीं कर सकता उसे संपत्ति का अधिकार नहीं है। यज्ञ कराने की पात्रता उपनयन संस्कार है। इसका अर्थ यह हुआ कि संपत्ति के स्वामी वही हो सकते थे जो उपनयन के पात्र थे। पूर्व मीमांसा का दूसरा नियम है कि यज्ञ तभी संपन्न हो सकता है जब वेद मंत्रों का पाठ किया जाए। इसका अर्थ यह हुआ कि यज्ञकर्ता वेद पाठी हो। यदि किसी व्यक्ति ने वेद अध्ययन नहीं किया है तो वह यज्ञ नहीं कर सकता। वेदों का अध्ययन मात्र वही कर सकते हैं जिनका उपनयन संस्कार हुआ हो। दूसरे शब्दों

में ज्ञान और अध्ययन की पात्रता वेदों का अध्ययन उपनयन के माध्यम से ही संभव है। यदि उपनयन न हो तो ज्ञान का मार्ग अवरुद्ध हो जाता है। उपनयन मात्र एक संस्कार ही नहीं है यह संपत्ति और ज्ञानार्जन दोनों का महत्वपूर्ण अधिकार है। जब उपनयन का संबंध शिक्षा और संपत्ति से जोड़ दिया जाए तो हमें यह समझने में देर नहीं लगेगी कि शूद्रों का पतन का एकमात्र कारण यही है कि उन्हें उपनयन से वंचित कर दिया गया।

अब यह स्पष्ट है कि प्राचीन आर्यों में उपनयन का कितना महत्व था। उपनयन से वंचित व्यक्ति को सामाजिक प्रतिष्ठा और व्यक्तिक अधिकार प्राप्त नहीं होते थे। ब्राह्मणों ने शूद्रों से उपनयन का अधिकार छीनकर उन्हें ज्ञानार्जन और संपत्ति संचय से वंचित कर दिया। उसका सामाजिक पतन हो गया। वह दरिद्र और अज्ञानी हो गए। शूद्रों से बदला लेने के लिए ब्राह्मणों ने शूद्रों के विरुद्ध उपनयन विरोध को एक भीषण अणुबम के रूप में प्रयोग कर उन्हें गर्त में धकेल दिया और उन्हें शमशान तुल्य बना डाला।

यह निर्विवाद है कि ब्राह्मण निसंदेह दूसरों को उपनयन से वंचित करने की शक्ति रखते हैं। यद्यपि इस संबंध में कोई लिखित आदेश नहीं है, तथापि दो तथ्य ध्यान में रखने से शंका का समाधान हो जाएगा। जो आर्य समुदाय के हथकंडो से परिचित हैं उनके मानस में दो बातें सदा घर किए बैठी रहेंगी। (1) उपनयन केवल ब्राह्मण ही करा सकता है तथा (2) अनाधिकृत उपनयन कराने वाला दंड का भागी होगा। उपरोक्त दो कारणों से निस्संदेह यह अधिकार मिल गया कि वह जिसका चाहे उपनयन करें जिसका न चाहे ना करें। ब्राह्मणों को अपनी इस ताकत का पता था। इसमें संदेह नहीं। ब्राह्मणों ने विभिन्न

जातियों को उपनयन से वंचित करने की चेतावनी दी। उन्होंने मराठा राजाओं को भी चुनौती दी और उपनयन न करने के प्रमाण भी हैं। ब्राह्मण बनाम शिवाजी का विस्तृत और पूर्ण विवरण उपलब्ध है। यह विशेष महत्वपूर्ण वाला मामला है। अतः इसका सविस्तार विवेचन करना ठीक रहेगा। इसके तथ्य रोचक और शिक्षाप्रद हैं।

4.11.6

शिवाजी ने पश्चिम महाराष्ट्र में स्वतंत्र हिंदू राज्य की स्थापना करने के उपरांत सिंहासनरत होने हेतु अपने राज्याभिषेक का इरादा किया। शिवाजी और उनके मित्रों की इच्छा थी कि अभिषेक वैदिक रीति से हो लेकिन इसमें बाधाएं थीं। प्रथम तो यह कि वैदिक रीति से अभिषेक ब्राह्मणों की इच्छा पर निर्भर करता था। ब्राह्मण के सिवाय कोई इसे संपन्न नहीं करा सकता था। दूसरी कठिनाई यह थी कि जब तक शिवाजी अपने को क्षत्रिय सिद्ध न कर दें राज्याभिषेक असंभव था। तीसरी बाधा यह थी कि उपनयन न हो पाने के कारण राज्य अभिषेक नहीं हो सकता था। तीसरी बाधा इतनी बड़ी नहीं थी क्योंकि वृत्यस्तोम कराया जा सकता था। पहली कठिनाई शिवाजी के लिए चट्टान जैसी थी। वह थी शिवाजी की सामाजिक स्थिति का प्रश्न, क्या वह क्षत्रिय थे, मुख्य विरोधी उनका प्रधानमंत्री मोरोपंत पिंगले था। दुर्भाग्य से शिवाजी के सरदारों ने भी उन्हें सामाजिक मान्यता नहीं दी और उसके खिलाफ एकजुट हो गए क्योंकि उनके अनुसार शिवाजी शूद्र थे। इस मत को क्षत्रियों के लिए निर्धारित 11 वर्ष की आयु में शिवाजी का उपनयन न होने से और अधिक बल मिला और वे शूद्र ठहराए गए। विद्वान गाघभट्ट ने सभी कठिनाइयां दूर कर वृत्यस्तोम

उपनयन संस्कार कराने के बाद 6 जून 1674 को रायगढ़ में शिवाजी का राज्याभिषेक कर दिया।

शिवाजी का प्रसंग प्रमाणित करता है कि (1) उपनयन कराने का अधिकार केवल ब्राह्मण को है तथा उसे कोई अन्य ऐसा करने को बाध्य नहीं कर सकता। शिवाजी एक स्वतंत्र राज्य के शासक थे और स्वयं महाराजा व छत्रपति कहलाए थे। अनेक ब्राह्मण उनकी प्रजा थे और फिर भी वे उन्हें अपने राज्यभिषेक के लिए बाध्य नहीं कर सकते थे। शिवाजी भली-भांति जानते थे कि ब्राह्मणों द्वारा किया गया संस्कार ही समाज में मान्य है और किसी हिंदू का वर्ण निर्धारित करने का अधिकार भी केवल ब्राह्मण को ही था। शिवाजी को क्षत्रिय सिद्ध करने के लिए उनके परम मित्र बाला जी अंबा जी मेवाड़ से एक वंशावली लाए जिसमें शिवाजी का संबंध मेवाड़ के सिसोदिया वंश से सिद्ध किया था। यह कहा जाता है कि यह वंशावली जाली थी और मात्र राज्य अभिषेक के अवसर के लिए बनवाई थी। यदि जन्मपत्री को सत्य भी मान लिया जाए तो यह कहां सिद्ध होता है कि शिवाजी क्षत्रिय थे। शिवाजी के क्षत्रिय होने की बात तो दूर रही यह प्रश्न आता है कि क्या सिसोदिया क्षत्रिय वंश के थे। इसमें पर्याप्त संदेह है कि राजपूत प्राचीन आर्यों के दूसरे वर्ण क्षत्रियों के वंशज हैं। एक मत यह है कि राजपूत भारत के आक्रांता हूणों के वंशज हैं जो राजपूताना में बस गए थे। ब्राह्मणों ने मध्य भारत में बौद्ध धर्म को कुचलने और नष्ट करने के उद्देश्य से इन्हें अग्नि संस्कार द्वारा क्षत्रिय पद दे दिया। अतः यह अग्निकुल क्षत्रिय कहलाए। इस मत से अनेक विद्वान शोधकर्ताओं ने सहमति प्रकट की। गाघभट्ट और अन्य ब्राह्मणों को दी गई दक्षिणा के आधार पर यह नहीं कहा जा सकता कि गाघभट्ट का निर्णय उचित था। राज्य अभिषेक एवं दक्षिणा पर क्या कुछ खर्च किया। वैद महोदय के शब्दों को देखें।

प्रत्येक मंत्री को तीन लाख होन, एक हाथी, एक अश्व, वस्त्र और आभूषण उपहार स्वरूप दिए गए। गाघभट्ट को आयोजन संपन्न कराने की दक्षिणा एक लाख मिली। शिवाजी ने अवसर के अनुकूल बहुत उपहार बांटे। सभासद के अनुसार राज्याभिषेक पर सारा खर्च एक करोड़ और 42 लाख होन अथवा 426 लाख रुपए खर्च हुए। शिवाजी के मंत्री उन्हें शूद्र मानते थे। अतः वे राज्याभिषेक के विरोधी थे।

इससे इस बात की पुष्टि होती है कि ब्राह्मण को यह अधिकार है कि किसी का उपनयन करें या न करें अथवा दूसरे शब्दों में एक मात्र ब्राह्मण ही इसका निर्णायक है कि अमूक जाति उपनयन की पात्र है अथवा नहीं। उपनयन के संबंध में ब्राह्मण की सहमति के लिए ईमानदारी आवश्यक नहीं। वह मुट्ठी गर्म करके भी कराया जा सकता है। शिवाजी ने गाघभट्ट से भी झोली में भारी धन देकर अपना उपनयन कराया था। ब्राह्मण द्वारा उपनयन से इंकार का अधिकार वैज्ञानिक या धार्मिक होना आवश्यक नहीं। वह राजनैतिक विद्वेष के कारण भी हो सकता है। ब्राह्मणों ने कायस्थों का उपनयन राजनैतिक प्रतिद्वंदता के कारण बंद कर दिया था।

इससे यह पूर्णतः स्पष्ट हो जाता है कि उपनयन के संबंध में ब्राह्मणों को वर्चस्व प्राप्त था। वे किसी को भी उपनयन से वंचित करने में सर्वदा सक्षम थे। अतः इसमें कोई आश्चर्य की बात नहीं कि उन्होंने शूद्रों को कुचलने के लिए इस हथियार का बेरोकटोक इस्तेमाल किया।

4.12

दलित शब्द का इतिहास

4.12.1

ऋग्वेद में हमें अक्सर दासों का उल्लेख मिलता है कभी. कभी बड़ी संख्या में, और कुछ हद तक दासों का स्वामित्व ही सामाजिक स्थिति को प्रदर्शित करता था। पुरुष सूक्त जो व्यवहारिक रूप से ब्रह्माण्ड के निर्माण का वर्णन करता है, दास का उल्लेख नहीं करता है, बल्कि इसके बजाय शूद्र का नाम देता है। शूद्र का उल्लेख ऋग्वेद में इसके अतिरिक्त कहीं भी नहीं है, कालांतर में दास ही शूद्र कहलाए।

4.12.2

महात्मा गांधी ने अछूतों को हरिजन का नाम दिया था जिसका अर्थ भगवान के जन हैं। बहुत ही थोड़े से कालखंड में यह शब्द लोकप्रिय हो गया और आमजन की बोलचाल में अछूतों को हरिजन कहा जाने लगा। हरिजन शब्द का उल्लेख सबसे पहले तुलसीदास की रामायण में मिलता है जिसमें लक्ष्मण क्षत्रियों की विशेषताएं बताते हुए कहते हैं कि एक क्षत्रिय को देवता, ब्राह्मण, हरिजन और गाय के विरुद्ध बल का प्रयोग नहीं करना चाहिए। हरिजन शब्द का उल्लेख "भजन वैष्णव जना तो" में भी पाया जाता है जिससे गुजरात के वैष्णाविते कवि नरसिंह महता ने लिखा था। अंबेडकर ने गांधी द्वारा उत्पीड़ितों और तिरस्कृतों को हरिजन कहने पर घोर विरोध किया, उन्होंने इनको अछूत कहा जो कि इन विशेष वर्गों की वास्तविक भौतिक रूप में सामाजिक स्थिति थी और उनकी नजर में गांधी हरिजन शब्द

की आड़ में वास्तविक स्थिति को महसूस करने से दूर भाग रहे थे। 1877 में मुंबई के बजट में इन विशेष वर्ग के लोगों को शोषित वर्ग का नाम दिया गया। 1916 से ब्रिटिश सरकार द्वारा इस शब्द का अधिकारिक रूप से सरकारी भाषा में शामिल कर लिया गया। इसके बाद भारतीय सरकार कानून 1935 में इसको अनुसूचित जाति का नाम दिया गया जो आज भी अधिकारिक रूप से प्रचलन में है। (समयुते निहाया XI-14)

4.12.3

व्युत्पत्ति के अनुसार दलित शब्द की उत्पत्ति का पता दल्लीदा सुत्ता में पाली दल्लीदा के बुद्ध के उपयोग से लगाया जा सकता है। कहा जाता है कि पाली बौद्ध साहित्य में राजेगाह (कलेन्दर कर्णिवपा में प्रचारित किया गया था)। दल्लीदा (संस्कृत में दरिद्र) शब्द का प्रयोग अमीरों के गहपति वर्ग के विपरीत संपत्तिहीन गरीबों के लिए किया जाता है। नलिन स्वारिस (2011, 99) ने अंगुलारा निकाया (III-84) का हवाला देते हुए कहा, दल्लीदा पतवार, कंगाल वंश, को ऐसे लोगों के रूप में वर्णित किया गया है जिनके पास खाने और पीने के लिए पर्याप्त नहीं है, यहां तक कि उसकी पीठ के लिए भी कोई आवरण नहीं है। दलित नेता ए एन राजभोग ने 1928 में पुणे में दलित बंधु (दलितों का दोस्त) जर्नल की स्थापना की।

पश्चिमी भारत में इस शब्द का प्रयोग महात्मा ज्योतिबा फूले (1827-90) के काल से किया जाता रहा है। माना जाता है कि फूले ने दलित शब्द का प्रयोग दलित उत्थान (पिछड़ों के उत्थान के लिए) के संदर्भ में किया है। फूले ने अपने लेखों में अछूतों को अति शूद्र के नाम से उल्लेख किया है। 1972 में आक्रामक संगठन दलित पैंथर की स्थापना ने दलित शब्द को

एक अखिल भारतीय पहचान दी और इसका प्रयोग न केवल अछूत समुदायों को, बल्कि मेहनतकश लोगों, भूमिहीन और गरीब किसानों, महिलाओं और उन सभी लोगों को संदर्भित करने के लिए किया जो दलित हैं। यह उनकी ओर से एकजुटता का एक अभूतपूर्व और राजनीतिक विश्वासपूर्ण कार्य था। वे दलितों को दलितों के राष्ट्र के रूप में देखते थे।

4.13

आदिवासी कौन हैं?

आदिवासी भारत की जनजातियों के लिए सामूहिक शब्द है जिन्हें स्वदेशी लोग माना जाता है। आदिवासी जो आदि और वासी शब्द के मेल से बना है जिसमें आदि का अर्थ है मूल और वासी का अर्थ है निवासी। इस प्रकार आदिवासी भारत के मूल निवासी हैं, जिन्हें वनवासी भी कहा जाता है। प्रोफेसर निहार रंजन राय के अनुसार मध्य भारतीय आदिवासी भारत के मूल स्वछंद लोग हैं। मानवविज्ञानी डॉ वेरनियर एल्विन ने इसे और अधिक सशक्त रूप से कहते हुए लिखा है, "ये भारत के वास्तविक स्वदेशी निवासी हैं जिनकी उपस्थिति में अन्य सभी विदेशी हैं। वे यहां पर प्रथम थे और प्रथम ही रहना चाहिए।" भारत सरकार कानून 1935 में इनको अनुसूचित जनजाति से उल्लेख किया गया जो आज भी अधिकारिक रूप में प्रचलन में है।

भारत के संविधान के अनुच्छेद 366 (25) में अनुसूचित जनजाति को ऐसी जनजातियों या जनजातीय समुदायों या ऐसी जनजातियों के कुछ हिस्सों या समूह के रूप में परिभाषित किया है जिन्हें इस संविधान के उद्देश्य के लिए अनुच्छेद 342 के

तहत अनुसूचित जनजाति माना जाता है। 2011 की जनगणना के अनुसार इनकी 8.6 प्रतिशत जनसंख्या जो तकरीबन 10.5 करोड़ है और जिसमें से 86 प्रतिशत जनसंख्या मध्य भारत में उड़ीसा, छत्तीसगढ़, झारखंड, गुजरात, महाराष्ट्र, राजस्थान, आंध्र प्रदेश और पश्चिम बंगाल में केंद्रित है, 10 प्रतिशत जनसंख्या उत्तर-पूर्वी राज्यों असम, अरुणाचल, मणिपुर, मेघालय, मिजोरम, नागालैंड, त्रिपुरा और सिक्किम में है जबकि शेष 04 प्रतिशत जनसंख्या उत्तराखंड, हिमाचल, गोवा, बिहार, कर्नाटक, तमिलनाडु, जम्मू कश्मीर लद्दाख अंडेमान निकोबार द्वीप समूह में है। (जनगणना 2011 कुमार जायसवाल 2019)।

फिर भी हजारों साल पुरानी सभ्यता का दावा करने वाली भूमि में मुख्य रूप से आदिवासी अपनी आदिम असभ्य अवस्था में बने हुए हैं। न केवल वह सभ्य नहीं है बल्कि उनमें से कुछ ऐसे कार्यों का पालन करते हैं जिनके कारण उन्हें अपराधियों के रूप में वर्गीकृत किया गया है। इन आदिवासियों को सभ्य बनाने और उन्हें जीवन यापन के एक सम्मानजनक तरीके से ले जाने के लिए नेतृत्व करने का कोई प्रयास क्यों नहीं किया गया है? आदिवासियों को सभ्य बनाने का अर्थ है उन्हें अपने रूप में अपनाना, उनके बीच रहने और भाईचारे की भावना का समवर्धन करना, संक्षेप में उनसे प्यार करना। एक हिंदू के लिए ऐसा करना कैसे संभव है? उनका पूरा जीवन अपनी जाति का बचाव करने के प्रयासरत रहा है। जाति उसके लिए बहुमूल्य संपत्ति है जिसे वह उसे किसी भी कीमत पर बचाए रखना चाहता है। वह आदिवासियों के साथ संपर्क संपादित करके जो वैदिक दिनों के घृणित अनार्यों के अवशेष हैं, इसे खोने के लिए सहमत नहीं हो सकता।

4.14

जनजाति का इतिहास

4.14.1

प्राचीन भारत (1500 ई0 पूर्व से 500 ई0)

यद्यपि आदिवासियों को असभ्य और आदिम माना जाता है, आदिवासियों को आमतौर पर दलितों के विपरीत जाति की हिंदू आबादी (प्राय: द्रविड़ या आर्य) द्वारा आंतरिक रूप से अशुद्ध नहीं माना जाता है। इस प्रकार रामायण की रचना करने वाले बाल्मीकि के आदिवासी मूल को स्वीकार किया गया जैसा कि गरसिया और बिलाला जैसी आदिवासी जनजातियों की मूल रूप से जनजाति थी।

दलितों की अधीनता के विपरीत आदिवासियों ने अक्सर स्वायतता कायम रखी और क्षेत्र के आधार पर मिश्रित शिकारी समूह और अर्थव्यवस्थाओं का निर्माण किया, उनकी भूमि को जनजातियों की संयुक्त विरासत के रूप में नियमित किया। गृह मंडल और चंदा के मीणा और गौंड राजा एक आदिवासी अभिजात वर्ग के उदाहरण हैं जो इस क्षेत्र में शासन करते थे और अकेले गौंड नागरिकों के वंशानुगत नेता नहीं थे बल्कि गैर आदिवासियों के पर्याप्त समुदायों पर भी आदिपत्य थे जिन्होंने अपने सामंती प्रभुत्व के रूप में मान्यता दी थी।

4.14.2

मध्यकालीन काल (500 ईस्वी से 1700 ईस्वी)

आदिवासियों की भूमि की सापेक्ष स्वायतता और सामूहिक स्वामित्व को मुगलों के आगमन ने गंभीर रूप से प्रभावित

किया। यह जंगल और पहाड़ ही थे जो संकटग्रस्त हिन्दुओं को अभ्यारण प्रदान कर रहे थे। के. एस. लाल ने अपनी पुस्तक "दि लिगेसी ऑफ़ मुस्लिम रूल इन इंडिया" में उल्लेख किया है कि मुगलों के शासन के दौरान जंगलों में आबादी में भारी वृद्धि हुई थी। कछवाहा राजपूतों और मुगलों के उनके क्षेत्र में आने के साथ मीणाओं को धीरे धीरे किनारे कर दिया गया और गहरे जंगलों में धकेल दिया गया। पराजित राजाओं और असहाय कृषकों को वनों में शरण लेनी पड़ी। जो लोग जंगलों में चले गए, जंगली फल, पेड़ की जड़ें, और जो भी अनाज उपलब्ध था, का भोजन करके जीवित रहे, लेकिन निश्चित रूप से अपनी स्वतंत्रता को संरक्षित किया। समय के साथ किसान से आदिवासी और आदिवासी से जानवर की तरह बन गए।

इस तरह से किसान ने खेती को जारी रखना अलाभकारी पाया और शासन ने उनके साथ असहनीय व्यवहार किया और खेतों को छोड़ दिया और जंगल में भाग गए जहां से उन्होंने प्रतिरोध का आयोजन किया। तुर्कों, मुगलों के आक्रमणों और उनकी सरकार की नीति ने अधिकतर कृषकों को जंगलों के आदिवासियों में बदल दिया। बहुत से पराजित राजाओं और परेशान किसानों ने जंगलों और दूरदराज के किलों में सुरक्षा की दृष्टि से शरण ली।

मध्यकालीन काल के दौरान, सदियों तक उत्पीड़न के शिकार, वे गांवों में तात्कालिक झोपड़ियों में जंगली जानवरों की तरह रहते थे। अलग-अलग और पीड़ित होते हुए भी संघर्ष करते थे। लेकिन वनों में गांवों को स्थापित करके, उन्होंने अपने अखाड़ों में संरक्षित करने में सक्षम बनाया जो आज भी कई राज्यों में विभिन्न रूपों में प्रचलित हैं। पश्चिमी एशियाई देशों में ऐसी घटना नहीं देखी गई। वहां विशाल खुले रेगिस्तान में लोग

मुस्लिम सेनाओं के आगे बढ़ने के खिलाफ व जबरन धर्मांतरण से खुद को नहीं बचा सके। ऐसा कोई स्थान या जंगल नहीं था जिसमें वे भाग सकें, छिप सकें और प्रतिरोध को संगठित कर सकें। अतः वे सब मुस्लिम बन गए।

4.14.3

ब्रिटिश काल (1700 ईस्वी से 1947 ईस्वी)

ब्रिटिश शासन के शुरुआती दिनों से आदिवासी पुरुषों ने अपनी आदिवासी व्यवस्था पर ब्रिटिश अतिक्रमण का विरोध किया। के. एस. लाल के अनुसार 'उनके प्रतिरोध की भावना ने उनमें एकता स्थापित की। जंगलों में अच्छे भोजन की अनुपलब्धता के बावजूद लगातार लड़ाई करने के जनुन ने उनके स्वास्थ्य को बनाए रखा।'' ब्रिटिश जनगणना अधिकारियों ने उन्हें क्रमिक जनगणना में आदिवासी (1881), एनिमिस्ट (1891-1911) और आदिवासी धर्म के अनुयायी (1921-1931) के रूप में वर्गीकरण करते हुए उपनाम दिए। ब्रिटिशों को बड़े भाग में स्थानीय विरोध से लेकर लगातार युद्ध जैसे अभियानों का सामना करना पड़ा। ब्रिटिश शासन के 200 वर्षों में 110 छिटपुट विद्रोह के साथ 70 प्रमुख विद्रोह का सामना करना पड़ा था।

मलपहाड़िया द्वारा 1772 में, राम्पा क्षेत्रों में 1813 में, होलों का 1818 से 1831 में, सिंहभूमि के होलों द्वारा 1855-1857, बिरसा मुण्डा के 1874-1901 के समय के दौरान कुछ एक महत्वपूर्ण आक्रामक विद्रोह थे। बहुत से आदिवासियों ने भारतीय स्वतंत्रता आंदोलन में बढ़-चढ़कर भाग लिया, जिनमें धरिंद्र, भुइंया, लक्ष्मण नायक, जयंत भील, भंगारू देवी और रेहमा वासवे कुछ एक उदाहरण के रूप में हैं। मुगल जो क्रूरता

और अत्याचार से हासिल नहीं कर सके, वह अंग्रेजों ने हिन्दू समाज को बांटो और नष्ट करने की नीति से किया। उनकी संगठनात्मक एकता को बेअसर करने के लिए, अंग्रेजों ने विरोध करने वाले हिन्दू समुदायों को ठग, अपराधिक जनजाति के रूप में उद्धत करके उन्हें अवैध बनाने का खाका विकसित किया। इसको लागू करने के लिए उन्होंने 1836 में ठग कानून बनाया जिसमें बाद में 1836 से 1848 के बीच दस बार विस्तार किया गया। अंग्रेजों का विरोध मात्र उनको ठग ठहरा कर पूरे समुदाय को विवश कर दिया जाता था।

1857 के विद्रोह के बाद उन्होंने एक और दूसरा औपनिवेशिक उपनाम हिन्दुओं को बुरा दिखाने के लिए (कुत्ता) विकसित किया और हिन्दुओं को ऐसे गैर क़ानूनी बता कर बहुत से हिन्दुओं के समुदायों को नष्ट कर दिया। उसके बाद 1871 में आपराधिक जनजाति अधिनियम आया और कई विद्रोही जातियों के पूरे समुदाय को इस अधिनियम के तहत आपराधिक जनजाति के रूप में घोषित कर दिया जो जन्म से ही आपराधिक जनजाति मानी गई।

प्राम्भिक रूप से ब्रिटिशों का लक्ष्य हिन्दू जातियों के समुदाय थे, लेकिन दुर्भावना पूर्ण रूप से जनजातियों के रूप में नामित किया। उन्हें हिन्दू समाज से अलग करने की यह शरारत स्पष्ट हो गई - क्रमिक जनगणना में उनके लिए धर्म तटस्थ संयोगात्मक नाम (आरोप), जिससे वे धार्मिक प्रचारकों के लिए, धर्मान्तरण के लिए सुलभता से उपलब्ध हों।

तीसरा औपनिवेशिक सांचा (ब्रांड) वनवासियों के लिए अलगाव की नीति थी, जिसे 1813 में पहले राम्पा विद्रोह के बाद पूर्व में मद्रास प्रेसीडेंसी के दौरान करने का प्रयास किया गया था। सामान्य प्रशासन से गंजन (अब उड़ीसा में) और

विशाखापट्नम (अब आंध्र प्रदेश में) जिलों के एजेंसी ट्रेक्ट के रूप में वर्णित वन क्षेत्रों को छोड़कर अधिनियम 1839 का 24 को प्रख्यापित किया गया था।

चौथा औपनिवेशिक सांचा (ब्रांड) वनवासी को शारीरिक, सामाजिक और आर्थिक संपर्क से रोककर सामान्य हिंदू समाज से अलग करना था। वन अधिनियम 1865, 1878 और 1927 के माध्यम से अंग्रेजों ने इन समुदायों द्वारा वनों के सदियों पुराने पारंपरिक उपयोग को काटकर वनों पर अपना एकाधिकार घोषित कर दिया। व्यवस्थित दोहन के लिए वनों को आरक्षित और संरक्षित घोषित किया गया। वन भूमि और उपज पर लोगों के सभी अधिकार समाप्त कर दिए गए। वन अपराध सृजित किए गए जिसमें आरक्षित या संरक्षित वन में प्रवेश करना भी दंडनीय बना दिया गया। कोई भी विकास मुख्य धारा में शामिल हुए बगैर संभव नही है। एक अलग समुदाय, समाज या राष्ट्र कभी विकसित नहीं हो सकता।

4.14.4

स्वतंत्रता के बाद का काल

स्वतंत्रता के बाद संविधान की पांचवी अनुसूची के अनुसार एक विशेष प्रावधान और बढ़ा दिया गया। विभिन्न राज्यों द्वारा वहां लागू किए गए समान अनुसूचित क्षेत्र भूमि हस्तांतरण अधिनियम में अंग्रेजों की अलगाववादी और विनाशकारी नीतियों को और अधिक दृढ़ता और कठोरता के साथ कायम रखा। परिणाम स्वरूप अनुसूचित क्षेत्रों में अनुसूचित जनजातियों और बाहर के लोगों के बीच पुराने सामाजिक, आर्थिक और धार्मिक संबंध दुर्लभ हो गए जिससे उनका जनजाति करण और पिछड़ापन बढ़ता ही गया।

वन अधिकार अधिनियम 2006 हालांकि अपने उद्देश्य में प्रशंसनीय है लेकिन यह केवल उसी अलगवादी नीति को ही आगे बढ़ाता है। अधिनियम की धारा 4 के तहत अनुसूचित जनजातियों को दी गई भूमि का मालिकाना हक केवल विरासत का हक है और वह हस्तांतरणीय नहीं है। वन भूमि जो हस्तांतरणीय या मुद्रीकरण योग्य नहीं है, देकर अनुसूचित जनजातियों को पीढ़ियों तक वन में बेड़ियों में जकड़ा जाता रहेगा। गैर-वन और गैर अनुसूचित क्षेत्रों में जमीन देने से अनुसूचित जनजातियों को बेहतर विकास और मुख्यधारा में शामिल होने में मदद मिलती।

वैकल्पिक रूप से उपयोग सूक्ष्म वनों और अनुसूचित क्षेत्रों को अलग किया जा सकता था और अनुसूचित जनजातियों को नए विकास केंद्रों के रूप में विकसित करके उन्हें आबंटन के लिए निर्धारित किया जा सकता था लेकिन ऐसा नहीं किया गया।

समग्र विकास के लिए मुख्यधारा में सम्मिलित होना अपरिहार्य है। इसलिए संवैधानिक और कानूनी बाधाओं को दूर करना मुख्यधारा के लिए पूर्वापेक्षा है ताकि अनुसूचित क्षेत्रों में अनुसूचित जनजातियों के सर्वांगिण विकास की शुरूआत हो।

4.15

आदिवासी आधुनिक हिंदू धर्म की जड़ें

4.15.1

कुछ इतिहासकार और मानव विज्ञानी इस बात पर जोर देते हैं कि आज जो भी हिंदू धर्म का गठन हुआ है, वह वास्तव में आदिवासी

धर्म, आदर्श, पूजा, प्रथाओं और आहारों के सम्मेलन से निकला है। इसमें पशु बंदरों, गायों और पौधों जैसे पीपल और तुलसी की पवित्र स्थिति भी शामिल है, जो कभी कुछ आदिवासी जनजातियों के कुलदेवता इनका महत्व रखते थे।

जैसे हिन्दुओं के आदर्श संत, ऋषि और अवतार हैं वैसे ही आदिवासियों के भी हैं। प्रमुख संतों की एक सूची नीचे दी गई है -

संत

1. संत भादू भगत ने मुगल शासकों द्वारा मुंडो पर लगाए गए कर के विरोध में कोल विद्रोह (1831 - 32) का नेतृत्व किया था।

2. संत धीरा या कन्नप्पा नयनार जो 63 नयनार संतो में से एक थे, शिकारी होते हुए भी, जिनसे भगवान शिव ने प्रसन्नता पूर्वक भोजन का प्रसाद स्वीकार किया।

3. संत गंग नारायण ने ईसाई मिसनरियों और ब्रिटिश उपनिवेशवाद के खिलाफ भूमि विद्रोह (1832-33) का नेतृत्व किया।

4. संतगुरु देव कालीचरण ब्रह्मा या गुरु ब्रह्मा, एक बड़ो जिन्होंने ईसाई धर्म प्रचारकों और उपनिवेशवादियों के खिलाफ ब्रहम धर्म की स्थापना की। ब्रहम धर्म आंदोलन ने सभी धर्मों के लोगों को एक साथ भगवान की पूजा करने की परंपरा की शुरुआत की, जो आज भी प्रचलित है।

5. संत जात्रा उरांव ने ईसाई धर्म प्रचारकों और ब्रिटिश उपनिवेशवादियों के खिलाफ ताना भगत आंदोलन (1914 से 1919) का नेतृत्व किया।

6. संत तांत्या मामा जो एक भील थे जिनके नाम से एक आंदोलन का नाम जनायदा तांत्या भील रखा गया था।

7. संत काले गुरु (कालिपन नुर्मु) संथाल जनजाति समुदाय में सबसे प्रिय व्यक्ति थे, जो व्यापक रूप से नोगम गुरु के नाम से लोकप्रिय थे।

साधु

भगत साबरी एक निषाद स्त्री थी जिसने अपने झूठे बेर राम और लक्ष्मण को, जब वे सीता को ढूंढ रहे थे, दिए थे और उन्होंने सहर्ष स्वीकार किए थे।

महर्षि

महर्षि पतंगा भगत शबरी के गुरु थे। वास्तव में चांडालो के साहित्यिक अंशो जैसे कि वराह पुराण (1.139.91) में मतगों के रूप में संबोधित किया है।

अवतार

1. बिरसा भगवान या बिरसा मुंडा को खास्त्रा कोरा का अवतार माना जाता है। लोग उनको सिंह भोगा, सूर्य देवता के अवतार के रूप में मानते हैं। उनके संप्रदाय में ईसाई धर्मान्तरित शामिल थे। वे और उनके वंशज मुण्डा वैष्णव परंपरा से जुड़े थे क्योंकि वह श्री चैतन्य से प्रभावित थे। बिरसा पारे वैष्णवों बन्धुओं के बहुत करीब थे।

2. किराता शिकारी के रूप में शिव का रूप थे। इसका उल्लेख महाभारत में मिलता है। केरल के कर्पिल्लिक्वु में श्री महादेव मंदिर में इस अवतार में भगवान की पूजा करते

हैं और यह मंदिर भारत में सबसे पुराने मंदिरों में से एक माना जाता है।

3. भगवान किराता के पुत्र वेताखोसमहन।

4. भगवान विष्णु के अवतार कोलर, कलातदाताका या वैकुंठनाथ।

4.15.2

अन्य जनजाति और हिंदुत्व

कुछ हिंदुओं का मानना है कि भारतीय आदिवासी वैदिक लोगों की प्राचीन संस्कृति के आदर्श के करीब हैं। महादेव सदाशिव गोलवाकर ने कहा है :-

आदिवासियों को यज्ञोपवित दी जा सकती है। धार्मिक अधिकारों के मामलों में, मंदिर पूजा में, वेदों में अध्ययन में सामान्य रूप से हमारे सभी सामाजिक और धार्मिक मामलों में उन्हें समान अधिकार दिए जाने चाहिए। हमारे हिंदू समाज में आजकल पाई जाने वाली जातिवाद की सभी समस्याओं का यही एकमात्र समाधान है।

भुवनेश्वर में लिंगराज मंदिर में ब्राह्मण और बादी (आदिवासी) पुजारी हैं। बादियों का मंदिर के देवताओं के साथ घनिष्ठ संपर्क है और केवल वे ही इसे स्नान और सुशोभित कर सकते हैं। भीलों का उल्लेख महाभारत में मिलता है। भील बालक एकलव्य के गुरु द्रोणाचार्य थे और उन्हें इंद्रप्रस्थ में युधिष्ठिर राजसूय यज्ञ में आमंत्रित होने का सम्मान प्राप्त था। भारतीय आदिवासी शाही सेनाओं के हिस्सा थे।

4.16

भारत में नक्सलवाद और जनजातियां

नक्सलवाद की उत्पत्ति पश्चिम बंगाल राज्य के नक्सलबाड़ी गांव की एक छोटी सी घटना के कारण हुई, जिसमें स्थानीय आदिवासियों और अन्य पिछड़ी जाति के किसानों का एक छोटा समूह सामंती प्रथाओं के शोषण, उत्पीड़न और अत्याचार के खिलाफ खड़ा हुआ था। जिसमें सामंतों ने कृषि उत्पादन में उनका हिस्सा और उचित मजदूरी देने से मना कर दिया था। 25 मई 1967 को पुलिस ने चारु मजुमदार, जुगल संथाल और कानू संथाल के नेतृत्व में विरोध कर रहे लोगों पर गोली चलाई। शीघ्र ही यह विरोध इन के नेतृत्व में वामपंथी विचारधारा के आन्दोलन में परिवर्तित हो गया। इन्होनें सामाजिक न्याय और दमनकारी सामंती व्यवस्था को खत्म करने की मांग की।

यह आंदोलन समय के अनुसार उतार चढ़ाव देखते हुए 1980 में अपने चरम पर पहुंच गया। चारु मजूमदार के एक सहयोगी कोंडापल्ली सीतारमैया ने पीपुल्स वार ग्रुप का गठन किया। यह ग्रुप आंध्र प्रदेश में ही नहीं बल्कि आसपास के राज्यों में विकट नक्सली ग्रुप के रूप में विकसित हो गया। देश के 90 प्रतिशत गरीब जो गरीबी रेखा से नीचे हैं इन 12 राज्यों में आंध्र प्रदेश, बिहार, कर्नाटक, मध्य प्रदेश, छत्तीसगढ़, झारखंड, महाराष्ट्र, उड़ीसा, राजस्थान, तमिलनाडु, उत्तर प्रदेश और पश्चिम बंगाल में है और यह केवल संयोग नहीं है कि नक्सलवाद की समस्या इन्हीं राज्यों में है। नक्सलियों की गरीब समर्थक विचारधारा का छात्र समुदाय और युवाओं के बीच गहरा लगाव है। (लाई 2015-86 भागवती 2001, 7)।

4.16.1

भारत में लगभग 8 करोड़ आदिवासियों को अभी भी सबसे कमजोर और सबसे गरीब माना जाता है। आदिवासी जनसंख्या का एक बहुत बड़ा समूह अभी भी भुखमरी व कुपोषण का शिकार है। नक्सली आंदोलन आदिवासियों क्षेत्रों में ही सक्रिय है। आदिवासियों के बीच नक्सलियों का मूल कारण सीधे तौर पर सामाजिक, आर्थिक और राजनीतिक शिकायतों से जुड़ा हुआ है, जिसमें अभाव, गिरावट, शोषण, गरीबी, बेरोजगारी, अशिक्षा और उत्पीड़न शामिल है। राष्ट्र की मुख्यधारा में उनके एकीकरण के लिए उनके सशक्तिकरण और विकास के दोहरे उद्देश्यों के रूप में संवैधानिक सुरक्षा उपायों के बावजूद उन्हें सामाजिक, आर्थिक और राजनीतिक न्याय और मानवीय अधिकारों से वंचित रखा गया है। उनमें से 50 प्रतिशत से अधिक निरक्षर हैं और अमानवीय परिस्थितियों में गरीबी रेखा के नीचे जीवन यापन करते हैं। वे मनमाने ढंग से अपने भूमि अधिकारों और वन क्षेत्रों से संबंधित अधिकारों से वंचित हैं। आदिवासी कुशासन और शोषण के असहाय शिकार हैं और जनजातिय लोगों के घटते संसाधन आधार को भूमि के नुकसान, वन उपज तक पहुंच पर प्रतिबंध और उचित मजदूरी रोजगार के अवसरों की कमी के रूप में मापा जा सकता है।

यह आदिवासियों की उनके शोषण और उत्पीड़न से उत्पन्न घोर निराशा की पृष्ठभूमि में था, जिसके कारण उन्हें नक्सलियों के संरक्षण में अपने अधिकारों की लड़ाई के कई क्षेत्रों में हथियार लेने पड़े। वास्तव में पिछले कुछ वर्षों में आदिवासी विद्रोह नक्सलियों और जनयुद्ध समूह आंदोलन का प्रमुख आधार बन गया है। सामाजिक, आर्थिक और राजनीतिक कारणों के संयोजन ने भारत में वामपंथी उग्रवाद और नक्सली आंदोलनों

का पुनुरुथान किया है। नक्सली विचारधारा जाति धर्म की बाधाओं को तोड़कर व्यापक आर्थिक मुद्दों पर लोगों को एकजुट करने का प्रयास करती है।

का पुनुरुथान किया है। नक्सली विचारधारा जाति धर्म की बाधाओं को तोड़कर व्यापक आर्थिक मुद्दों पर लोगों को एकजुट करने का प्रयास करती है।

अध्याय पांच
भेदभाव-एक वैश्विक समस्या

5.1

जाति आधारित पदानुक्रम प्रणाली जैसे व्यवस्थित भेदभाव के लिए संयुक्त राष्ट्र की शब्दावली, काम और वंश के आधार पर भेदभाव, दुनिया के कई समाजों में हजारो वर्षों के लम्बे समय से चली आ रही प्रथा है और यह 30 करोड़ से अधिक आबादी को प्रभावित करती है। इस भेदभाव पूर्ण और तिरस्कृत वर्ग का नामकरण हमेशा विवाद का विषय रहा है, फिर भी जन्म और व्यवसाय के आधार पर निर्धारित भेदभाव एक सार्वभौमिक और वैश्विक समस्या है जो नागरिक, सांस्कृतिक, आर्थिक, राजनीति के पूरे वर्ण-पट्ट में अधिकारों के गम्भीर उल्लंघन का परिणाम है। भेदभाव पूर्ण, क्रूर, अमानवीय और अपमानजनक व्यवहार समाज में अवांछनीय व्यवसाय करने से दोधारी तलवार की तरह होता है, पहले तो उनके द्वारा किए जाने वाले कार्य की प्रकृति से जो कि अवांछनीय व्यवसाय है और फिर से उनके वे अधिकारों से वंचित होने से पीड़ित होते हैं क्योंकि वे अस्वीकार्य कार्य करते हैं।

अफ्रीका में इस तरह के भेदभाव कुछ समुदायों के खिलाफ प्रचलित हैं और यह भेदभाव पीढ़ी दर पीढ़ी चलता है। इन

समुदायों के खिलाफ भेदभाव पूर्ण प्रथाएं अक्सर होती हैं, जिससे एक बड़ी आबादी देह व्यापार, जबरन श्रम, बाल दास व्यापार, जादू टोना या डायन जैसे - से प्रभावित हैं और सांस्कृतिक, पारम्परिक और अनुष्ठान दासता के लिए मजबूर होती हैं। दक्षिण अमेरिका में भेदभाव पूर्ण प्रथाएं गुलामी के रूप में मौजूद हैं और उनको मुख्य धारा से दूर रखा जाता है। यूरोपीय देशों में भेदभाव जिप्सीवाद विरोधी प्रथा के रूप में मौजूद है। दक्षिण एशिया में भेदभाव जाति आधारित है। इससे प्रभावित आबादी दलित कहलाती है। उन्हें अक्सर परेशान किया जाता है, पीट-पीट कर मार डाला जाता है और सामाजिक-आर्थिक विकास से बहिष्कार का सामना करना पड़ता है।

5.2

एशिया में जाति व्यवस्था

5.2.1

दक्षिण एशिया में दलितों का सबसे बड़ा जाति समूह है। उनमें असंख्य उपजातियों के समूह हैं। यद्यपि पूरे क्षेत्र में समान प्रकार के भेदभाव होते हैं, फिर भी जाति प्रभावित देशों में दलितों की स्थिति ऐतिहासिक और राजनीतिक कारणों से भिन्न-भिन्न है। दलित भेदभाव के सबसे गम्भीर रूप के पीड़ितों का वर्ग है, उन्हें अक्सर सबसे अपमानजनक व्यवसाय सौंपा जाता है, और जबरन बंधुआ मजदूर बनाकर रखा जाता है। संसाधनों और सेवाओं (यहां तक की आर्थिक साधन, जमीन और पानी) तक उनकी पहुंच बहुत ही सीमित होती है और गरीबी से भी यही अधिक प्रभावित होते हैं।

5.2.2

श्रीलंका में एक सिंघलियों के लिए और एक तमिलों के लिए दो जाति व्यवस्था हैं। यद्यपि दोनों व्यवस्थाओं की उत्पत्ति भारत से ही हुई है परन्तु सिंहली जाति व्यवस्था का हिन्दू वर्ण व्यवस्था से कोई सम्बन्ध नहीं है। यह सामंती समाज की वह व्यवस्था है जिसमें लोगों को वंश और रक्त या उनकी वंशानुगत भूमिका और कार्यों के अनुसार विभाजित किया गया। यह जाति व्यवस्था पदानुक्रमयी होते हुए धर्म निरपेक्ष व्यवस्था है। लेकिन इसमें रोडी जाति शुरूआत से ही अपवाद है। इनकी उत्पत्ति के बारे में कई किम्विदंति हैं, सभी इस बात से सहमत हैं कि इन्हें एक जघन्य अपराध के लिए निर्वासित किया गया था और उन्हें भीख मांगने के कारण उनको अपमानजनक समझा जाता था। उन्हें भूमि और काम से वंचित कर दिया गया। वे तिरस्कृत थे, उन्नीसवीं सदी के मध्य में भी, उन्होंने प्रतिशोध के साथ अस्पृश्यता का सामना किया। तमिलों, जो कि मुख्यतः हिन्दू हैं, की जाति व्यवस्था व्यवसाय आधारित है। तमिलों में उच्च और निम्न जातियों के समूह हैं जो अछूत और सामाजिक दूरी की एक मजबूत अवधारणा पैदा करते हैं। जाति व्यवस्था में सबसे निम्न पदमानुक्रम में तीन अछूत जातियां हैं जो दूसरों की अपेक्षा अधिक सामाजिक बहिष्कार का शिकार होते हैं। पलास और नलवास (पूर्व दासों के वंशज) उच्च जातियों की कृषि भूमि पर मजदूरी करते हैं या उनसे भूमि किराए पर लेकर कृषि करते हैं। परियार प्रायः निम्न प्रकार के अशुद्ध काम करते हैं। संख्यात्मक रूप से शक्तिशाली वेलाला या किसान जाति समग्र रूप से, अन्य जातियों में समाज में अपना प्रभुत्व को कम नहीं होने देती।

यह स्वीकार करते हुए कि लोगों के साथ, जन्म या उनके द्वारा किए गए काम के आधार पर सामाजिक भेदभाव किया जाता है, सामाजिक अक्षमता निवारण अधिनियम 1957 पारित किया गया और बाद में इसकी प्राथमिकताओं को और मजबूत करने और कठोर सजा देने के लिए 1971 में संशोधित किया गया। 1978 का संविधान जाति के आधार पर अनुच्छेद 12 (2) भेदभाव को प्रतिबंधित करता है और किसी व्यक्ति को उसकी जाति के कारण दुकानों, सार्वजनिक रेस्तरां आदि और अपने स्वयं के धर्म के सार्वजनिक पूजा स्थल तक पहुंच के संबंध में किसी भी बन्धन पर रोक लगाता है। जन्म और काम के आधार पर भेदभाव यद्यपि खत्म नहीं हुआ परन्तु ऐसा प्रतीत नहीं होता है कि यह अब एक समस्या है।

5.2.3

भारत की तरह नेपाल भी एक हिन्दू आबादी का देश है और उसमें जाति व्यवस्था भी भारत की तरह ही है। नेपाल की 3 करोड़ जनसंख्या में लगभग 21 प्रतिशत आबादी अछूतों और दलितों की है जो निम्न स्थिति वाले पारम्परिक व्यवसायों में लगे हुए हैं। इनमें गायकों और कारीगरों से लेकर मरे हुए जानवरों को हटाने व सफाई के व्यवसाय करने वाली जातियां सम्मिलित हैं। उनकी एक बड़ी जनसंख्या होने के बावजूद वे जाति व्यवस्था से प्रताड़ित हैं और उनको अधिकतर धार्मिक अनुष्ठान और मन्दिरों से बाहर ही रखा जाता है।

प्रायः उनको होटलों, दुकानों और घरों में प्रवेश से मना किया जाता है यहां तक कि गऊशालाओं से भी इसलिए दूर रखा जाता है क्योंकि उच्च जाति के लोग मानते हैं कि दलितों के आने से वे दुधारू गायों को प्रदूषित कर देंगे। वर्ष 2000 में एक सुर्खियों

में रहने वाले मामले में जिसे "गैदाकोट मिल्क स्कैंडेल'करार दिया गया उसमें उच्च जाति की "गेदाकोट मल्टीपर्पज मिल्क प्रोडक्शन को-आपरेटिव इंस्टीट्यूशन लिमिटिड'में दलितों के पशुओं का दूध बेचने से इन्कार कर दिया था। बाद में गैर-सरकारी संगठनों और मानवाधिकार संगठनों द्वारा हस्तक्षेप के बाद दलितों को दूध बेचने की अनुमति देनी पड़ी थी।

भारत के एक समान लगातार दृष्टिकोण, कि भारत की अनुसूचित जाति व अनुसूचित जनजाति सम्बन्धित नीतियाँ "नस्लीय भेदभाव के सभी रूपों के उन्मूलन पर सम्मेलन के अनुच्छेद के दायरे में नहीं आते हैं," के विपरीत नेपाल ने दलितों से सम्बन्धित कई बार अपनी विस्तृत विवरण अनुच्छेद एक को मानते हुए दी है। 1963 में अस्पृश्यता को अवैध घोषित किया गया था। 1990 का संविधान लोगों को मौलिक अधिकारों की गारन्टी देता है और अछूतों के खिलाफ किसी भी तरह के भेदभाव को कानून द्वारा दण्डनीय बनाता है। राज्य द्वारा अपनाए गए उपायों से भेदभाव में तुलनात्मक सुधार हुआ है, परन्तु अस्पृश्यता अभी तक खत्म नहीं हुई है। वहीं समाज में संसाधनों का असमान वितरण और सामाजिक और आर्थिक रूप से पिछड़ापन उन जातियों में आज भी विद्यमान है।

5.2.4

जापान में सामंती समाज का अन्त 1867 में हुआ लेकिन उसके साथ ही वहाँ एक वर्ग जिसमें एटा (अत्यधिक गन्दगी) और हिनिन (गैर-मानव) को छोड़ दिया गया। एटा को मृत पशुओं का निपटान, चमड़े, सफाई और सुरक्षा गार्ड का काम सौंपा गया जबकि हिनिन सुरक्षा गार्ड, जल्लाद और कलाकारों के व्यवसाय से अपनी जीविका चलाते हैं। अब इनको बुराकु के नाम से

जाना जाता है जो कि अत्यधिक पूर्वाग्रह और भेदभाव से पीड़ित थे। आम लोगों के साथ इनका शादी और शारीरिक सम्पर्क पर प्रतिबन्ध था।

क्योंकि इस तरह के संपर्क का उच्च वर्गों को प्रदूषित करने के रूप में देखा गया था, यह एक बहिष्कृत वर्ग था। मुक्ति आदेश 1871 से शुरू होकर बुराकू मुद्दे को सम्बोधित करते हुए कई कानून बनाए गए हैं। 1946 के संविधान अनुच्छेद 14 में कहा गया है, "कानून के तहत सभी लोग समान हैं और जाति, पंथ, लिंग, सामाजिक स्थिति या पारिवारिक मूल के कारण राजनीतिक, आर्थिक या सामाजिक सम्बन्धों में कोई भेदभाव नहीं होगा। बुराकुओं को आर्थिक, सामाजिक और सांस्कृतिक रूप से इतनी हीन स्थिति में रखा कि उनके मौलिक मानवाधिकारों का आज के समाज में भी घोर उल्लंघन किया जाता है। विशेषकर उनके नागरिक अधिकार और स्वतन्त्रता के अधिकार जो सभी लोगों को आधुनिक समाज के सिद्धान्त के रूप में सुनिश्चित किए जाते हैं, का घोर उल्लंघन किया जाता है। राज्य ने बुराकू समस्या का हल करने के लिए कई उपाय किए जिसके परिणाम स्वरूप उनके जीवन में सुधार हुआ है लेकिन विवाह और रोजगार में भेदभाव जारी है और विशेष रूप से बोलचाल में और लेखन में अपमानजनक शब्दों का प्रयोग किया जाता है जो पीड़ादायक होता है।

5.2.5

पाकिस्तान में उत्तरी पाकिस्तान के क्षेत्र स्वात में असमान सामाजिक व्यवस्था है जिसकी तुलना हिन्दू जाति व्यवस्था के साथ की जा सकती है सिवाय इसके कि लोग सुन्नी मुसलमान हैं। इसमें अनुष्ठान प्रदूषण की अवधारणा नहीं है

परन्तु विशेषाधिकार और निरादर की धारणाओं ने इसका स्थान ले लिया है। इस क्षेत्र की जनसंख्या लगभग पांच लाख है और लोगों का जीवन यापन कृषि पर निर्भर है। समाज में अलग-अलग समूह जो कृषि का व्यवसाय करते हैं और सबसे नीचे के बहिष्कृत लोग हैं जो सफाई, धोबी, नाई और मृत जानवरों के व्यवसाय में सम्मिलित हैं। यहां व्यवसाय से सम्बन्धित तो प्रदूषण है परन्तु जन्म से जाति की स्थिति व्यवसाय के परिवर्तन को नहीं रोकती है। कर्मकांड के कार्यों में तो समानता है परन्तु दिनचर्या की स्थितियों में एक अन्तर देखने को मिलता है। सिंध प्रांत में लगभग 18 लाख लोग कृषि में बंधुआ मजदूरी करते हैं, जिनमें से अधिकतर मूल रूप से भारतीय दलित हैं। बड़ी संख्या में दलित लोग ईंट, भट्टा उद्योग में काम करने वाले लोग पूर्ण रूप से बंधुआ मजदूर हैं।

5.2.6

बांग्लादेश में दलित जो मूल रूप से भारत से ब्रिटिश शासन के समय चले गए थे और 1947 के विभाजन के बाद वहीं रह गए थे, मुख्यतः घरेलु काम और नगर निगम में सफाई कर्मचारी के रूप में काम करते हैं जिन कामों का बहुसंख्यक मुसलमान आबादी ने त्याग किया है।

देश की राजधानी में ढाका नगर निगम के लगभग पांच हजार दलित सफाई कर्मचारी के रूप में काम करते हैं। ये लोग नगर निगम द्वारा दिए गए जर्जर छोटे-छोटे क्वार्टरों में रहते हैं जिनमें न तो बिजली की सुविधा है और न ही गैस की।

5.3

एशिया के बाहर के समुदाय

5.3.1

काम और जन्म के आधार पर भेदभाव केवल एशिया तक ही सीमित नहीं है बल्कि अफ्रीकी देशों में भी इसकी एक बड़ी जनसंख्या है। डॉ रीटा इजाक नादिया, अल्पसंख्यक मुद्दों पर पूर्व विशेष प्रतिवेदक के अनुसार अफ्रीका में तीन प्रकार के वंश आधारित भेदभाव हैं, जिसमें जाति व्यवस्था जो समूहों के व्यवसायिक विशेषज्ञता के आधार पर निर्धारित होती है, भी शामिल हैं और जिसके बीच सामाजिक दूरी को प्रदूषण की अवधारणा द्वारा निर्धारित किया जाता है और जिनमें भेदभाव दासों के वास्तविक या कथित वंश पर आधारित है और जिसमें प्रतिशोध और भूखमरी का डर लगा रहता है।

अफ्रीका में काम और वंश के आधार पर भेदभाव दासता और बाल श्रम के मुद्दों के कारण आया है। विभिन्न समुदायों में गुलामी काम और जन्म आधारित भेदभाव समानान्तर अस्तित्व में रहा है, इस प्रकार गुलामी में काम और जन्म से भेदभाव को अपने अन्दर समा लिया है। महत्त्वपूर्ण विशेषता यह है कि गुलामी एक विशिष्ठ समुदाय पर थोपी जाती है जो सामाजिक और आर्थिक रूप से हाशिए पर है। एक और महत्वपूर्ण विशेषता यह है कि दासता विरासत से जुड़ी हुई है और इन समुदायों में पीढ़ी दर पीढ़ी चलती है, इस प्रकार कुछ सांस्कृतिक और विरासत कारकों को लागू करती है जो शुद्ध-आर्थिक रूप से प्रेरित मानदंडो और व्यवहारों से परे हैं। बच्चे दासता के आधुनिक रूपों सैक्स व्यापार या बाल श्रम उत्प्रेरण के लिए आसान लक्ष्य

हैं। मौरिटानिया, नाइजिरिया, नाइजर, टोगो और घाना में युवा लड़के और लड़कियों की तस्करी बहुत ही आम बात है और ये अक्सर गुलामी बाध्य समाज से आते हैं। हालांकि प्रत्येक स्पष्ट संदर्भ शर्तों को देखते हुए, उन्हें काम और जन्म के आधार पर भेदभाव की अधिविस्तृत धारणा के बजाय आधुनिक दासता के शिकार के रूप में चित्रित किया जाता है। पश्चिम अफ्रीकी देशों में अलग-अलग नामों वाले तिरस्कृत समूहों की जनसंख्या सम्बन्धित देशों की जनसंख्या का 20 प्रतिशत तक है। इस तरह के समूहों की सदस्यता जन्म आधारित है और इनमें लोहार, कुम्हार, संगीतकार, चर्मकार, बुनकर, नाई आदि शामिल हैं। बहुसंख्यक लोगों द्वारा इनको प्रदूषित माना जाता है और इनके साथ भोजन को सांझा करने और अपने समूहों के साथ शामिल करने से प्रतिबंधित किया जाता है।

5.3.2

उत्तर-पूर्वी अफ्रीका के समूह (डाईम व अन्य)

साहित्य से विदित है कि उत्तर पूर्व अफ्रीका विशेष रूप से दक्षिणी इथियोपिया में सामाजिक व्यवस्था संगठन की विशेषताएं भी उसी अनुरूप हैं और भेदभाव काम व जन्म आधारित है। डाइम जनसंख्या तीन वर्गों शुद्ध, गैर शुद्ध और अशुद्ध में विभाजित है जो जन्म आधारित है। अशुद्ध वर्ग के खिलाफ अन्तर्विवाह का सख्ती से पालन किया जाता है। दो शुद्ध समूहों को देवताओं और आत्माओं तक विशेष अधिकार प्राप्त माना जाता है। अशुद्ध समूह की प्रदूषणकारी प्रवृत्ति काफी हद तक मौजूद दिखाई देती है।

आमतौर पर वट्टा या वटा ओरमा जो कि (पूर्व) शिकारी-संग्रहकों का एक समूह है, को उत्तर पूर्व अफ्रीका के बोराना

या गेबरे लोगों का हिस्सा माना जाता है। वट्टा समूह पूरे उत्तर कोरिया, मध्य व पश्चिम इथोपिया और संयुक्त गणराज्य तन्जानिया के उत्तरी भागों में फैले हुए हैं। बोराना और गेबरे के प्रमुख पशुचारक समुदाय शिकारी समूहकर्ताओं के रूप में अपनी पारम्परिक व्यवसायिक विशेषज्ञता के आधार पर वट्टा को अधिकारों से वंचित रखते हैं। वट्टा की गरीबी की धारणा भी अशुद्धता और प्रदूषण के दृष्टिकोण के कारण होती है। वट्टा समुदाय के कुछ बुजुर्गों का कहना है कि दूसरों द्वारा उन्हें इसलिए अशुद्ध माना जाता है क्योंकि उनके पूर्वजों ने साही और कछुओं जैसे गंदे जानवरों का शिकार किया और खाया था। इसके विपरीत प्रमुख बोराना समूह को शुद्ध रूप में जाना जाता है।

सोमाली समाज को पितृवंशीय के वर्गों में तथा कबीलों के वर्गों में विभाजित होने के रूप में वर्णित किया गया है। समाज में निम्न जाति के मिदगन या मधीबन, तुमल और यिबिर को सामूहिक रूप से 'सब' कहा जाता है। यह पूरा 'सब' समूह अल्पसंख्यक है जिसकी संख्या एक प्रतिशत से भी कम है। तुमल पारम्पारिक रूप से लोहार है। यिबिर और मिदगन चमड़े के व्यवसाय से जुड़े हैं। मिदगन महिलाओं का खतना किया जाता है और प्रमुख सोमाली कुलों के लिए दाइयों के रूप में काम करती हैं। 'सब'समूह के व्यवसाय को प्रदुषित माना जाता है और इसके कारण इनको दूसरे सोमाली लोगों की तुलना में अशुद्ध माना जाता है। इसके परिणामस्वरूप 'सब'समूह और प्रमुख सोमाली कुलों में विवाह और साथ में खान पान के सम्बन्ध नहीं हैं।

यमन में सबसे निम्न और गन्दा काम जिसमें कूड़ा को इकट्ठा करना, सड़कों, नालियों और शौचालयों की सफाई

आखदामों द्वारा किया जाता है जिनकी संख्या लगभग दो लाख है। उन्हें व्यापक रूप से गंदा, अनैतिक और आश्रित माना जाता है। इनको येमिनि समाज में पूर्व के दासों से भी निम्न स्तर का माना जाता है। वे आमतौर पर अलग बस्तियों में रहते हैं। उनके साथ अंतर्जातिय विवाह और सामाजिक सम्बन्ध दृढता से निषिद्ध हैं।

इग्बो समाज में प्रारम्परिक रूप से 'ओसू' अनुष्ठान सेवक थे, जो मंदिरो में पुजारियों के सहायक के रूप में काम करते थे। ओसू का दर्जा कुछ अपराधों के लिए सजा के रूप में एक डायला (फ्रीबोर्न) के अनुष्ठान परिवर्तन के माध्यम से, मन्दिर में प्रवेश करके (स्वेच्छा से या दबाव में), एक ओसू के सम्पर्क से या ओसू माता पिता के जन्म से हासिल किया जाता था। डायला और ओसू के बीच सम्बन्ध दृढता से नियमित थे, जो या तो डर से थे या सम्मान के साथ देवताओं की सेवा करके। अन्तर्विवाह, सहभोज और अन्य प्रकार का सम्बन्ध 'ओसू' के साथ वर्जित था। इन नियमों का उल्लंघन करने वाला स्वयं 'ओसू' बन जाता था। नवाका (1985) में 1930-1950 के ओसू उन्मूलन आन्दोलन का उल्लेख, जिसकी परिणति 1956 में पूर्वी क्षेत्रीय विधानसभा (औपनिवेशिक प्रशासन के तहत) द्वारा ओसू प्रणाली के उन्मूलन के पारित होने के रूप में हुई। कुछ उपलब्ध स्रोत ओसू वंश में जन्म से, या एक ओसू वंश के साथ अंतर्जातिय विवाह या अंतरंग सम्पर्क द्वारा प्राप्त कलंक की निरन्तर प्रमुखता पर जोर देते हैं। डाईक (2002) ओसू वंशजो की निरन्तर अस्पृश्यता पर विशेष जोर देता है और एक ओसू वंश के साथ अन्तर्विवाह या यौन सम्बन्धों के खिलाफ सामाजिक निषेध है। डाईक ओसू वंश के राजनीतिक मताधिकार और ओसू समुदाय के खिलाफ हिंसक हमलों को वर्णन करता है।

नाईजिरिया की लोकप्रिय प्रेस भी हाल की रिपोर्ट में ओसू वंश के खिलाफ पूर्वाग्रह और भेदभाव की वृष्टता की पुष्टि करती है।

5.3.3

लैटिन अमेरिका

अट्ठारहवीं शताब्दी के दौरान गन्ने की कृषि के विकास के कारण दास व्यापार में उल्लेखनीय वृद्धि हुई। अफ्रीकी गुलामों को ब्राजील में ले जाया गया और वे वहां पुर्तगाली, ब्राजील के आदिवासियों, अरब और यहुदियों के साथ बस गए। अफ्रीकी दासों का यह भागा हुआ समूह प्रारम्भ में उत्तर पूर्वी ब्राजील में एक समुदाय के रूप में जिसे कुलोम्बो के नाम से जाना जाता है, बस गए। कुलोम्बों के साथ शिक्षा, रोजगार और सार्वजनिक सेवाओं में भेदभाव किया जाता है। प्रायः उनका सामाजिक बहिष्कार किया जाता है और उनके साथ रंगभेद, जन्म के आधार पर भेदभाव किया जाता है तथा दास प्रथा खत्म होने के बावजूद उनकी सामाजिक स्थिति में कोई अन्तर नहीं आया। 1988 के संविधान ने सबके लिए समान अधिकार व सुरक्षा प्रदान की। ब्राजील सरकार ने उनको ब्राजील के मूल निवासियों के समान अधिकार दिए और ब्राजील कुलोम्बो कार्यक्रम के अधीन उनको जहां रहते थे उस भूमि के स्वामीत्व के अधिकार दिए। अधिकतर कुलोम्बो गरीबी रेखा से नीचे जीवन यापन करते हैं, एक कमजोर स्थिति में हैं और अभी तक भी समाज की मुख्य धारा में शामिल नहीं हुए हैं।

5.3.4

यूरोप

1950 से 1970 के दशकों में दक्षिण एशियाई देशों से ब्रिटिश में आम प्रवास का दौर था। दक्षिण एशियाई समुदाय के लोग अपनी जाति को रखते हुए लगभग 25 लाख हैं। जाति का भेदभाव दक्षिण एशियाई समुदाय में स्पष्ट रूप से प्रतीत होता है। कुछ धार्मिक समूह हैं जो मुख्यतः निम्न जाति से सम्बन्धित हैं, जैसे रविदासिया, बाल्मिकी और अम्बेडकरी बौद्ध। एक बड़ी संख्या में वे ईसाई जो भारत से स्थापित हुए हैं अधिकतर दलित समुदाय से हैं। एक अनाधिकारिक अनुमान के अनुसार ब्रिटेन में सिख समुदाय के पाँच लाख लोग हैं जिनमें दो लाख से अधिक दलित हैं। यहां अस्पृश्यता प्रत्यक्ष और परोक्ष दोनों तरह से भेदभाव के रूप में प्रचलित है। इनमें भेदभाव रोजगार, शिक्षा, धार्मिक स्थानों, वस्तुओं, सेवाओं तक पहुंच और विशेष रूप से मंदिरों तक पहुंच के क्षेत्रों में शामिल है। विभिन्न प्रकार की हिंसा और सार्वजनिक उत्पीड़न उनके साथ प्रत्यक्ष रूप से प्रतीत होता है। यह भेदभाव ब्रिटेन में प्रवासी समुदायों में उनके जीवन का एक हिस्सा बन चुका है। ब्रिटेन में जो समुदाय जाति व्यवस्था बनाए रखना चाहते हैं वे विवाह की व्यवस्था का कड़ाई से पालन करते हैं। अपनी ही जाति में विवाह करने से जाति प्रथा का चलन जारी रहता है।

5.3.5

यूरोप के अन्य देश

रोमानी, जिन्हें रोमा भी कहा जाता है, मूल रूप से अविभाजित भारत के रहने वाले हैं, पारम्परिक रूप से यूरोप में ज्यादातर

खानाबदोशों की तरह जीवन व्यतीत करते हैं। वे अल्पसंख्यक वर्ग में सबसे बड़ा भाग है जिनकी आबादी लगभग 1.5 करोड़ है। यह माना जाता है कि भारत से रोमा लोगों का पलायन ग्यारहवीं और चौदहवीं शताब्दी के बीच यूरोप में फारस, आर्मेनिया और एशिया माइनर से होते हुए हुआ है। भारतीय उपमहाद्वीप के उत्तर पश्चिम भाग से होने के कारण यूरोपीय लोग उन्हें उनकी घुमंतू शैली के कारण जिप्सी कहते हैं। विशिष्ट रोमा विरोधी नस्लवाद को एंटीजिगनिज्म या एंटीजिप्सिसिज्म कहा जाता है। वे ऐतिहासिक रूप से सबसे कमजोर और सबसे गरीब लोगों में से एक रहे हैं जिन्होंने यूरोप में सदियों से भेदभाव का सामना किया है।

इस समुदाय के लोग उच्च स्तर की गरीबी, निरक्षरता और बेरोजगारी से पीड़ित हैं, जिसका मुख्य कारण शिक्षा, रोजगार, आवास और स्वास्थ्य सुविधाओं तक पहुंच में उनके साथ भेदभाव है। रोमा समुदाय के बच्चों को विकलांग छात्रों के लिए बने विशेष स्कूलों में पढ़ाया जाता है। इस समुदाय के खिलाफ हिंसा की व्यापक घटनाएं भी होती हैं। कई यूरोपीय देशों में रोमा लोग "यहूदी बस्ती" के शिकार हैं, यह एक ऐसी प्रणाली है जिसमें इस समुदाय के लोगों को बाकी आबादी से दूर कस्बों की विशिष्ट हिस्से में रहने के लिए बनाया जाता है। बुल्गेरियाई अधिकारियों के अनुसार बुल्गेरियन रोमा सबसे गम्भीर समस्या का सामना करते हैं (यूरोप की परिषद् के अनुसार) जो कि सरकार की नीति की वजह से नहीं बल्कि अतीत के विरासत के कारण।

यूरोप के कुछ राज्यों में रोमा लोग राज्य प्रायोजित हिंसा का शिकार होते हैं। उदाहरण के लिए बीसवीं शताब्दी की शुरूआत से कई देशों में महिलाओं के साथ पुरूषों की भी नसबन्दी की

जाती है। ऐसे मामले आज भी मौजूद हैं। बुल्गारिया में 2012 में एक अनौपचारिक पहल ने कानून की मांग की जो जन्म के समय रोमा लोगों की जबरन नसबंदी को लागु करेगा। हिंसक निष्कासन, सम्पत्ति का विनाश और सार्वजनिक स्थानों पर अलगाव की राज्य कार्यवाही मौलिक अधिकार चार्टर और यूरोपीय संघ पर सन्धि के खिलाफ है।

5.3.6

स्वदेशी लोगों का अधिकार

दुनिया भर में लगभग 40 करोड़ लोग मूल स्वदेशी हैं जो नब्बे देशों में रहते हैं और 5000 विविध संस्कृतियों का प्रतिनिधित्व करते हैं। वे दुनिया की, कुल जनसंख्या का 5 प्रतिशत के आस पास है फिर भी दुनिया के सबसे गरीब लोगों के लगभग उनकी जनसंख्या 15 प्रतिशत है। दुनिया में स्वदेशी लोगों का दो तिहाई एशिया और प्रशांत महासागर में रहते हैं। इनमें वे समूह शामिल हैं जिन्हें अक्सर आदिवासी लोग, पहाड़ी जनजातियों के आदिवासी, जनजाति, आदिवासी या मूल निवासी कहा जाता है।

बहुत से स्वदेशी लोग असुरक्षित और बगैर पहचान के हैं। उन्हें बलपूर्वक आत्मसात करना, बहिष्कार करना और व्यवस्थित भेदभाव का शिकार होना पड़ता है। वे अपनी संस्कृति, कहानियाँ और ज्ञान अक्सर अपनी पूरी क्षमता का पूरा करने के अवसरों से वंचित रह जाते हैं। सतत् विकास के लिए 2030 एजेंडा सभी के लिए सम्मान का जीवन सुनिश्चित करने को बाध्य करता है, इसलिए स्वदेशी लोगों की जरूरतों और अधिकारों पर विशेष ध्यान दिया जाना चाहिए। स्वदेशी लोगों का अन्तर्राष्ट्रीय दिवस हर साल 9 अगस्त को मनाया जाता है जो दुनिया भर के देशों

और समाजों के लिए स्वदेशी लोगों के अधिकारों की प्राप्ति के बारे में जानने और खुद को प्रतिबद्ध करने का एक महत्वपूर्ण अवसर है।

5.4

संयुक्त राष्ट्र और भेदभाव का उन्मूलन

5.4.1

1945 में जैसे ही द्वितीय विश्व युद्ध समाप्त होने वाला था, युद्ध के कारण बहुत से देश बर्बादी के कगार पर पहुंच गए थे और इसके परिणामस्वरूप दुनिया शांति चाहती थी। 25 अप्रैल, 1945 से 26 जून, 1945 तक अन्तर्राष्ट्रीय संगठन के लिए संयुक्त राष्ट्र सम्मेलन में कैलिफार्निया के सैनफ्रांसिस्को में पचास देशों के प्रतिनिधि सम्मिलित हुए। उन्होंने संयुक्त राष्ट्र के चार्टर का मसौदा तैयार करने की शुरुआत की जिसने अंततः एक नए अन्तर्राष्ट्रीय संगठन 'संयुक्त राष्ट्र' की स्थापना 24 अक्तूबर, 1945 को की। संयुक्त राष्ट्र की प्रस्तावना में मानव की गरिमा में मौलिक मानव अधिकारों में विश्वास की पुष्टि करने की परिकल्पना की गई है और चार्टर के अनुच्छेद एक में आर्थिक, सामाजिक, सांस्कृतिक या मानवीय चरित्र की अंतराष्ट्रीय समस्याओं को हल करने में अंतराष्ट्रीय सहयोग प्राप्त करने और मानव अधिकारों और मौलिक स्वतन्त्रता के लिए सम्मान को बढ़ावा देने और प्रोत्साहित करने के लिए जाति, लिंग, भाषा के बिना भेदभाव के शामिल है।

5.4.2

पेरिस में संयुक्त राष्ट्र महासभा द्वारा सभी लोगों और सभी राष्ट्रों के एक समान मानक के रूप में 10 दिसम्बर, 1948 को मानवाधिकारों पर सार्वभौमिक घोषणा की गई थी। इसकी प्रस्तावना में परिकल्पना की गई है कि मानव परिवार के सभी सदस्यों को अंतर्निहित, गरिमा, समान और अविभाज्य अधिकारों की मान्यता दुनिया में स्वतन्त्रता, न्याय और शांति की नींव है। यह मानते हुए कि संयुक्त राष्ट्र का चार्टर सभी मनुष्यों में निहित गरिमा और समानता के सिद्धान्तों पर आधारित है और यह कि सभी सदस्य देशों ने संगठन के सहयोग से संयुक्त और अलग कारवाई करने का संकल्प लिया है, संयुक्त राष्ट्र के उद्देश्यों की उपलब्धि के लिए व मानव अधिकारों के पालन के लिए सार्वभौमिक सम्मान को बढ़ावा देना और प्रोत्साहित करना है। सभी के लिए मौलिक स्वतन्त्रता जाति, लिंग, भाषा या धर्म के भेद के बिना, यह देखते हुए कि मानवाधिकारों की सार्वभौमिक घोषणा, शायद किसी भी अन्तर्राष्ट्रीय समझौते के सबसे अधिक जीवंत और सुन्दर शब्दों में प्रकाशित करती है कि "सभी मनुष्य स्वतन्त्र, समान सम्मान और अधिकारों के साथ पैदा हुए हैं।" वे चेतना और विवेक से सम्पन्न हैं और उन्हें भाईचारे की भावना से एक-दूसरे के प्रति कार्य करना चाहिए और यह कि सभी को किसी भी प्रकार के भेदभाव के बिना, विशेष रूप से जाति, रंग या राष्ट्रीय के रूप में, सभी अधिकारों और स्वतन्त्रता का अधिकार है। नस्लीय भेदभाव के सभी रूपों के उन्मूलन पर संयुक्त राष्ट्र घोषणा में सन्निहित सिद्धान्त को लागू करने की इच्छा और उस अंत तक व्यवहारिक उपायों को जल्द से जल्द अपनाने के लिए अनुच्छेद एक में नस्लीय भेदभाव को परिभाषित किया है जो कि इस प्रकार है "नस्लीय

भेदभाव का अर्थ नस्ल, रंग, वंश या राष्ट्रिय, जातिय मूल के आधार पर कोई भेद, बहिष्करण, प्रतिबन्ध या वरीयता होगा जिसका उद्येश्य या प्रभाव राजनीतिक, आर्थिक, सामाजिक, सांस्कृतिक या जीवन के किसी अन्य क्षेत्र में मानवाधिकारों और मौलिक स्वतन्त्रता के समान स्तर पर पहचान, उपभोग या परिश्रम को समाप्त करने या कम करने का है।"

जून 2009 में मानवाधिकार परिषद् ने भेदभाव की परिभाषा का विस्तार किया जिसमें काम व वंश के आधार पर भेदभाव, भेद, बहिष्कार, प्रतिबन्ध या विरासत में मिली स्थिति के आधार पर वरियता जैसे कि जाति, वर्तमान व पैतृक व्यवसाय, परिवार, समुदाय या सामाजिक मूल नाम, जन्म स्थान, निवास, बोली और उच्चारण उपभोग या परिश्रम जिसका उद्येश्य या प्रभाव राजनीतिक, आर्थिक, सामाजिक, सांस्कृतिक या जीवन के किसी अन्य क्षेत्र में मानवाधिकारों और मौलिक स्वतन्त्रता के समान स्तर पर पहचान, उपभोग, परिश्रम को समाप्त करने या कम करने का है।

इस प्रकार का भेदभाव शुद्ध और प्रदुषित की धारणा व छुआछूत पर आधारित होता है और जहां पर इसको व्यवहारिक समझा जाता है वहां पर समाज और संस्कारों में गहनता से समाया होता है। परिषद् ने संयुक्त राष्ट्र, मानवाधिकारों की सार्वजनिक घोषणा पत्र और भेदभाव के सभी रूपों के उन्मूलन पर अन्तर्राष्ट्रीय सम्मेलन के चार्टर के सिद्धान्तों और दायित्वों के प्रति प्रतिबद्धता को ध्यान में रखते हुए काम और वंश के आधार पर भेदभाव के प्रभावी उन्मूलन के लिए सिद्धान्त और दिशानुसार प्रारूप तैयार किए हैं।

लगभग सभी देशों ने अपने अपने संविधान में सभी प्रकार के भेदभाव को समाप्त करने का प्रावधान किया है और

अविच्छेद मौलिक अधिकार प्रदान किए हैं। देशों ने अपने अपने राज्यों में ऐसे वंचित वर्ग के लोगों के उत्थान के लिए उनमें शर्तों के आधार पर कई कानून बनाए हैं। कई देशों ने बहुत ही प्रभावी सकारात्मक कदम उठाए हैं जिनमें विशेषतः भारत ने जिसके परिणाम स्वरूप उनके आर्थिक और राजनीतिक क्षेत्रों में उल्लेखनीय सुधार हुआ है, लेकिन इस सम्बन्ध में हमने अब तक जो भी सफलता हासिल की है वह बड़े समाज के एक गिने चुने तबके तक ही सीमित है। इसके अतिरिक्त काम और वंश पर आधारित भेदभाव जटिल और हिंसक होता जा रहा है जैसा कि हम वर्तमान में देख रहे हैं। यह समय की मांग है कि अन्तर्राष्ट्रीय समुदाय को काम और वंश के आधार पर भेदभाव को पूरी तरह से खत्म करने के लिए जोरदार, प्रभावी, परिणामोन्मुखी और विशिष्ठ लक्षित उपाय करने चाहिए।

अध्याय छः
जाति के विनाश का इतिहास

6.1

जाति की उत्पत्ति के बारे में यह माना जाता है कि यह वैदिक काल में 1500 ई. पूर्व के आसपास था जिसका ऋग्वेद के 90वें सूक्त में जो कि पुरूष सूक्त के नाम से जाना जाता है, में उल्लेख है। यद्यपि जाति व्यवस्था को समाज ने आरम्भ से ही पसन्द नहीं किया फिर भी उत्पत्ति के एक हजार साल बाद ईसा पूर्व छठी शताब्दी में महात्मा बुद्ध ने इसको पहली बार चुनौती दी, जब उन्होंने जाति व्यवस्था के कारण दलितों को उत्पीड़न से मुक्ति कराने की आवश्यकता महसूस की। शाक्य मुनि व बुद्ध और उनके शिष्यों के मार्गदर्शन में जाति व्यवस्था के खिलाफ एक बड़ा विरोध शुरू किया गया था, बल्कि एक ऐसा विद्रोह जो भारत के एक बड़े भूभाग पर काफी हद तक सफल रहा। भारत के पूरे बौद्ध काल में, बौद्धों द्वारा जाति के खिलाफ मजबूत विरोध को पोषित किया गया था। उनके धर्म के प्रभुत्व के दौरान जो लगभग छः सौ या सात सौ वर्षों तक रहा, जाति का चलन नाम मात्र था और लोगों को आमतौर पर सामाजिक स्वतन्त्रता की स्थिति का अनुभव मिलता था, जो कि उन्हें हिन्दू धर्म के शुरूआती युग से नहीं मिली थी। असभ्य सामाजिक व्यवस्था

के साथ बुद्ध के आक्रामक टकराव और पीड़ित मानवता के लिए करूणा ने अछूतों को बौद्ध धर्म का पालन करने के लिए प्रेरित किया। बौद्धों ने संघों का निर्माण करके इस जाति को तोड़ा, जिसने सभी को स्वीकार किया चाहे वे किसी भी जाति के हों। फिर भी जाति व्यवस्था टिकी रही और विकसित होती रही।

भारतीय इतिहास में मौर्य शासकों का कालखण्ड स्वतन्त्रता, महानता और गौरव का कालखण्ड था। यह वह काल था जिसमें जाति व्यवस्था को पूर्ण रूप से खत्म कर दिया गया था। उस समय धर्म कानून से ऊपर शासकीय कानून का शासन कायम था। मौर्य वंशजों के शासन के पतन के बाद, न कि जाति व्यवस्था पूर्नजीवित हो गई बल्कि पुरजोर तरीके से फलने फुलने लग गई।

6.2

यह स्पष्ट है कि ब्राह्मणों ने अपने धर्म के बुरे काल खण्ड में विशाल कठिनाईयों के बावजूद, जिनका उनको सामना करना पड़ा था, देश के कुछ भागों में हिन्दू धर्म और जाति व्यवस्था की लौ को जलाए रखा। ब्राह्मण सबसे अधिक संरक्षित, सबसे तेज, सबसे बौद्धिक और ताकतवर पुरूषों में से हैं और हमेशा से रहे हैं जिन्होंने इस पृथ्वी पर सबसे अधिक दोहन किया है, वे चकनाचुर हो गए, अभिभूत होकर विरोध किया पर वे कभी निराश नहीं हुए।

नतीजतन जैसे-जैसे उनके दुश्मन कमजोर होते गए, वे मजबूत होते गए और अन्ततः वे विजयी होकर निकले क्योंकि वे दृढ़ संकल्पीय थे। फिर भी यह हजार साल का (बुद्धों) का संघर्ष दुनिया को एक सबक देता है कि एक छोटे से समुदाय द्वारा क्या हासिल किया जा सकता है, जिसके लोग कृत

संकल्प और दृढ निश्चयी हों, जो अपने जीवन से जुड़ाव पसंद करते हों, एक समय उत्साही और बहुसंख्यक मेजबान के खिलाफ जिसकी ताकत संख्या में निहित है और जो संकल्प और खराब नेतृत्व के माध्यम से, किसी भी शक्ति का उचित प्रयोग करने में असमर्थ हैं, जो उनके पास हो सकती है।

फिर यह समय बीतने के बाद ऐसा हुआ कि, हिन्दू धर्म के पुनरूत्थान के साथ ही जाति ने खुद को फिर से संस्थापित किया और पहले की तरह चुपके से देश में फैल गई। लेकिन इसका (स्वर व मिजाज) हिन्दू धर्म की तरह बदल दिया गया। इस जाति व्यवस्था का अधिक अहंकारी, अधिक अत्याचारी, अधिक प्रेरक प्रभाव हो गया। लोगों को पूर्व बौद्ध युग की तुलना में अधिक मजबूत और अधिक क्रुरता से जकड़ लिया। हिन्दू अब अपनी जाति के बाहर किसी भी हालात में शादी नहीं कर सकता था। उनके हाथ और पांव बंधे हुए थे और सबसे असहिष्णु और रोमांचक स्वामी के लिए एक इच्छुक दास थे, जैसे आदमी की गर्दन पर जुआ रख दिया हो।

6.3

बारहवीं शताब्दी में विशिष्टाद्वैत के प्रस्तावक रामानुज या रामानुजाचार्य ने भक्ति या व्यक्तिगत ईश्वर की पूजा को प्रधानता दी। ब्रह्म सूत्र की अपनी टिप्पणी में उन्होंने शूद्र को ब्राह्मणों की तरह वेदों के अध्ययन के लिए समाज में योग्य घोषित किया और कहा जाता है कि उन्होंने एक गैर-ब्राह्मण को गुरु के रूप में अपनाया था हालांकि वे स्वयं ब्राह्मण थे। 5 फरवरी, 2022 को हैदराबाद में उनके जन्म शहस्त्राबादी पर 216 फुट की प्रतिमा की स्थापना की जिसका नाम 'समानता की मूर्ति' रखा गया है। समसामायिक रूप से बासवा ने कन्नड़

भाषी दक्षिण में वीरशैव आन्दोलन का नेतृत्व किया - जिसने साक्षरता वचन परम्परा का शुभारम्भ किया, जिसमें जाति व्यवस्था और ब्राह्मण की प्रधानता को खारिज कर दिया।

6.4

आगे चौदहवीं और पन्द्रहवीं शताब्दी में सन्त कवियों ने जाति आधारित व्यवस्था और छुआछूत की प्रथा में सुधार का प्रयास किया। इन सन्त कवियों को भक्ति आन्दोलन के कवि भी कहा जाता है। भक्ति कवि जैसे कबीर, रविदास, दादू दयाल और गुरु नानक ने सांस्कृतिक विरोध का प्रतिनिधित्व किया। आध्यात्मिक समानता, सामाजिक न्याय और आम लोगों के लिए गहरी सहानुभूति भक्ति आन्दोलन के प्रमुख सिद्धान्त थे। उन्होंने इस बात पर भी जोर दिया कि ईश्वर सार्वभौमिक स्तर, करूणा और न्याय का अंतिम प्रतीक है। वे चाहते थे कि ईश्वर उत्पीड़ितों, कमजोरों और रक्षाहीनों के पक्ष में खड़ा हो।

भक्ति आन्दोलन में कविताएं जाति के अभिशाप से परिपूर्ण हैं। भक्ति सन्तों ने कालातीत स्थानों पर अपनी अपनी कल्पना के कस्बों के अछूतों का सर्वव्यापी भय, अकल्पनीय आक्रोश और अन्य लोगों की भूमि पर अन्तहीन परिश्रम से मुक्ति के गीतों की रचना की। रविदास ने बे-गम-पुरा का व्याख्यान किया जिसमें ऐसी जगह का वर्णन है जिसमें कोई दर्द नहीं हो, कोई कर या परवाह न हो, कोई गलत कार्य, चिन्ता, आतंक या यातना न हो। रविदास ने इस कविता में और अन्य कविताओं में ब्राह्मणवादी समाज के उपचार पर जाति के दर्द को कम करने के लिए आवाज उठाई। गुरु नानक की तरह उन्होंने भी जाति-विहीन समाज की स्थापना की बात की।

तुकाराम के लिए एक ऐसा कस्बा पण्ढारपुर था जहां हर कोई समान था, जहां मुखिया को भी सभी की तरह कड़ी मेहनत करनी पड़ती थी, जहां पर लोग स्वतन्त्र होकर नाचते, गाते और मिलते थे। रानाडे के अनुसार तुकाराम अपने उपदेश में यह संदेश देते थे कि "जाति का अभिमान कभी भी किसी व्यक्ति को पवित्र नहीं बनाता है।" वेद और शास्त्रों में लिखा है कि भगवान की सेवा के लिए जाति कोई महत्व नहीं रखती है, भगवान का नाम महत्व रखता है और एक बहिष्कृत जाति का पुरूष भी यदि भगवान के नाम को प्यार करता है तो वह भी ब्राह्मण है। डेविड लोरेजेन कहते हैं कि वरकरी-सम्प्रदाय में तुकाराम की स्वीकृति, प्रयास और सुधार भूमिका पूरे भारत में भक्ति आन्दोलन में पाए जाने वाले विविध जाति और लिंग वितरण का पालन करती है।

तुकाराम, जो कि शूद्र वर्ण के थे, वरकारी सम्प्रदाय के इक्कीस परम्परागत सन्तों में नौ गैर-ब्राह्मण सन्तों में से एक सन्त थे। सन्त कबीर एक ऐसी जगह की परिकल्पना करते थे जहां पर हर कोई प्यार और स्नेह से रहता हो और उस जगह का नाम उन्होंने प्रेम नगर (प्यार का शहर) दिया। सभी भक्ति कवि समानता, भाईचारे और जातिविहीन समाज के दर्शन में विश्वास रखते थे। उन्होंने अपने समतावादी समाज के लिए बेगम-पुरा, पण्ढारपुर और प्रेम नगर जैसी जगहों की परिकल्पना की थी। सभी ब्राह्मणवाद का विरोध करते थे क्योंकि उनका मानना था कि यह मानवता के लिए विनाशकारी है।

6.5

प्रथम आक्रामक दलित विरोध आन्दोलन महात्मा ज्योतिबा फुले (1827-1890) ने बड़ी संख्या में उत्पीड़ित लोगों की स्वतन्त्रता

के लिये किया था जो हजारों सालों से भारतीय समाज में शोषण और तिरस्कार के शिकार थे। उन्होंने समानता, न्याय और चेतना के सांचे में समाज के पुनर्निर्माण के लिए संघर्ष किया। फूले ने ज्ञान और शक्ति के सम्बन्ध के बीच स्पष्ट रेखा खींची। भेदभाव पूर्ण ब्राह्मणवाद के खिलाफ इस लड़ाई में महात्मा फूले बुद्ध और कबीर के समतावादी दर्शन से प्रेरित थे। फूले का मानना था कि शिक्षा मुक्ति और सशक्तिकरण का स्रोत है और इसलिए उन्होंने शिक्षा के महत्व पर अधिक बल दिया।

फूले ने स्वयं अछूत जातियों और महिलाओं के लिए पाठशालाएं शुरू की। उन्होंने शोषित जातियों के सदस्यों के लिए अपना घर और अपने पानी के कुएं का उपयोग खोल कर शोषित जातियों के आस पास की सामाजिक अस्पृश्यता के कलंक को खत्म करने का प्रयास किया। उन्हें दलित (टूटा हुआ, कुचला हुआ) शब्द को इन लोगों के शोषित वर्ग जैसे एक शब्द के रूप में पेश करने का श्रेय दिया जाता है जो पारम्परिक वर्ण व्यवस्था से बाहर थे। 24 सितम्बर 1873 को फूले ने सत्य शोधक समाज का गठन किया जो शोषित वर्ग जैसे महिलाओं, शूद्रों और दलितों के अधिकारों के ध्यान पर केन्द्रित था। इस समाज के माध्यम से मूर्ति पूजा का खण्डन किया और जाति व्यवस्था की निन्दा की। समाज ने तर्क संगत सोच के प्रसार के लिए अभियान चलाया और पुजारियों की आवश्यकता को खारिज कर दिया। फूले ने सत्य शोधक समाज की स्थापना मानवता के कल्याण, खुशी, एकता, समानता और आसान धार्मिक सिद्धान्तों और अनुष्ठानों के आदर्शों के साथ की।

फूले की पुस्तक गुलामगिरी (1873) में ब्राह्मणवाद की संस्कृति के क्रान्तिकारी विरोध का उल्लेख किया है। 1848 में उनके जीवन में एक महत्वपूर्ण मोड़ आया जब वह अपने

एक ब्राह्मण दोस्त की शादी समारोह में शामिल हुए। फूले ने प्रथागत विवाह बारात में भाग लिया लेकिन बाद में ऐसा करने के लिए उनके दोस्त के माता-पिता ने उन्हें फटकार लगाई और उनका अपमान किया। उन्होंने फूले को कहा कि वह शोषित जाति से सम्बन्ध रखता है इसलिए तुम्हें इस समारोह से दूर रहना चाहिए था। इस घटना ने फूले को जाति व्यवस्था के अन्याय पर गहरा प्रभाव डाला।

6.6

नारायण गुरु (1856-1928) का जन्म एझावा जाति के परिवार में हुआ था जो कि केरल में सामाजिक व्यवस्था में निम्न जाति से सम्बन्धित है। उन्होंने सामाजिक व्यवस्था में निम्न जातियों में ज्ञान और समानता बढ़ाने के लिए जाति ग्रस्त समाज में अन्याय के खिलाफ सुधारवादी आन्दोलन की शुरूआत की। उन्होंने शिव की मूर्ति के रूप में चट्टान के एक टुकड़े को प्रतिष्ठित किया, जब ब्राह्मणों ने उस पर आपत्ति जताई तो उन्होंने उत्तर दिया कि यह ब्राह्मण शिव नहीं बल्कि एझाव शिव है। बाद में जातिवाद के खिलाफ एक प्रसिद्ध उदाहरण बन गया। उन्होंने एक आदर्श वाक्य "एक जाति, एक धर्म, सभी के लिए एक भगवान (औरू जाथी, औरू माथन, औरू देवीयम, मनुष्याम्)" प्रचारित किया जो केरल में लोकप्रिय हो गया।

उन्होंने सामाजिक समानता और सार्वभौमिक भाईचारे की अवधारणा को जोड़कर आदिशंकर के अद्वैतवादी दर्शन को व्यवहार में लाकर आगे बढ़ाया। 1923 में एझावा समुदाय के धर्मांतरण के विरोध में एक सर्वधर्म सम्मेलन में उन्होंने एक संदेश प्रदर्शित किया, "हम यहां किसी से वाद विवाद करने नहीं आए हैं बल्कि हम आपको जानने आए हैं और आप हमें जानें।'

उनकी मृत्यु के पश्चात् धर्मतीर्थ जिनका जन्म नायर परिवार में हुआ था और नारायण गुरु के प्रबल अनुयायी थे, ने अपने गुरु - एक जाति, एक धर्म, एक भगवान - कोई जाति नहीं और सामाजिक समतावाद - के संदेश का प्रचार व प्रसार किया।

6.7

1920-1930 में आदि आन्दोलन अनुसूचित जाति, दलितों और अछूतों द्वारा एक आक्रामक प्रयास के रूप में उभरा, जिसका उद्देश्य भारतीय समाज से सामाजिक बुराईयों को दूर करना था जो कि प्रकृति में भेदभाव पूर्ण और शोषक थे। यह आन्दोलन स्वतन्त्रता पूर्व भारत के दक्षिण और उत्तरी क्षेत्र में फैला जिसका प्रभाव पंजाब, उत्तर प्रदेश, आन्ध्रप्रदेश, कर्नाटक और तमिलनाडू तक था। आदि आन्दोलन का उदय महत्वपूर्ण था क्योंकि वे समाज के उस वर्ग द्वारा सामने रखी गई, सामाजिक-आर्थिक चेतना के शुरूआती रूपों में से एक था, जिसने कभी लम्बे संघर्ष का आयोजन नहीं किया था, पर जिसका प्रभाव 1972 के दलित पैंथर्स आंदोलन में भी पाया जाता है।

अपनी अधीनस्थ स्थिति को प्रमाणित करने के लिए कई शब्दावली की उत्पत्ति के इतिहास के साक्ष्य की इस पृष्ठभूमि के भीतर आदि विचारधारा महत्वपूर्ण हैं क्योंकि यह समान अधिकारों, मानवता और नागरिकता के शुरूआती दावे के लिए वसीयतनामा है। यह आन्दोलन समानता, स्वतन्त्रता और सामाजिक न्याय के साथ-साथ दलितों के सामाजिक-आर्थिक, राजनीतिक और सांस्कृतिक विकास के तर्कसंगत सिद्धान्तों पर आधारित एवं नई सामाजिक व्यवस्था के लिए खड़ा था। यह आन्दोलन समाज में आत्म सम्मान और समान सामाजिक स्थिति के लिए था। इसके उद्गम के मुख्य कारणों में से एक

अस्पृश्यता की प्रथा की बुराई के खिलाफ लड़ना था जहां दलितों को मंदिरों, सार्वजनिक परिसरों में प्रवेश की अनुमति नहीं थी, आम सार्वजनिक संसाधनों का उपयोग करना और किसी भी प्रकार की असमानता से इन्कार करने की अनुमति नहीं थी। अस्पृश्यता भारतीय समाज की मुख्य सामाजिक बुराई थी जो समाज के निचले तबके के लोगों के साथ भेदभाव करती थी और उनका शोषण करती थी।

आदि-विचारधारा के प्रसार का आन्दोलन देश के अलग-अलग भागों उत्तर प्रदेश, पंजाब, आन्ध्रप्रदेश, कर्नाटक और तमिलनाडु में अलग-अलग नामों से जाना जाता था। पंजाब में मंगुराम के नेतृत्व में आद-धर्म, उत्तर प्रदेश में अच्छूतानन्द के नेतृत्व में आदि-हिन्दू, भाग्यस्वामी रेड्डी और आरिध्य राजास्वामी के नेतृत्व में आदि आन्ध्रा, द्रविड़ा और कर्नाटका दक्षिणी भारत में जो कि भारत के मूल निवासी होने का दावा करते हैं। 1920 में राष्ट्रीय स्वयं सेवक संघ और हिन्दू महासभा के नेतृत्व में आदि आन्दोलन का पतन हुआ। गान्धी के राम राज्य का नारा और नेहरू का धर्म निरपेक्षता के कारण आदि आन्दोलन को बहुत बड़ा नुकसान हुआ। बिखरा हुआ आदि आन्दोलन दोबारा से अम्बेडकर के सफल नेतृत्व में एकत्रित हुआ।

6.8

अब तक अछूतों ने अन्याय, भेदभाव और शोषण को अनुभव करना, विरोध करना और आन्दोलन करना आरम्भ कर दिया था। इन दलित वर्गों ने यह मानना शुरू कर दिया था कि इसे पर्दे के पीछे की जाति व्यवस्था भगवान द्वारा बताई गई है, उन्हें घृणित और घिनौनी स्थिति में रहने को मजबूर किया जा रहा है। आदि आन्दोलन ने अछूतों के बीच समानता और

स्वतन्त्रता के अधिकारों के लिए आग्रह को सफलतापूर्वक पैदा किया। इस स्थिति से हताश होकर सुधारकों ने इन तिरस्कृत लोगों के साथ छल करना शुरू कर दिया। गान्धी और तिलक ने छुआछूत को एक बिमारी और हिन्दू धर्म के विरूद्ध बताया। बम्बई में पहले अखिल भारतीय दलितों के सम्मेलन में अखिल भारतीय छुआछूत विरोधी घोषणा पत्र पारित किया गया। अम्बेडकर ने इस सम्मेलन में भाग नहीं लिया। यद्यपि इस सम्मेलन की अध्यक्षता महाराजा शिवाजी गायकवाड़ ने की थी जो कि अम्बेडकर के संरक्षक थे। अम्बेडकर यह मानते थे कि यह एक सिर्फ छुआछूत का कलंक भर ही नही हैं बल्कि जाति व्यवस्था को पूर्ण रूप से खत्म किया जाए। जाति व्यवस्था की आड़ में वास्तव में भूमि, धन, ज्ञान और समान अवसर के अधिकारों से वंचित करना हिंसात्मक अन्याय है। जाति व्यवस्था अभिभावकता के सिद्धान्त का सामंती संस्करण है: अधिकारों को उनके हकदार के कब्जे में छोड़ देना चाहिए और सार्वजनिक भलाई के लिए इसका इस्तेमाल करने के लिए भरोसा किया जाना चाहिए।

6.9

1924-25 में केरल में छुआछूत और जातिगत भेदभाव के विरूद्ध वायकाम सत्याग्रह शुरू किया गया। आन्दोलन वायकाम महादेव मंदिर के आसपास केन्द्रित था, जिसका उद्देश्य सभी समाजों को श्री महादेव मंदिर की ओर जाने वाली सार्वजनिक सड़क से गुजरने की स्वतन्त्रता हासिल करना था और इसका नेतृत्व एझावा समुदाय जो कि शूद्र थे, के एक प्रमुख नेता ने किया था। दक्षिण भारत में एक वसावा ब्राह्मण द्वारा लिंगायत आन्दोलन आरम्भ किया गया जो मूर्ति पूजा और जाति व्यवस्था के उन्मूलन के लिए था।

6.10

स्वामी दयानन्द सरस्वती (1824-1883) द्वारा स्थापित आर्य समाज ने आक्रामक हिन्दू धर्म के प्रचार की पहल की। इसने स्मृति और पुराण को खारिज कर दिया और बहुदेववाद की निन्दा की और "एक वेद, एक धर्म और एक ईश्वर'के दर्शन को स्वीकार किया। समाज ने जाति व्यवस्था तथा उसके द्वारा लगाए गए निषेधों के खिलाफ आवाज उठाई और शुद्धि आन्दोलन या पुनः हिन्दु धर्म का अनुसरण करने के लिए बहिष्कृत, धर्मान्तरित और अन्य बाहरी लोगों को आह्वान किया। धर्मांतरण करने वाले सम्प्रदाय के रूप में समाज सेवा के आग्रह के साथ आर्य समाज उत्तर भारत में हिन्दुओं के पुनरूत्थान का एक महत्वपूर्ण कारक है लेकिन अब भविष्य में यह मन्द होता दिखाई दे रहा है।

रामकृष्ण मिशन जो कि प्राचीन या प्राच्य और आधुनिक या पश्चिम के संश्लेषण का प्रतिनिधित्व करता है, को उनके शिष्य स्वामी विवेकानन्द (1861-1902) द्वारा रामकृष्ण परमहंस की मृत्यु के दस साल बाद शुरू किया। उन्होंने कहा "जाति व्यवस्था उन लोगों के लिए है जो भगवान से दूर हैं और इसको पूर्ण रूप से खत्म कर देने का प्रचार किया।'ये शुद्ध वैदान्तिक सिद्धान्त को अपने आदर्श के रूप में मानते हैं और इनके अनुसार व्यक्ति को अपनी पूर्ण क्षमता के अनुसार उच्चतम आध्यात्मिक विकास का लक्ष्य रखना चाहिए। विवेकानन्द ने जाति का हिन्दुत्व, धर्म या जन्म से कोई लेना देना नहीं है, की साहसिक घोषणा की और हिन्दु धर्म और संस्कृति को दुनिया में सबसे श्रेष्ठ बताकर दुनिया को हैरान कर दिया था जिसने हिन्दुओं में अंतरनिहित शक्ति की एक ताजगी भरी चेतना का संचार किया, जिसका दृष्टिकोण यूरोपीय संस्कृति और सभ्यता के प्रति क्षमा और

हीनता के स्वर के साथ चिन्हित था। लाहौर में 1922 में भाई परमानन्द के नेतृत्व में आर्य समाज के उग्र जाति विरोधी समूह ने 'जात पात तोड़क मण्डल'की स्थापना की। इस समूह के सदस्यों ने खुद को जाति विरोधी प्रचार के कार्यक्रम के साथ-साथ सहभोज और अंतर-विवाह के लिए वचनबद्ध किया। मण्डल आर्य समाज के उच्च जाति के लोगों पर निर्भर था जो कि लगातार समस्या का कारण बना हुआ था और अन्ततः मण्डल ने आर्य समाज से सम्बन्ध विच्छेद कर लिया। जातिवाद को खत्म करना एक साधारण और आसान काम नहीं था। इसके लिए बड़े से बड़े सामाजिक सुधारक भी इसमें व्यवहारिक दिशा में ज्यादा कुछ नहीं कर पाए।

जात पात तोड़क मण्डल जो अन्तरजातिय विवाह कराने में सफल हुआ है, सतही स्तर पर यह भी आसान और कम उपलब्धि नहीं है। मण्डल केवल जाति उन्मूलन के कार्यक्रमों के लिए ही नहीं जाना जाता है बल्कि उससे अधिक लाहौर में जाति उन्मूलन सम्मेलन में अम्बेडकर को अध्यक्षता करने के निमन्त्रण देने और बाद में अम्बेडकर के अध्यक्षीय भाषण के विषयवस्तु पर हुए विवाद पर उनका निमन्त्रण रद्द करने को लेकर जाना जाता है, जो उसके बाद "जाति का विनाश" एक पुस्तक के रूप में प्रकाशित किया गया। जातपात तोड़क मण्डल ने 1931 में जातिगत जनगणना का पुरजोर से विरोध किया था।

6.11

अछूतों की पीड़ा को दूर करने में फूले के सफल योगदान के बाद अम्बेडकर की भूमिका अदम्य और निर्विवाद है। अम्बेडकर

हमेशा दलितों की स्वतन्त्रता के लिए खड़े रहे। 1920 में इन्होंने साप्ताहिक मूक नायक पत्रिका का प्रकाशन आरम्भ किया।

उन्होंने अछूतों की शिक्षा का बढ़ावा और उनके उत्थान का प्रयास किया। उनका प्रथम संगठित प्रयास केन्द्रीय संस्था "बहिष्कृत हितकारिणी सभा का गठन था, जिसका उद्देश्य बहिष्कृतों की शिक्षा को बढ़ावा देना, उनके सामाजिक आर्थिक जीवन में सुधार लाना और उनके कल्याण के लिए कार्य करना था। 1927 में अम्बेडकर ने अस्पृश्यता के खिलाफ एक सक्रिय आन्दोलन की शुरूआत की। उन्होंने सार्वजनिक आन्दोलन आरम्भ किया।

उन्होंने हिन्दू मन्दिरों में प्रवेश के अधिकार के लिए संघर्ष शुरू किया। उन्होंने महाड़ कस्बे के मुख्य जलघर का पानी लेने के लिए अछूतों के अधिकार के लिए आन्दोलन का नेतृत्व किया। 1927 के एक सम्मेलन में अम्बेडकर ने हिन्दू साहित्य मनुस्मृति की सार्वजनिक रूप से निन्दा की जो कि जाति आधारित भेदभाव व छुआछूत को वैचारिक रूप से उचित ठहराती है और उन्होंने औपचारिक रूप से मनुस्मृति की प्रति जलाई। 1932 में ब्रिटिश औपनिवेशिक सरकार ने उनके दावे पर साम्प्रदायिक पंच-निर्णय में दलित वर्गों के लिए एक अलग निर्वाचन मंडल के गठन की घोषणा की थी लेकिन बाद में गान्धी के घोर विरोध के कारण पूना समझौते के तहत इन वर्गों के लिए आम मतदाताओं के साथ विधायिका में सीटों के आरक्षण में परिवर्तित कर दिया गया।

6.12

संविधान प्रारूप समिति के अध्यक्ष के रूप में, उनके द्वारा तैयार किए गए विषयवस्तु ने व्यक्तिगत नागरिकों के लिए

नागरिक स्वतन्त्रता की एक विस्तृत श्रृंखला के लिए संवैधानिक गारंटी और सुरक्षा प्रदान की, जिसमें धर्म की स्वतन्त्रता, अस्पृश्यता का उन्मूलन जिसमें सभी प्रकार के भेदभाव शामिल हैं। अम्बेडकर ने महिलाओं के लिए विशेष सामाजिक और आर्थिक अधिकारों के लिए प्रयास किया और अनुसूचित जातियों, अनुसूचित जनजातियों और अन्य पिछड़े वर्ग के सदस्यों के लिए सिविल सेवाओं, स्कूलों और कालेजों में आरक्षण की व्यवस्था शुरू करने के लिए संविधानसभा का समर्थन हासिल किया। ग्रानविले आस्टिम ने अम्बेडकर द्वारा तैयार किए गए संविधान को एक सबसे महत्वपूर्ण सामाजिक दस्तावेज के रूप में वर्णित किया है।

स्वास्थ्य बिगड़ने के बावजूद अम्बेडकर ने पूरी तरह से उद्देश्य पूर्ण सोच के साथ भारत के संविधान का प्रारूप तैयार करने के कार्य में खुद को झोंक दिया। 5 नवम्बर 1948 को संविधान सभा में अपने भाषण में श्री टी.टी. कृष्णामचारी ने कहा कि "अम्बेडकर वास्तव में हमारे लोकतांत्रिक संविधान के मुख्य शिल्पकार थे। उन्होंने संविधान सभा का अपने भाषण में इस तथ्य की और ध्यान आकर्षित किया कि संविधान सभा द्वारा प्रारूप समिति के लिए मनोनीत सात सदस्यों में से अधिकांश किसी न किसी कारण से काम नहीं कर रहे थे और इसलिए अंततः संविधान का मसौदा तैयार करने का भार अम्बेडकर पर आ गया।"

भारत के अधिकांश संवैधानिक प्रावधान या तो सीधे तौर पर सामाजिक क्रान्ति के उद्देश्य को आगे बढ़ाने के लिए हैं या इस क्रान्ति को इसकी उपलब्धि के लिए आवश्यक शर्तों को स्थापित करने का बढ़ावा देने का प्रयास करते हैं। अम्बेडकर का समाज और राष्ट्र के प्रति दृष्टिकोण हमेशा पवित्र रहा है। हाल

ही में भारत ने उनका एक सपना "एक देश एक कानून" को पूरा किया है। उन्होंने अनुच्छेद 370 का घोर विरोध किया था और कहा था "इस प्रस्ताव को सहमति देना भारत के हित के खिलाफ व भारत के साथ विश्वासघात की बात होगी और भारत का कानून मन्त्री होने के नाते यह मैं कभी भी नहीं करूंगा। अम्बेडकर ने इस प्रस्ताव से सम्बन्धित कानून मन्त्री होते हुए भी किसी भी प्रश्न का उत्तर नहीं दिया परन्तु दूसरे अनुच्छेदों पर बहस में भाग लिया। अनुच्छेद 370 से सम्बन्धित सभी प्रश्नों का उत्तर कृष्णा स्वामी अय्यर ने दिया।

अम्बेडकर जम्मू व कश्मीर को तीन भागों में विभाजित करना चाहते थे जिसको आज दो भागों में बांटा गया है। वह गहन अध्ययन करने में विश्वास करते थे और ब्राह्मणवादी पुस्तकों की आपत्ति को अच्छी तरह से पहचान लेते थे। उन्होंने बताया कि हिन्दू धार्मिक साहित्य विभिन्न वर्गों के बीच वर्गीकृत असमानता को उच्च प्राथमिकता देता है। वे शूद्रों और अछूतों के पूर्ण निशस्त्रीकरण के लिए लिखी गई हैं। अम्बेडकर बौद्ध धर्म की मनुष्य की समानता और गरिमा की मान्यता में विश्वास करते थे और इसलिए उन्होंने बौद्ध धर्म अपना लिया। अम्बेडकर ने बौद्ध धर्म को ब्राह्मणवाद के भेदभाव के विपरीत माना था।

6.13

अम्बेडकर के देहान्त के बाद और भारतीय राष्ट्रीय कांग्रेस पार्टी के प्रभाव के कारण दलित आन्दोलन छोटे छोटे समूहों में बिखर गया, इसके कुछ नेताओं ने कांग्रेस का साथ दिया और कुछ अम्बेडकर द्वारा स्थापित भारतीय गणराज्य पार्टी (रिपब्लिक पार्टी आफ इंडिया) में बने रहे। कुछ शिक्षित दलित युवक जो दृढ़ता से अम्बेडकर से प्रभावित थे, जिनमें नामदेव

धासल, अर्जुन दांगले, राजा ढाले और जे.वी. पवारे थे, ने 1972 में सामाजिक समस्याओं और जाति व्यवस्था के विरुद्ध लड़ने के लिए एक संगठन बनाया जिसको दलित पैंथर्स आन्दोलन का नाम दिया गया। मराठी शब्द दलित इसी आन्दोलन द्वारा प्रचारित किया गया। यह शब्द केवल अछूतों के लिए नहीं बल्कि इसने सारे समाज के शोषित लोग जैसे भूमिहीन, गरीब किसान, महिलाएं और वे जो किसी भी तरह के शोषण का शिकार थे, को शामिल किया गया। ये एक समाजवादी और साम्यवादी राजनीतिक दल 'ब्लैक पैंथर्स पार्टी' से प्रेरित थे जिसने संयुक्त राज्य अमेरिका में अफ्रीकी अमेरिकी लोगों के खिलाफ नस्लीय और आर्थिक भेदभाव के खिलाफ नागरिक अधिकारों के लिए आन्दोलन किया था। दलित पैंथर्स अम्बेडकर की रिपब्लिक पार्टी आफ इंडिया के गुटों में विभाजित होने के परिणामस्वरूप दलित राजनीति में पैदा हुए शून्य को भरने के लिए उभरा। दलित पैंथर्स ने मराठवाडा विश्वविद्यालय का नाम अम्बेडकर रखने के लिए बड़ा आन्दोलन चलाया।

महाराष्ट्र में अम्बेडकर के प्रभाव में और दलित पैंथर्स के आन्दोलन के आलोक में दलित लेखकों ने अपने लेखों में स्वाभिमान के मुद्दे की शुरूआत की। दलित साहित्य ने अपनी जनता के बीच सामाजिक चेतना स्थापित करने में महत्वपूर्ण भूमिका निभाई। धीरे-धीरे सारे भारत के हर भाग में जागरूकता फैलने लग गई। दलित लेखकों ने कविताओं, लघुकथाएं, उपन्यासों के माध्यम से जातिगत पदानुक्रम और राजनीतिक प्रभुत्व पर सवाल उठाने शुरू कर दिए। स्पष्ट रूप से या अस्पष्ट रूप से उभरते हुए दलित लेखकों पर अम्बेडकर का प्रभाव बहुत ही गहन और विशेष है। अब दलित लेखकों का लक्ष्य उन पर थोपी गई चुप्पी की संस्कृति को तोड़ना है। वे अपनी अपनी भाषा में मुहावरे और कहानियां सुनाने लगे हैं।

अब दलित शब्द शूद्रों या अछूतों या हरिजनों के लिए वैकल्पिक और सामूहिक शब्द है और यह क्रान्तिकारी बदलाव का माहौल और टकराव का प्रतीक है।

6.14

महात्मा गांधी के जाति और ऐसी सामाजिक बुराइयों के बारे में 1920 से 1940 तक विचारों में धीरे-धीरे बदलाव आया। 1920 में गांधी जी जाति व्यवस्था को अपरिहार्य मानते थे और उनका विश्वास था कि भारतीय समाज को सदियों से जो फल मिला है वह जाति व्यवस्था के कारण है। उदाहरणस्वरूप उनका मानना था कि जाति के कारण ही हिन्दू समाज का बिखराव नहीं हुआ। चतुर्वर्णीय व्यवस्था को स्वीकार करते हुए मैं मानता हूं कि यह प्रकृति की देन है। 1920 में मध्य तक उन्होंने प्राकृतिक विभाजन की अनिवार्यता को कम करना शुरू कर दिया। वर्णों में मेरी धारणा के अनुसार कोई ऊंच नीच नहीं है एक शूद्र और ब्राह्मण को समान दर्जा प्राप्त है।

1930 तक पहुंचते पहुंचते उन्होंने कहना शुरू कर दिया कि असमान आर्थिक और सामाजिक स्थिति शायद सदियों से मौजूद है और हमें अपने लिए छोड़ी गई विरासत को समृद्ध करना है और 1935 तक उन्होंने कहा कि जाति को खत्म करना ही होगा। समाज इसको जितना जल्दी खत्म कर दे उतना ही अच्छा है।

1940 में उन्होंने अति शूद्र और स्वर्ण की अंतरजातीय शादी पर बल दिया। इसकी स्वीकारता को बढ़ाने के लिए अति शूद्र और स्वर्ण शादी के जोडे को खुद आर्शीवाद देने की बात कही।

1945 में अंतरजातीय और अंतर्धार्मिक शादी को सुधारों के रूप में स्वीकार किया और 1947 तक तो अन्तर धार्मिक शादी

जहां भी हुई, का जोरदार समर्थन किया। अगर उनकी हत्या न होती तो हम भारतीय समाज को देख रहे होते जैसा कि कई मौको पर व्यक्त किया गया था, पूरा हिन्दू समाज उनके विचार में परिवर्तित हो गया होता।

6.15

अम्बेडकर के दलित दर्शन की दृढ़ता से प्रभावित काशीराम, जो कि एक सरकारी कर्मचारी थे, को अपनी नौकरी के दौरान भेदभाव व अपमान झेलना पड़ा। सत्तर के दशक में दलित वर्ग के कल्याण के लिए एक कार्यकर्ता बन गए। आरम्भ में उन्होंने रिपब्लिक पार्टी आफ इण्डिया का समर्थन किया, लेकिन कांग्रेस का सहयोग करने के कारण जल्दी ही इनका मोह भंग हो गया। 1971 में इन्होंने डी. के. खापरडे और दीनाभाई के साथ मिल कर दलित समाज के कर्मचारियों का संगठन जिसका नाम बामसेफ (दी आल इण्डिया बैकवर्ड एण्ड माइनोरटि कैमिनिटिज एम्पलाइज फेडरेसन) बनाया जिसकी औपचारिक घोषणा 6 दिसम्बर 1978 को दिल्ली के एक सम्मेलन में की। बामसेफ की विचारधारा सैद्धान्तिक रूप से समाज में असमानता जो भारतीय समाज को विभाजित करती है उसके खिलाफ लड़ना और जातिवाद को पूर्ण रूप से खत्म करना था। सूर्यकांत बाघमोर का कहना है कि यह दलितों के उस वर्ग को आकर्षित करता था जो तुलनात्मक रूप से समृद्ध था जो ज्यादातर शहरी क्षेत्रों में स्थित और छोटे शहरों में सरकारी कर्मचारी के रूप में काम कर रहे थे और आंशिक रूप से अछूत पहचान से अलग थे।

1981 में काशीराम ने एक और सामाजिक संगठन "दलित शोषित समाज संघर्ष समिति" (डी.एस.4) का गठन किया और

1984 में बहुजन समाज पार्टी नामक एक राजनीतिक दल बनाया। उन्होंने पूरे भारत वर्ष में दलित समाज के लोगों में राजनीतिक चेतना जगाई और दलितों को राजनीतिक तौर पर शक्तिशाली बनाने का कार्यक्रम निर्धारित कर दिया और दलित वोटरों को इस लक्ष्य को प्राप्त करने के लिए संगठित किया। वह संसद के सदस्य भी चुने गए। 2001 में उन्होंने एक जनसभा में सुश्री मायावती को अपना उत्तराधिकारी घोषित कर दिया।

6.16

काशीराम की मृत्यु के पश्चात् मायावती ने बहुजन समाज पार्टी को जारी रखा और बहुजनों जिन्हें आमतौर पर अनुसूचित जाति, अनुसूचित जनजाति व अन्य पिछड़ा वर्ग के साथ साथ सामाजिक परिवर्तन करने की काशीराम की विरासत को आगे बढ़ाया। वह भारत के सबसे बड़े राज्य उत्तर प्रदेश की चार बार मुख्यमन्त्री रह चुकी हैं। मुख्यमन्त्री के रूप में उन्होंने कुशल शासन और कानून व्यवस्था बढ़ावा देने के लिए प्रतिष्ठा प्राप्त की। मुख्यमन्त्री के रूप में इनका कार्यकाल उत्पीड़ित वर्गों के स्वशासन के लिए रहा है। उनका कार्यकाल ब्राह्मण और दलितों को एक राजनीतिक मंच पर लाने के लिए जाना जाता है। वह हिन्दू समाज के सबसे निम्न स्तर के दलितों के उत्थान और कल्याण के लिए लगातार वकालत करती रही हैं लेकिन इन्होंने ने भी जाति उन्मूलन के लिए दृढ़ता से कभी भी आवाज नहीं उठाई जो वास्तव में हजारों सालों से दलितों के उत्पीड़न का कारण है।

अध्याय सात
जाति विनाश के कारण

7.1

जाति प्रथा भारतीय समाज के लिए मौलिक नहीं है, यह माना जाता है कि यह वर्ण व्यवस्था का एक विकृत रूप है जिसका स्वयं का मूल एक पहेली है। चतुर्वर्ण की उत्पत्ति की सर्वाधिक मानी जानी वाली धारणा, पुरूष-सूक्त ही एक पहेली है। विद्वानों का मत है कि पुरूष-सूक्त ऋग्वेद में बाद का प्रक्षेप है जो ऋग्वेद की समाप्ति के काफी समय बाद लिखा गया है। आरम्भ में ऋग्वैदिक समाज में केवल तीन वर्ण थे और चौथे वर्ण का ऋग्वेद में पुरूष-सूक्त के अतिरिक्त कहीं भी उल्लेख नहीं है। पुरूष सूक्त में सोलह छंद हैं जो भारतीय विश्वोत्पत्तिवाद की ब्रह्माण्ड की उत्पत्ति के बारे में है और छंद 11 व 12 में चतुर्वर्ण का उल्लेख है जो कि समाज की संरचना के बारे में है जो न तो अन्य चौदह छन्दों के अनुरूप है और न ही उनके महत्त्व के समान है। ऐसा प्रतीत होता है कि समाज का गठन ब्रह्माण्ड की उत्पत्ति विज्ञान में बहुत ही सोच समझ कर और चतुराई से जोड़ा गया है। पहला तो यह कि भारतीय आर्य समाज के समकालीन रूप को प्रभावित करने के लिए और दूसरा चार वर्णों की तुलना शरीर के विभिन्न अंगों के साथ अलग-अलग

महत्त्व के साथ ईश्वरीय आदेश से वर्णों को श्रेणीबद्ध उन्नयन बनाने के लिए।

शतपथ ब्राह्मण (1000-800 ई.पू.) और तैतिरिया ब्राह्मण (400-300 ई.पू.) प्रभाव या अधिकार में वेदों के बराबर है, उनमें भी समाज की वर्ण व्यवस्था में तीन वर्णों का ही उल्लेख है। वशिष्ठ धर्म सूत्र (300 ई.पू. - 100 ई. पू.) में चार जातियाँ ब्राह्मण, क्षत्रिय, वैश्य और शूद्र का वर्णन है। तीन जातियां ब्राह्मण, क्षत्रिय और वैश्य द्विज जातियां हैं। इनमें प्रत्येक पूर्ववर्ती वर्ण बाद के वर्ण से बेहतर है। आपस्तम्ब धर्मसूत्र (400-350 ई.पू.) में चार वर्णों ब्राह्मण, क्षत्रिय, वैश्य और शूद्र का उल्लेख है।

7.2

शूद्र का दूसरे वर्ण से चौथे वर्ण में पदावनति सतपथ ब्राह्मण के लिखने के कुछ समय बाद हुआ है जिसमें तीन वर्ण का उल्लेख है और उनमें कोई ऊँच नीच का कोई पदक्रम नहीं है परन्तु आपस्तम्भ में चार वर्णों का असमानता के पदक्रम सहित उल्लेख है। मनु ने उसकी स्मृति, जो सम्भवतः 184 ई. में लिखी गई थी, अंततः ईश्वरिय आदेश के रूप में पुरुष सूक्त के आदर्श को प्रतिपादित करने वाला कानून बनाया। उन्होंने कहा, "संसार की समृद्धि के लिए उन्होंने (निर्माता, सृष्टि रचयिता) ने अपने मुंह, बाहों, जांघों और पैरों से ब्राह्मण, क्षत्रिय, वैश्य और शूद्रों की रचना की। ब्राह्मण, क्षत्रिय और वैश्य द्विज जातियां हैं लेकिन चौथे शूद्र का एक ही जन्म होता है। इतना ही नहीं, उन्होंने कहा कि वेद ही धर्म की एक मात्र और अंतिम स्वीकृति है। पुरुष सूक्त के मूल आदर्श सामाजिक चतुर्वर्ण को मनु ने देवत्व और अचुकता से जोड़ दिया जो पहले नहीं था। फिर भी केवल चार

वर्ण ही थे लेकिन बाद में व्यवसाय से सम्बन्धित असमानता समाज में फैलती गई और भिन्न-भिन्न जातियां बनती गई। इसके साथ ही अंतरजातिय विवाह से पैदा हुई सन्तानों से भी नई जातियां बनी और यहां तक कि मनु के समय तक केवल 28 जातियां थी लेकिन पीढ़ी दर पीढ़ी अपनाए गए विभिन्न व्यवसायों, अंतरजातिय विवाह और आदिवासियों का जातियों में परिवर्तन, जाति परिषदों द्वारा बहिष्कार, ब्राह्मणों द्वारा जातियों के उन्नयन और गिरावट के संयुक्त प्रभाव ने हजारों जातियों को जन्म दिया जैसा कि आज हम देखते हैं। आज भी यह एक पहेली बनी हुई है कि मूल रूप से ब्राह्मण एक वर्ण था और आज हम ब्राह्मण के रूप में एक जाति पाते हैं और इसके विपरीत आरम्भ में शूद्र एक वर्ण था लेकिन शूद्र के नाम से आज कोई भी जाति नहीं है जबकि इस श्रेणी में हजारों जातियां हैं जिन्हें हम अनुसूचित जातियों के समूह के नाम से जानते हैं। आज कोई भी यह दावा नहीं कर सकता है कि वह अपने पूर्व के प्रथम शुद्ध माता पिता की सन्तान है।

क्या किसी ब्राह्मण को मुंह से और शूद्र को पैरों से निकालते हुए प्रमाण पत्र दिया था? वैकल्पिक रूप से क्या उन्होंने पायरेसी को रोकने के लिए सत्यापन के लिए एक नाम-पत्र लगाया था। सबसे बुनियादी प्रलेख में यह सुविधा विद्यमान है। भगवान इतना बुद्धिमान क्यों नहीं था कि इसे याद कर सके। यदि ऐसा कोई साधन सत्यापन करने का हमारे पास नहीं है तो इसका क्या तरीका है कि जो व्यक्ति ब्राह्मण होने का दावा कर रहा है वह वास्तव में ब्राह्मण है? क्या उसके पास उस डी.एन.ए. का प्रमाण पत्र है कि वह पहले ब्राह्मण की जैविक सन्तान है जो रचयिता के मुंह से बाहर आया था।

जन्म आधारित जाति व्यवस्था के बारे में सबसे हास्यास्पद बात यह है कि यह मुंह के अपुष्ट शब्दों पर आधारित है। यह समझने का कोई तरीका नहीं है कि क्या आज का ब्राह्मण वास्तव में बीते कल के ब्राह्मण की सन्तान है। गौत्र या ऋषि का नाम चाहे जो भी हो, दावे की सत्यता की जांच करने का कोई तरीका नहीं है। अब शुद्ध जाति कहीं नहीं है और दुनिया के सभी हिस्सों में सभी जातियों का मिश्रण है। पंजाब के ब्राह्मण पंजाब के चमार समान नस्ल के हैं और चेन्नई के ब्राह्मण चेन्नई के परियार समान नस्ल के हैं। जातिय व्यवस्था नस्लीय विभाजन का सीमांकन नहीं करती है। जाति व्यवस्था एक ही नस्ल के लोगों का सामाजिक वर्गीकरण है।

7.3

आरम्भिक समय में भारतीय आर्य समाज तीन वर्णों में विभाजित था जो बाद में शूद्रों को दूसरे वर्ण से पदावनत करके चौथे वर्ण में करने से चार वर्णों में बदल दिया गया था और समाज का यह विभाजन मुख्य रूप से अपनाए गए व्यवसाय पर आधारित था और इस अपनाए गए व्यवसाय के आधार पर बदला जा सकता था। इस बात के बहुत से प्रमाण हैं कि क्षत्रिय पुरोहिती और अनुष्ठान करते थे और शूद्र राजा थे। यह वह समय था जब ब्राह्मणों ने अपने लिए विशेषाधिकार प्राप्त करना शुरू कर दिया और सभी वर्णों से श्रेष्ठ घोषित कर दिया। मनुस्मृति में वर्ण व्यवस्था को अचूक और ईश्वरीय आदेश घोषित कर दिया और तब से शूद्रों का पतन शुरू हुआ और यह अब सबसे घृणित स्थिति में चला गया। ऐसी व्यवस्था क्यों जारी रहे, जो मौलिक नहीं है जिसने चतुराई से एक वर्ग का सम्मान करने और दूसरे का तिरस्कार करने के लिए एक दैविय अधिकार बना दिया

गया। दुनिया में ऐसी कोई सामाजिक व्यवस्था नहीं है जिसमें एक वर्ग को सम्मान दिया जाए और दूसरे को तिरस्कृत समझा जाए। अतः भारत से इस व्यवस्था को तत्काल खत्म करना होगा। स्वामी अग्निवेश के शब्दों में, ''विकसित मानव मन का सबसे मूर्खतापूर्ण आविष्कार, यह जाति व्यवस्था होगी।''

7.4

मनुष्य एक सामाजिक प्राणी है, जिसके समान हालात होते हैं। आनन्द के योग को बढ़ाने और मानव जाति के कल्याण को बढ़ावा देने के लिए मनुष्य समाज का निर्माण करता है। लेकिन समान हालातों की समानान्तर गतिविधियां समाज में पुरूषों को बांधती नहीं है। हिन्दुओं द्वारा मनाए जाने वाले त्यौहार सब सांझे हैं, लेकिन विभिन्न जातियों द्वारा ये त्यौहार समानान्तर मनाए जाते हैं न कि सभी जातियों द्वारा एक साथ और यही एक पूर्ण समाज होने में सबसे बड़ी बाधा है और एकीकृत मानव सुख का विरोधी है। इस तरह से सभी मानव गतिविधियों, चीजों और सेवाओं के उत्पादन, रीति रिवाजों का पालन करना, नियम, कानून बनाना और उनका पालन करना, शिक्षा ग्रहण करना और प्रदान करना, धार्मिक और सामाजिक गतिविधियों का संचालन आदि का अंतिम उद्देश्य मानव की खुशी के लिए है और जातिवाद इसका जानी दुश्मन है। प्राकृतिक सम्बन्धों को तोड़ना, मित्रों को अलग करना, हृदय को कठोर करना, सहानुभूति के लिए संघर्ष करना, आत्म सम्मान के रूप में गर्व को बढ़ाना, मानवता से घृणा उत्पन्न करना, स्नेह को दबाना और विश्वास और निष्ठा को नष्ट करना जातिवाद का परिणाम है और उससे वास्तविक सुख और शांति अनजान बन जाते हैं।

हिन्दुओं की नैतिकता पर जाति का प्रभाव बहुत ही निंदनीय है। जाति ने जनभावना को खत्म कर दिया है। जाति ने परोपकार की भावना को नष्ट कर दिया है और जनमत को असम्भव बना दिया है। हिन्दू का जनमानस उसकी जाति ही है। उसकी जिम्मेवारी वह केवल और केवल अपनी जाति के प्रति ही मानता है। उसकी वफादारी केवल उसकी जाति तक सीमित है। सदाचार जातिबद्ध हो गया है और नैतिकता भी जातिगत हो गई है। योग्य व्यक्ति के लिए कोई सहानुभूति नहीं है। मेधावी की कोई कदर नहीं है। जरूरतमन्द के लिए कोई परोपकार नहीं है। परोपकार है, परन्तु यह अपनी जाति से शुरू होकर अपनी ही जाति पर खत्म हो जाता है। सहानुभूति है, लेकिन दूसरी जाति के व्यक्तियों के लिए नहीं। सद्गुणों की सराहना होती है, लेकिन केवल तभी जब आदमी साथी जाति का आदमी हो। पूरी नैतिकता आदिमानव नैतिकता जितनी ही खराब है। मेरी जाति का आदमी अच्छा हो या बुरा। यहाँ पर गुण के साथ या अवगुण के विरूद्ध खड़े होने का सवाल नहीं है, परन्तु खास जाति के साथ खड़ा होना है या उस जाति के विरूद्ध खड़ा होना है। क्या हिन्दुओं ने अपनी जाति हित में अपने देश के खिलाफ देशद्रोह नहीं किया है। जाति आर्थिक दक्षता को प्रभावित करती है और उसके परिणाम विपरीत ही होते हैं। जाति के कारण न तो नस्ल में सुधार हुआ है और न ही सुधार कर सकती है। लेकिन जातिवाद ने एक चीज अवश्य कर दी है, इसने हिन्दुओं को पूरी तरह से असंगठित और हतोत्साहित किया है। प्रत्येक जाति केवल अपनी जाति के अस्तित्व के प्रति सचेत है। इसका अस्तित्व ही इसके अस्तित्व का सर्वस्व और अंत है। जातियां कभी भी एक संघ और संगठन नहीं बनाती। एक जाति को यह महसूस नहीं होता है कि उसका अन्य जातियों से सम्बन्ध है, सिवाय इसके कि जब हिन्दू-मुस्लिम दंगा हो। अन्य सभी अवसरों पर प्रत्येक

जाति स्वयं को अलग करने और अन्य जातियों के स्वयं को अलग दिखने और दिखाने का प्रयास करती है। किसी प्रकार की हिन्दू चेतना नहीं है। प्रत्येक हिन्दू में जो चेतना होती है वह उसकी जाति की चेतना होती है। यही कारण है कि हिन्दू एक समाज या राष्ट्र बना सकता है, नहीं कहा जा सकता।

हिन्दू धर्म को जब तक प्रचारक धर्म नहीं बनाया जा सकता जब तक कि जाति को पूर्ण रूप से समाप्त न कर दिया जाए। दूसरे धर्मों से हिन्दू धर्म में परिवर्तन करने में सबसे बड़ी बाधा ही हिन्दू धर्म की जाति व्यवस्था है क्योंकि किसी दूसरे धर्म के व्यक्ति को किस जाति में प्रवेश दिया जाए। दूसरी और इसके विपरीत हिन्दू धर्म की निम्न जातियाँ अनुसूचित जाति और अनुसूचित जनजाति दूसरे धर्मों में परिवर्तन के लिए सबसे उपयुक्त हैं। अन्य धर्म हिन्दुओं की अनुसूचित जाति और अनुसूचित जनजाति को नए धर्म में समुदाय के सामाजिक जीवन में समान स्थिति के आधार पर अपना धर्म बदलने के लिए लुभाते हैं जो कि अधिक महत्वपूर्ण है। जाति व्यवस्था अन्य धर्मों से हिन्दू धर्म में रूपांतरण के लिए असंगत है।

यदि हम इस बात का अध्ययन करें कि सिख और मुसलमान किस बात से निश्चित महसूस करते हैं और सहायता और रख रखाव के मामले में हिन्दू इतनी निराशा से क्यों भरे हुए हैं तो हम पाएंगे कि इस अंतर का कारण उनके जीने के ढंग से सम्बन्धित सम्बन्धों के कारण है। सिखों और मुसलमानों द्वारा आभास की जाने वाली जीवन शैली भाईचारा की भावना पैदा करती है। हिन्दुओं के जीवन के संबंध में उनमें ऐसा नहीं करती। सिखों और मुसलमानों में एक सामाजिक बन्धन है जो उनको आपस में भाई बनाता है। परन्तु हिन्दुओं में ऐसा कोई बन्धन नहीं है और एक हिन्दू दूसरे हिन्दू को अपना भाई नहीं

मानता है। यही कारण है कि एक सिख कहता भी है और मानता भी है कि एक सिख या एक खालसा सवा लाख लोगों के समान है।

अम्बेडकर और जात पात तोड़क मण्डल दोनों का यह मानना था कि हिन्दू समाज के घातक रोग का निदान एक ही था कि हिन्दुओं के विघटन और पतन का मूल कारण जाति व्यवस्था है। अम्बेडकर ने अनुसूचित जनजातियों के लिए लिखा कि यदि जंगली लोग बुरे बने रहें तो वे हिन्दुओं को कोई नुकसान नहीं पहुंचा सकते हैं लेकिन अगर उन्हें गैर हिन्दुओं द्वारा पुनः प्राप्त कर लिया गया और उनके पंथ में परिवर्तित कर दिया गया तो वे हिन्दुओं के दुश्मनों की श्रेणी में आ जाएंगे। अगर ऐसा होता है तो हिन्दू को स्वयं को और अपनी जाति व्यवस्था को धन्यवाद देना होगा।

हिन्दू समाज का उर्ध्वाधर विभाजन बताता है कि एक मुसलमान हिन्दुओं की भीड़ के बराबर क्यों है? और यह अन्तर निसन्देह ही जाति अन्तर के कारण है। जब तक जाति विद्यमान रहेगी कोई संगठन नहीं बनेगा और जब तक कोई संगठन नहीं बनेगा, हिन्दू कमजोर और नम्र बने रहेंगे। जिस व्यवस्था को हम हिन्दू शास्त्रों की आड़ में पालन करने के लिए विवश हैं, उससे अधिक विक्षिप्त सामाजिक संगठन की कोई व्यवस्था नहीं हो सकती। यह वह प्रणाली है जो लोगों को सहायक गतिविधियों से भयभीत, पंगु और अपंग करती है। यह कोई अतिशयोक्ति नहीं है। इतिहास में इसके बहुत प्रमाण हैं। भारतीय इतिहास में केवल एक अवधि है जो कि स्वतन्त्रता, महानता और गरिमा की अवधि है और वह मौर्य साम्राज्य का काल खण्ड है।

7.5

जाति बौद्धिक स्वतन्त्रता को समाप्त कर देती है। यह विचारों को रूढ़िवादी बना देती है। विद्वान पुरूष, महाविद्यालयों के प्राध्यापक, जनमत के नेता, परामर्शदाता, न्यायाधीश, मजिस्ट्रेट, समाचार पत्रों के सम्पादक और प्रतिभा और शिक्षा के अन्य व्यक्तियों, जो बचकाने और पागल रीति रिवाजों में हाथ से लेकर पैर तक बन्धे हुए हैं जिनसे अगर वे मामूली से भी विचलित होते हैं तो उन्हें उस समाज से बहिष्कृत होने का खतरा होता है जिससे वे सम्बन्धित हैं और जिसके वे रत्न माने जाते हैं और यही नहीं बल्कि उनके स्वयं के सबसे करीबी और प्रिय द्वारा पूरी तरह से त्याग दिए जाने का भय रहता है।

जाति व्यवस्था सभी पहलुओं पर उन्नति में बाधक है चाहे वह व्यक्तिगत जीवन हो, समाज की प्रगति हो या सभ्यता और देश की उन्नति हो। समाज को समग्र और संगठित बनने में जाति व्यवस्था एक बड़ी बाधा है। यह नए रास्ते खोजने में और बुद्धि के विकास में रूकावट है। जाति न केवल ज्ञान, बुद्धि, न्याय और यहां तक कि ईमानदारी के साथ भी समझौता ही नहीं करती है बल्कि इन सब पर भारी पड़ती है। जाति के बन्धन समाज के किसी भी अन्य बन्धन से अधिक मजबूत हैं बल्कि हिन्दू धर्म में धर्म से भी ज्यादा मजबूत हैं। एक हिन्दू अपने धर्म से अधिक जाति के प्रति ज्यादा जागरूक है बल्कि दुनिया के दूसरे धर्मों में इसके विपरीत है, इसके परिणाम स्वरूप हिन्दू धर्म के नाम पर नहीं, जाति के नाम पर संगठित होता है। हिन्दुओं की सभी चिंताओं में उनकी प्रगति से सम्बन्धित सम्भवतः सबसे बड़ी और भारी बाधा जाति ही है। यह ईर्ष्या को बढ़ावा देती है, अलग अलग गुटों को भड़काती है, संगठित होने से रोकती है और इस प्रकार राष्ट्र के प्राकृतिक विकास को

दबाती है और इसे स्तब्ध और असफल रखती है। जाति की समस्या एक ऐसे समाज का निर्माण कर रही है जो बिल्लियों और कुत्तों की तरह लड़ता है। वास्तव में जातिवाद भारतीय संस्कृति को खत्म कर रहा है।

जाति अत्यन्त स्वार्थी है। प्रत्येक अलग जाति का उद्देश्य अपने पड़ोस में अन्य सभी के हितों की परवाह किए बिना, अपने छोटे और अक्सर महत्वहीन समुदाय के कल्याण के लिए प्रयासरत रहना है। प्रत्येक जाति केवल अपने बारे में सोचती है, अपने आप में एक साम्राज्य है, निर्भर है, किसी अन्य जाति से जुड़ाव नहीं है, किसी अन्य की परवाह नहीं करता है, परिश्रम से अपनी समृद्धि चाहता है और विपरीत परिस्थितियों से पूरी तरह से अप्रभावित है, जो इसके तत्काल आस पास के क्षेत्र में सौ अन्य जातियों पर पड़ सकती है। एक हिन्दू अपने लिए नहीं जीता है बल्कि अपनी जाति के लिए जीता है। जब वह यह जान जाता है कि वे उसकी जाति से सम्बन्धित नहीं है तो वह पुरूषों और महिलाओं के अत्यन्त संकट में भी पूर्ण उदासीनता से देखेगा। यह असाधारण और विषम संस्था हिन्दू समाज पर एक निर्दयी की तरह बैठी है। इस सर्प के घातक दंश और गंदे आलिंगन से उनका सामाजिक रक्त छिन्न-भिन्न हो गया है और उनके सामाजिक जीवन का गला घोंट दिया गया है। जब तक इस राक्षसी बुराई का नाश नहीं हो जाता, तब तक हिन्दुओं के बीच कोई सच्ची और व्यापक जनमत या कोई मजबूत एकजुट कारवाई होना असम्भव है।

जाति व्यवस्था में सबसे बुरी विशेषता असामाजिक भावना का होना है। एक जाति को दूसरी जाति के खिलाफ गाने बनाने और गाने में आनन्द की अनुभूति होती है। हिन्दुओं का साहित्य जाति वंशावली से भरा हुआ है जिसमें एक जाति को श्रेष्ठ

उत्पत्ति और अन्य जातियों को नीच मूल देने का प्रयास किया गया है। सह्याद्रि काण्ड साहित्य इस वर्ग का एक कुख्यात उदाहरण है। यह विरोधी सामाजिक भावना अकेले जाति तक ही सीमित नहीं है बल्कि नीचे तक गहराई से चली गई है और उपजातियों तक आपसी सम्बन्धों में जहर भर गया है।

गोलक ब्राह्मण, देवसखा ब्राह्मण, हरदा ब्राह्मण, पाल्यो ब्राह्मण और चितपावन ब्राह्मण सभी ब्राह्मण जाति के उप जाति होने का दावा करते हैं, लेकिन उनके बीच जो असामाजिक भावना व्याप्त है, वह उतनी ही चिन्हित और विषैली है जितनी की उनके और गैर-ब्राह्मणों के बीच। इसलिए हिन्दू केवल जाति का एक वर्गीकरण नहीं है बल्कि कई युद्ध क्षेत्र समूह हैं जो प्रत्येक अपने लिए अपने स्वार्थी आदर्शों के लिए जी रहे हैं। जाति की एक निंदनीय विशेषता है कि जाति और जाति चेतना के अस्तित्व के बीच पीछे तक के बैर भाव को लेकर चलती है और कभी एकजूट नहीं होने देती है। ब्राह्मणवाद पीड़ितों और उत्पीड़िकों के बीच एक स्पष्ट रेखा खींचना असम्भव सा बना देता है। भले ही जाति का पदानुक्रम यह स्पष्ट करता है कि वे पीड़ित और उत्पीड़क हैं (उदाहरण के लिए छूत और अछूत के बीच के स्पष्ट रेखा है) ब्राह्मणवाद जातिगत रेखाओं में सामाजिक या राजनीतिक एक जुटता की सम्भावना को रोकता है। एक प्रशासनिक प्रणाली के रूप में यह एक शुद्ध और सहज योग्यता है। माओत्सतंग का अपनी छापामार सेना के लिए प्रसिद्ध सन्देश था कि एक चिंगारी एक प्रेयरी आग जला सकती है। शायद ब्राह्मणवाद ने प्रेयरी की बजाय भारत को एक भूल भुलैया बना दिया है। और बेचारी चिंगारी भटकती हुई चार दिवारी में खो जाती है। अम्बेडकर के अनुसार यह स्वतन्त्रता, समानता और भाईचारे की भावना के विपरीत है।

आने वाले सुधार की पूर्व सूचना के रूप में एक महत्वपूर्ण और बहुत आशान्वित संकेत समाज के शिक्षित और बुद्धिमान सदस्यों के बड़े हिस्से की इच्छा स्पष्ट रूप से दिखाई देती है। हिन्दू विचार के कई नेताओं द्वारा पोषित एक क्रान्तिकारी परिवर्तन की इच्छा, हालांकि कुल मिलाकर उनकी संख्या तुलनात्मक रूप से कम हो सकती है परन्तु अतुलनीय मूल्य की है। किसी भी आन्दोलन के होने से पहले ऐसी इच्छा आवश्यक है और यह वही वर्ग है जो इसे दूसरों में जगा सकता है और इसे अपने ऊपर और नीचे के विभिन्न वर्गों में प्रसारित कर सकता है। अब सामाजिक मीडिया के युग में जाति उन्मूलन आन्दोलन गति तो पकड़ रहा है पर यह दिशाहीन है और अनिर्दिष्ट है। भारतीय समाज का एक महत्वपूर्ण वर्ग सामाजिक स्तरीकरण की इस कुख्यात व्यवस्था को खत्म करने के लिए अत्यधिक उतावला है लेकिन उनका भ्रम यह है कि उनकी भूख को सन्तुष्ट करने का कोई तरीका नहीं है।

7.6

जब तक शिक्षित हिन्दू जातिगत धारणा और रिति-रिवाजों से मोहित रहेंगे, तब तक उनका दिमाग अविकसित और कठोर रहेगा और शिक्षा से मिलने वाला सबसे कीमती फल का लाभ नहीं उठा पाएगा। जाति बुद्धि को पंगु बना देती है। आत्मा की प्रेरणा को दबा देती है, आन्तरिक आंख (अन्तरमन) को केवल स्वयं को देखने और अन्य को नहीं देखने के लिए प्रेरित करती है और मानव ज्ञान के महान लक्ष्य को रोकती है। राम मनोहर लोहिया ने कहा है कि "जाति अवसर को सीमित करती है, सीमित अवसर क्षमता को सीमित करता है, सीमित क्षमता आगे उन अवसरों को प्रतिबंधित करती है जहां जाति प्रबल

होती है, अवसर और क्षमता, हमेशा लोगों के संकुचित हलकों तक सीमित होते हैं।"

शिक्षित हिन्दू और अन्य सभी हिन्दू जो स्वयं और अपने देश की प्रगति के लिए चिन्तित हैं, अब इस मामले में उन्हें अपनी पसन्द को आगे बढ़ाना होगा। या तो जाति के साथ पूर्वाग्रहों, अभिमान और मानसिक महत्व को जिसके माध्यम से भारत अतीत के अज्ञानता युग में पीड़ित रहा है बनाए रखें या फिर इनको तिलांजली देकर सभी पुरूषों के प्रति भाईचारे का प्यार पैदा करते हुए, हर वर्ग के हिन्दुओं को एक परिवार के रूप में मानते हुए, उच्च और निम्न, अमीर और गरीब सबके उत्थान और ज्ञान के लक्ष्य को हासिल करने के लिए, अपमानित, दयनीय और बहिष्कृत जातियों के सुधार के लिए गम्भीर विचारों को संजोते हुए और इनको हिन्दू परिवार के अभिन्न अंग के रूप में समायोजित करते हुए, अपने देश को सामाजिक व्यवस्था के दूरस्थता से मुक्त होने की आशा की चमक को महसूस करने तक उस मशाल को जलाए रखना है ताकि उन सभी सामाजिक बुराइयों से जो अब तक जुल्म करती आई हैं उनसे पूरी तरह से छुटकारा नहीं दिला देती हैं।

7.7

पहले ही जातियों के बीच संघर्ष शुरू हो चुका है और यह स्पष्ट रूप से देखने पर प्रकट होता है। ज्ञान किसी व्यक्ति का सम्मान नहीं है और अगर चाहने वालों को यह प्रदान किया जाए तो सवाल यह आता है कि कौन जीतेगा। प्राचीन काल में ज्ञान अर्थात् संस्कृत साहित्य ब्राह्मण जाति तक ही सीमित था, यह ज्ञान का दोष नहीं था, बल्कि ब्राह्मणों का। अब जब कि इस आज के युग में ज्ञान व्यापक है और साथ ही साथ पूरी

तरह मुक्त है, जो कोई भी उसे स्वीकार करेगा उसे वह अपना आर्शीवाद देगा। इसलिए ब्राह्मण या किसी अन्य जाति का इस पर कोई विशेषाधिकार नहीं है। इस दौड़ में सभी धावक समान हैं। जीत उन्हीं की होगी, न कि उनकी जिनका वंश देवताओं का है, न ही जो जन्म से कुलीन, राजकुमार और योद्धा हैं, जिनकी सम्पत्ति उन्हें अनुचित प्रभाव और अधिकार देती है, बल्कि जो सबसे तेज दौड़ेंगे।

7.8

भारत के इस काल में सबसे आशावादी उत्साहजनक तथ्यों में से एक निर्विवाद तथ्य यह है कि प्रमुख जातियां जीवन के मूल्यों के प्रति जागृत हो रही हैं। पहले केवल ब्राह्मण ही बुद्धिमत्ता के लिए प्रतिष्ठित रहा है। लेकिन अब, आम तौर पर लोगों को प्रभावित करने वाले बहुसंख्यक स्पष्ट प्रभावों के तहत, वे शक्तिशाली रूप से आगे बढ़ रहे हैं और सैंकड़ो जातियों की छुपी हुई बुद्धिमता ने उनमें से नीरसता की जमी धुन्ध को छेदना आरम्भ कर दिया है और अब आशा की किरणें चमकने लगी हैं। इस प्रकार उत्थान, बौद्धिक पुनरूत्थान और हर तरफ दिखाई देने वाली जांच की भावना हमारे समय के हिन्दू की प्रमुख विशेषताएं हैं। यह एक सबसे स्वस्थ संकेत है।

7.9

इस पराकाष्ठा की प्रत्याशा जो हिन्दुओं द्वारा इसके लिए स्वयं को तैयार करने के तरीके के अनुसार शीघ्र या विलम्बित होगी, उन्हें सबसे पहले, अपने भाग्य पर विश्वास करने दें और फिर जो कुछ भी इसकी पूर्ति में बाधा डालता है, उसे रास्ते से हटाने

का फैसला करने दें। उनका व्यवसाय और जीवन खराब नहीं रहा है, लेकिन इसकी चमक लम्बे समय से फीकी पड़ गई है। उन्हें पूरी तरह आश्वस्त होने दें कि उनकी आशाएं समाप्त नहीं हुई हैं और उनके स्वयं के व्यक्तित्व में महानता के तत्व हैं, जिन्हें केवल एक उपयुक्त अवसर की तलाश है और विरोधी प्रभावों पर काबू पाने के लिए उनको पूरी सीमा तक विकसित होने दें, वे अपने पठन-पाठन में रखी ज्ञान की सभी शाखाओं का लाभ उठाने का संकल्प लें और निसंकोच और निडर होकर इसकी परिवर्तनकारी ऊर्जा के प्रति समर्पण करें।

7.10

चूंकि जाति एक सामाजिक भेद है जो पुरूषों के बीच एक आवश्यक और प्राकृतिक धारणा पर निर्भर है - एक अन्तर जिसके आधार पर एक वर्ग को शुद्ध और दूसरे को नीच माना जाता है, एक को भगवान का आर्शीवाद प्राप्त है और दूसरे को शाप, एक सिर से पांव तक स्वाभाविक रूप से और पूर्ण रूप से अच्छा है, हर कल्पनीय अर्थ में, बिना किसी दोष या दाग के और दूसरा पूरी तरह से घृणित और अपरिवर्तनीय रूप से बुरा - क्या वैदिक और नैतिक विकास के सामने ऐसी व्यर्थ धारणा को बनाए रखा जाना चाहिए जो उनके बीच भयंकर संघर्ष और दुश्मनी पैदा करेगा। क्या एक पल के लिए यह माना जा सकता है कि एक युवक निम्न जाति का, जो अपनी मेहनत और प्रतिभा से सभी प्रतिस्पर्धियों को पीछे छोड़ देता है और एक उदार और निष्पक्ष सरकार के अधिकार के तहत विश्वास और सम्मान के प्रमुख पद पर प्रवेश कर लेता है तो वह अपने साथी देशवासियों के अभिमानी वर्ग द्वारा तिरस्कृत और घृणा करने वाले सामाजिक प्रतिबन्ध के अधीन सन्तुष्ट होगा जिसमें

से प्रतिभा, क्षमता, शिक्षा, गुण और ऊर्जा में खुद को पूरी तरह से समान दिखाया है? पहले ही ऐसे पुरुष-ऐसे गुणों के-और ऐसे स्तर के-सामने आ चुके हैं।

यदि ब्राह्मण और आमतौर पर उच्च जाति किसी भी कीमत पर अपना मानसिक प्रतिबन्ध बनाए रखते हैं और निम्न जातियों के प्रति निकटता नहीं रखते हैं, भले ही उनकी बुद्धि और ज्ञान में तुलनात्मक सुधार हो चुका हो और अगर वे उच्च जातियां उन सामाजिक भेदों को पूरी तरह से बिना समाप्त किए संरक्षित करने पर जोर देते हैं जो अज्ञानता के युग में लागु किए गए थे, जब लगभग सभी हिन्दू स्वीकार करते थे कि ब्राह्मण अज्ञानता और बर्बरता में डूबे हुए थे, तो यह बताने के लिए एक ईश्वरिय दूत की आवश्यकता नहीं है कि एक सामाजिक विद्रोह-जिसके परिणामस्वरूप जातियों का धर्मान्तरण होगा, वह ज्यादा दूर नहीं है। यह विदित है कि जिस प्रकार एक राजा के अत्याचार को लोगों की बढ़ती स्वतन्त्रता के सामने समाप्त हो जाना चाहिए और इसी प्रकार हिन्दुओं के बढ़ते ज्ञान और प्रगतिशील सभ्यता से पहले ही जाति का पतन हो जाना चाहिए।

7.11

यदि ये कथन सत्य है, बिना किसी विवाद के स्वीकार करते हैं, तो यह कितना महत्त्वपूर्ण है कि उच्च जातियाँ उस महान सामाजिक प्रश्न को अच्छी तरह से समझ लें, और उदारता की भावना से निचली जाति के प्रति पहले समीपता और अपनापन बढ़ाएं जिसे देश के समाज का मध्यम वर्ग कहा जा सकता है। इन जातियों में निर्विवाद रूप से सबसे ऊर्जावान, सबसे अधिक महत्त्वाकांक्षी और सबसे सफल, बुद्धिमान, तीव्र रूप से सक्रिय और चरित्र की अपार शक्ति के लोग हैं और उनके कुछ सदस्य

शिक्षा के उच्चतम शिखर तक पहुंच गए हैं। उन्हें उस चेतना में आने दो, उन्हें यह विचार जगाने दो कि वे ब्राह्मणों की तरह शिक्षित, सक्षम और बुद्धिमान हैं - अपनी धर्म निरपेक्ष योजनाओं में कहीं अधिक सफल हैं और बड़े पैमाने पर हिन्दू समाज पर बहुत गहरा और बेहतर प्रभाव डालते हैं और वे अगर चाहें तो ब्राह्मणवाद की जड़ और शाखाओं को नष्ट कर सकते हैं और पूरी तरह से नष्ट कर सकते हैं।

7.12

यदि उच्च जातियां बुद्धिमान होने के साथ-साथ विनम्र भी हों तो वे निम्न जातियों की तरफ भाई चारा और मेल मिलाप के लिए हाथ आगे बढ़ाने में कोई समय नहीं गंवाएंगी। इस तरह के कदम से उनकी भव्यता से उन्हें वह सम्मान और प्राप्त होगा जो वे वर्तमान में प्राप्त कर रहे हैं। इसके अलावा, धैर्यपूर्वक चिन्तन से वह वर्ग इस निष्कर्ष पर आ गया है कि उच्च जातियां वर्तमान में इनके दमन करने की कोशिश नहीं करेंगी। निम्न जाति, जब पर्याप्त रूप से शिक्षित और विचार जागृत होगी तो उग्र और असहनीय आक्रोश में उठेगी परन्तु शांति से, निश्चित रूप से उनमें शर्म की एक अमिट कलंक के साथ छाप छोड़ेगी। ब्राह्मणों को समय के अनुरूप श्रेष्ठता और हिन्दुओं के नेतृत्व को खोना पड़ेगा। यह सबसे अधिक हानिकारक, कठोर हृदय और क्रूर प्रणाली है जिसका आविष्कार सम्भवतः मानव जाति को नुकसान पहुँचाने के लिए किया गया है।

7.13

गान्धी जी का मत था कि जाति का धर्म से कोई लेना देना नहीं है और यह आध्यात्मिक और राष्ट्रीय विकास के लिए

हानिकारक है। वर्ण और आश्रम व्यवस्थाओं का जाति व्यवस्था से कोई लेना देना नहीं है। वर्ण व्यवस्था के नियमानुसार अपनी आजीविका कमाने के लिए अपना पैतृक व्यवसाय अपनाना चाहिए। यह अनिवार्य रूप से व्यवसाय से सम्बन्धित है जो मानव कल्याण के अनुकूल है और अन्य कोई कारण नहीं है। इससे यह भी पता चलता है कि कोई भी व्यवसाय न तो ऊँचा है और न ही नीचा है, सब समान हैं। सभी व्यवसाय अच्छे, वैध और स्थिति में पूर्ण रूप से समान हैं। ब्राह्मण का व्यवसाय आध्यात्मिक शिक्षक और एक सफाई कर्मचारी वाल्मिकी का व्यवसाय समान हैं और भगवान के सामने दोनों ही व्यवसाय समान योग्यता रखते हैं और दोनों का आकलन बराबर होता है।

28 नवम्बर 1936 के हरिजन समाचार पत्र में गान्धी जी ने 'आदर्श भंगी' नामक लेख लिखा था। उनकी अवधारणा में आदर्श भंगी न कि श्रेष्ठता में ब्राह्मण के बराबर होगा, बल्कि ब्राह्मण से श्रेष्ठ होगा। ब्राह्मणों का कर्त्तव्य आत्मा की स्वच्छता की देखभाल करना है जबकि भंगी समाज की भौतिकता की देखभाल करता है। फिर भी हमारे दुखी और शोकग्रस्त समाज ने भंगी को एक सामाजिक अछूत के रूप में समझा और समाज में सबसे नीचे के स्तर पर रखा और धिक्कार और गाली गलौच के लायक समझा। एक ऐसा प्राणी समझा जिसे उच्च जाति के लोगों की झूठन पर निर्भर और कुड़े के ढेर पर रहना पड़े। यदि हम भंगी की स्थिति को ब्राह्मण के समान स्थिति और वास्तव में न्याय के योग्य मानते तो हमारे गाँव और उनके निवासियों की स्वच्छता और व्यवस्था की तस्वीर और ही होती। मैं बगैर झिझक और संदेह के कहता हूं कि जब तक ब्राह्मण और भंगी में समाज में व्याप्त भेदभाव समाप्त नहीं होता तब तक हमारे समाज में अच्छा स्वास्थ्य, खुशहाली, खुशी और शान्ति कभी नहीं आएगी।

छूआछूत जो कि जाति व्यवस्था के कारण है हिन्दू समाज पर एक बहुत बड़ा कलंक है। व्यक्तिगत जाति में तो एकता है लेकिन राष्ट्रीय एकता तो छिन्न-भिन्न है। डर्कस के अनुसार अंग्रेज भारतीय समाज की विभिन्नता जिसमें सामाजिक पहचान, समुदाय और संगठन सम्मिलित हैं, को एक शब्द जाति से ही नामित करते थे। संक्षेप में कहा जाए तो जाति का आज जो रूप है वह उपनिवेशवाद की ही देन है।

7.14

लोकप्रिय स्तम्भ "ना काहु से दोस्ती ना काहू से बैर" के प्रसिद्ध पत्रकार खुशवंत सिंह ने अपनी कुशल लेखनी के माध्यम से विभिन्न व्यवसायों और सेवाओं में कुछ जातियों के असामान्य प्रभुत्व को उजागर किया। यह देखते हुए कि देश में ब्राह्मण आबादी का 3.5 प्रतिशत होते हुए सरकारी राजपत्रित अधिकारी 70 प्रतिशत, 60 प्रतिशत से ज्यादा उप सचिव और मुख्य सचिव, उच्च न्यायालय और उच्चतम न्यायालय में न्यायाधीशों की संख्या 60 प्रतिशत से ज्यादा, 50 प्रतिशत से ज्यादा राज्यों के राज्यपाल, 40 प्रतिशत से ज्यादा राजदूत, 70 प्रतिशत से ज्यादा भारतीय सिविल सेवा के अधिकारी, 30 प्रतिशत से ज्यादा लोकसभा व राज्य सभा के सदस्य ब्राह्मण जाति से सम्बन्ध रखते हैं। आंकड़े स्वयं व्याख्यात्मक हैं कि ब्राह्मणों की 3.5 प्रतिशत आबादी सरकारी सेवाओं और विधायिकाओं में हिस्सेदारी तीस से सत्तर प्रतिशत के बीच है। खुशवन्त सिंह कहते हैं "यह कैसे हो गया यह मैं नहीं जानता।" लेकिन मै शायद ही विश्वास कर सकूं कि यह पूरी तरह से ब्राह्मण उच्च बुद्धिमत्त सूचकांक (आई क्यू) के कारण है। ये आंकड़े 1990 से पहले के हैं परन्तु मण्डल आयोग की रिपोर्ट लागू होने के बाद तुलनात्मक बदलाव आया है।

"सैन्टर फार द स्टडी आफ डेवलपिंग सोसायटीज" ने 2006 में नई दिल्ली मीडिया के सामाजिक प्रालेख के लिए एक सर्वेक्षण किया और पाया कि अंग्रेजी भाषा के मुद्रण संचार माध्यम में निर्णय लेने वालों में से नब्बे प्रतिशत और दूरदर्शन में लगभग अस्सी प्रतिशत उच्च जाति जिनमें से पचास प्रतिशत से अधिक ब्राह्मण हैं और इनमें अनुसूचित जाति और अनुसूचियां जन जाति से एक भी नहीं है जो कि देश की जनसंख्या का पच्चीस प्रतिशत से भी ज्यादा है। आरक्षण की नीति दलित आबादी के बहुत कम प्रतिशत तक पहुंचती है, फिर भी इसने दलितों को सार्वजनिक सेवाओं में डाक्टर, विद्वान, न्यायाधीश, पुलिसकर्मी और सिविल सेवाओं में अधिकारी बनने के लिए अवसर प्रदान किये हैं। हालांकि उनकी संख्या बल बहुत कम है, लेकिन सत्ता के गलियारों में कुछ दलितों का प्रतिनिधित्व पुराने सामाजिक समीकरणों को बदल रहा है। यह ऐसी स्थितियां पैदा करता है जो कुछ दशक पहले तक अकल्पनीय थी, जिसमें कहते हैं कि एक ब्राह्मण क्लर्क को एक दलित सिविल सेवक के अधीन सेवा करनी पड़ रही है। दलितों ने अपने लिए जो छोटा-सा अवसर पाया है, वह भी विशेषाधिकार प्राप्त शत्रुता की दीवार के सामने धुल गया।

7.15

दलित महिलाओं और बच्चों के खिलाफ हिंसा जाति के आधार पर भेदभाव झेलने के अलावा दलित महिलाओं और लड़कियों को लैंगिंग भेदभाव का भी शिकार होना पड़ता है। दलित समुदाय की महिलाएं अधिकतर अशिक्षित हैं और शिक्षित हैं भी तो बहुत कम और उन्हें भीषण श्रम, तस्करी और वैश्यावृत्ति सहित कई प्रकार की हिंसा का शिकार होना पड़ता है। उच्च जाति के जर्मींदारों द्वारा दलित महिलाओं को लगातार शारीरिक

और यौन शोषण का शिकार बनाया जाता है। जातिय हिंसा के दौरान दलित महिलाओं को बलात्कार का शिकार बनाया जाता है और अन्ततः उनकी हत्या कर दी जाती है। दलित महिलाएं प्रक्रिया के हर चरण में पक्षपात के कारण यौन उत्पीड़न की घटनाओं की नियमित रूप से रिपोर्ट नहीं करती हैं। उस समय के समाचार पत्रों और विभिन्न दूरदर्शन समाचारों के अनुसार 2021 के एक राज्य के विधान सभा चुनाव के बाद की हिंसा में बहुत बड़े पैमाने पर दलित महिलाओं के साथ बलात्कार हुआ और उनको बहशी तरीके से मौत के घाट उतार दिया। इसमें राजनीतिक द्वेष में केवल दलित महिलाओं को शिकार बनाया गया जबकि राजनीतिक विरोधी तो दूसरी जातियों से भी थे। हजारों ऐसे परिवारों को अपना घर छोड़ कर दूसरे प्रदेश में शरण लेने पर मजबूर होना पड़ा।

उन्हें विरासत में अधिकार कम लेकिन भारी बोझ के साथ निरन्तर भेदभाव और गरिमा रहित जीवन मिला है। उनके चारों तरफ दुनिया बदल चुकी है पर उनके लिए नहीं। वास्तव में वे समानताओं वाले टूटे हुए लोगों की एक जाति है, वे कई जुबानों में बोलते हैं लेकिन एक स्वर से सामाजिक न्याय और सुशासन की मांग करते हैं जो उनके दैनिक जीवन में दुःखों को समाप्त कर सके। ये वे लोग हैं जिनके मानव अधिकारों का उल्लंघन होना एक आम बात है। सहिष्णुता, करूणा और न्याय की दिशा में व्यवहारिक परिवर्तन लाने के लिए कानून का सख्त प्रवर्तन इसमें सहायता कर सकता है।

7.16

यह बेहद ही हास्यास्पद है कि भारतीय समाज जबरदस्ती एक ऐसी प्रणाली को हजारों सालों से चलाता आ रहा है जो जटिल है,

पेचिदियों से भरी है और जबसे शुरू हुई है किसी ने भी इसका स्वागत नहीं किया है। इस जाति रूपी नागिन का हर पहलु समाज को हर पल डंक मार रहा है और उसमें जहर घोल रहा है और वह स्वयं अपने आप में पहेलियों से भरा है। पहली पहेली तो इसके उत्पत्ति के समय की ही है। सबसे अधिक माना जाने वाला विचार ऋग्वैदिक काल में प्रणाली की उत्पत्ति है जो कि 1500 ई. पू. है जिसके दौरान ऋग्वेद को लिखा माना जाता है। एक धारणा यह है कि चर्तुवर्ण जिसका उल्लेख पुरूष सूक्त में है वह ऋग्वैदिक काल से ही है।

दूसरा विचार यह है कि ऋग्वेद की अवधि के दौरान चतुर्वर्ण मौजूद नहीं था लेकिन पुरूष सूक्त ऋग्वेद के बन्द होने के लम्बे समय बाद का प्रेक्षप है जिसमें चतुर्वर्ण का उल्लेख है। पुरूष सूक्त भारतीय विश्वोत्पत्तीवाद की उत्पत्ति विज्ञान है जिसमें सोलह छंद है और छंद 11 और 12 समाज व्यवस्था के रूप से अधिक नहीं है जो चतुर्वर्ण में विभाजित है, बाकी छंदों के अनुरूप नहीं है और यह जानबुझ कर बाद में शामिल किया गया है। पुरूष सुक्त की संस्कृत भाषा आधुनिक और अत्यधिक उन्नत है जबकि शेष ऋग्वेद की भाषा प्राकृतिक और पुरानी संस्कृत है।

दूसरी पहेली वर्णों की संख्या ही है। पुरूष सूक्त के अतिरिक्त ऋग्वेद में शूद्र का उल्लेख कहीं भी नहीं है और पुरूष सूक्त बाद का प्रक्षेप है, अतः आरम्भ में केवल तीन वर्ण ब्राहमण, क्षत्रिय और वैश्य ही थे जिनका उल्लेख ऋग्वेद में कई बार किया गया है। शतपथ ब्राहमण और तैतिरिया ब्राहमण साहित्य में भी केवल तीन वर्णों का उल्लेख है। ये दोनों ब्राहमण ऋग्वेद के बाद में लिखे गए थे। और यह इस बात का भी प्रमाण है कि पुरूष सूक्त शतपथ ब्राहमण और तैतिरिया ब्राहमण के बाद लिखा

गया था। यही एक रहस्य है कि जब आरम्भ में तीन वर्ण थे तो चार वर्ण कैसे बन गए। तीसरी पहेली वर्णों के उत्पत्ति का स्रोत बनी हुई है। वैदिक साहित्य और ब्राह्मण साहित्य वर्णों के स्रोत पर विभिन्न व्याख्याओं से भरा हुआ है और यह सब भ्रमित करने वाला है। कुछ का विचार है कि पुरूष वर्णों की उत्पत्ति थी, कुछ ब्रह्मा को वर्णों का स्रोत मानते है, कुछ वर्णों की उत्पत्ति प्रजापति को मानते हैं और कुछ वर्त्य को। भगवान कृष्ण कहते हैं **"चातुर्वर्मय मामया श्रीस्तम् गुणकर्मा विभाजस्य":** अर्थात् मेरे द्वारा उनके गुण (गुण/व्यवहार) और कर्म (पेशे/कार्य/प्रयास) के अनुसार समाज को चार वर्णों में विभाजित किया गया है।

चौथी पहेली हिन्दू समाज में स्वयं गौत्र है। हिन्दू संस्कृति में गौत्र शब्द को वंश के समान माना जाता है। यह मोटे तौर पर उन लोगों को संदर्भित करता है जो एक सामान्य पुरूष पूर्वज या पितृवंश से एक अखंड पुरूष वंश में है। पामीनि गौत्र को इस प्रकार वर्णित करते हैं **"अपतयम पौत्रापरामारती गौत्रम्"** (IV.1. 162) जिसका अर्थ है कि गोत्र एक जोड़े के अंश को दर्शाता है जिसमें एक पुत्र और भारती यानि बहु शामिल है। मोनियर विलियम के शब्दकोष के अनुसार जब कोई एक व्यक्ति कहता है कि "मैं विप्रला गौत्र का हूं तो उसका अभिप्राय है कि वह प्राचीन ऋषि विप्रला से अखंड पुरूष वंश से अपने वंश को बताता है। बहुत से गौत्र कई जातियों में एक समान पाए जाते हैं।

दो या दो से ज्यादा जातियों का एक ही पूर्वज कैसे सम्भव है? चोपड़ा गौत्र चमार (अनुसूचित जाति), पंजाबी और जाटों में पाया जाता है। पूनिया गौत्र चमार (अनुसूचित जाति), जाट और बिस्नोइयों में पाया जाता है, वर्मा एक ऐसा गौत्र है जो कुम्हारों, खातियों, सुनारों, छिंपियों और जाटों में पाया जाता है। कोली

गुज्जर और चमार, कोहली गुज्जर और पंजाबी, खटाना धानक और गुज्जर तथा चौहान गौत्र बाल्मिकी और राजपूतों में पाया जाता है। और यह सूची यही खत्म नहीं होती है। कितनी ही ऐसी जातियाँ है जिनके पूर्वज एक ही हैं। कोई ऐसा मापने का यन्त्र नहीं है जो बता सके कि कौन सा वर्मा, सुनार है, कौन सा वर्मा खाती है, छिंपी है या जाट। यह सब कितना हैरान करने वाला और हास्यास्पद है। गौत्र की अवधारणा से केवल एक ही निष्कर्ष निकाला जा सकता है कि जातियाँ मूर्ख दिमागों की ऊपज है। हम बिना किसी तार्किकता के इस भ्रम को हजारों सालों से ढो रहे हैं। हमें यह बताया गया है कि यह भगवान का आदेश है और कभी भी हमने अपने से यह सवाल क्यों नहीं किया कि हमारे समाज का एक बहुत बड़ा वर्ग उनकी गलती के बिना हजारों सालों से तुच्छ और घृणित जीवन जीने को मजबूर किया जाता है।

7.17

ब्राह्मणिक साहित्य में कर्म के सिद्धान्त के अनुसार ही हर एक व्यक्ति किसी जाति में जन्म लेगा, यह उसके पूर्व जन्मों के कर्मों पर निर्भर करता है। अगर वह इस जीवन में अपनी जाति के अनुसार काम करता है तो अगले जन्म में वह ऊँची जाति में जन्म लेगा और इस जन्म में अपने जाति के अनुसार व्यवहार नहीं करता है तो अगले जन्म में वह उससे निम्न जाति में जन्म लेगा। लेकिन भगवान कृष्ण पूर्व जन्म के कर्म व गुण की बात नहीं करते हैं। उन्होंने श्लोक (XVIII.41) में कहा है,

ब्राह्मणा क्षेत्रीया वैश्याम् शूद्रनाम् च पाराम तप्।

कर्माणि पर्वाधिभाक्तनी स्वभाव प्रभा व गुणाहे।।

इसका अर्थ है कि लोगों को उनके आज के कर्म (पेशा, कार्य और गुण, व्यवहार) के अनुसार चार वर्गों में बांटा गया है। चार श्रेणियों ब्राह्मण, क्षत्रिय, वैश्य और शूद्र भी उनके गुणों और कर्मों पर आधारित है। यदि यह विभाजन जन्म पर आधारित होता तो भगवान कृष्ण स्वभाविक रूप से **जन्माणि पर्वाधिभाक्तनी** वाक्यांश का प्रयोग श्लोक (XVIII.41) में करते।

जैविक विज्ञान का सिद्धान्त समाज के विभाजन का चार वर्णों को बिल्कुल ही अलग दृष्टिकोण से देखता है। उनके अनुसार प्रत्येक मनुष्य में तीन प्रकार के गुण - सत्व, राजस और तमस विद्यमान होते हैं। हर वर्ण में इन गुणों का अनुपात भिन्न-भिन्न होता है, ब्राह्मण में सत्व गुण और शूद्र में तमस् गुण का अनुपात अधिक होगा।

7.18

केवल वर्ण की उत्पत्ति का स्रोत और समय रेखा ही उलझन और हक्का बक्का करने वाला नहीं है बल्कि वर्ण से जाति का विकास तो उससे भी अधिक जटिलताओं से भरा हुआ, संशयों से उलझा हुआ, रहस्यमयी और चैंकाने वाला है। इतिहासकार, समाजशास्त्री, मानव विज्ञानी और ब्राह्मणिक, हिन्दू साहित्य ने अपने अपने स्वयं के अलग-अलग सिद्धान्त दिए हैं और एक दूसरे के सिद्धान्तों का खण्डन करते हैं। अम्बेडकर कहते हैं कि "जाति के रहस्य उजागर करने के काम में मेरी तुलना में बहुत बुद्धिमान दिमाग और सक्षम लेखकों को लाया गया है लेकिन दुर्भाग्य से यह अस्पष्टीकृत दायरा में ही है न कि अबुझ।" भारत का राजनीतिक और सामाजिक जीवन इसके प्रभाव से कभी मुक्त नहीं हुआ है और देखने में आ रहा है कि समाज

और सरकार के अथक प्रयासों के बावजूद इसका प्रभाव बढ़ता ही जा रहा है।

7.19

भारतीय संविधान में सरकारी रोजगार और शैक्षणिक संस्थानों में आरक्षण की व्यवस्था समाज के निचले तबके, जिन्होंने हजारों सालों तक सामाजिक भेदभाव व आर्थिक और राजनीतिक शोषण का सामना किया है, के लिए प्रावधान किया है। इस शोषण ने उनकी शारीरिक, मानसिक और आर्थिक अक्षमताओं पर पीढ़ी दर पीढ़ी प्रतिकूल प्रभाव डाला है। आरक्षण की यह व्यवस्था बहिष्कृत अछूतों को समाज की मुख्य धारा में लाने के लिए लागू किया गया था। इसका प्रभाव उन लोगों पर स्पष्ट रूप से विदित है जो इस व्यवस्था का लाभ पाने में भाग्यशाली रहे हैं और समय के साथ और लोगों की जागरूकता के कारण इसका दायरा व्यापक होता गया और आरक्षण का लाभ पाकर इस समाज के लोगों में एक बदलाव का अनुभव हुआ।

इन सकारात्मक उपायों के परिणामस्वरूप इस समाज का एक वर्ग मुख्य धारा में आया है। परन्तु दुर्भाग्य की बात है कि पिछले तीन दशकों से इसका दायरा सिकुड़ता जा रहा है जिसका एक कारण तो यह है कि देश ने 1991 में आर्थिक सुधारों की प्रक्रिया आरम्भ की जिसके कारण सरकारी रोजगारों में कमी आई है। ये आर्थिक सुधार आज भी जारी है और आगे भी जारी रहेंगे क्योंकि अन्तर्राष्ट्रीय स्तर पर सामंजस्य आवश्यक है और देश की आर्थिक प्रगति के लिए भी आवश्यक है। दूसरे जो वर्ग आरक्षण का लाभ पाकर सक्षम हो चुका है वही अब बार-बार उस आरक्षण का लाभ लेता है क्योंकि प्रतिस्पर्धा में यही आगे

रहते हैं और दूसरों को इसका अवसर नहीं मिल पाता है और वास्तव में जिसको इसकी आवश्यकता है वह पिछड़ जाता है।

आरक्षण के लिए एक प्रकार का युद्ध शुरू हो चुका है, हर जाति अब आरक्षण की मांग कर रही है, इस बात के ऊपर विचार किए बिना कि वह किस लिए और कितने के लिए अपनी लड़ाई लड़ रहा है। यह अब समाज में कलह का कारण बन गया है। हरियाणा सरकार ने समाज के सबसे निम्न वर्ग घुमंतू जाति (जिनके पास रहने के लिए भी एक ईंच जमीन नहीं है) के लिए अनुसूचित जाति में आरक्षण का प्रावधान किया परन्तु इस वर्ग की दूसरी जातियों ने इसका घोर विरोध किया।

सरकार और सार्वजनिक क्षेत्र के संस्थानों में रोजगार के अवसर निगमित और निजी क्षेत्र की तुलना में एक बहुत ही अल्प अनुपात में हैं और निजी क्षेत्र में सरकार आरक्षण लागू नहीं कर सकती। इसका अर्थ यह नहीं है कि निजी क्षेत्र में आरक्षण नहीं है, निजी क्षेत्र में बिल्कुल आरक्षण लागू है लेकिन यह आरक्षण अलग तरह का है। सरकार में आरक्षण सकारात्मक है परन्तु निजी क्षेत्र में आरक्षण नकारात्मक है, जो एक तरह से अनुसूचित जाति और अनुसूचित जनजाति पर प्रतिबन्ध लगाता है विशेषकर प्रबन्धन के मध्यम और उच्च स्तर पर और यह अपने आप व्यवस्थित है। निजी क्षेत्र में नोकरियाँ आमतौर पर संदर्भ द्वारा दी जाती हैं जो कि पक्षपात को बढ़ावा देता है और जातिवाद में तो पक्षपात निहित है। सभी निजी व्यवसाय उच्च जातियों से सम्बन्धित हैं और वह भी अधिकतर वैश्य जाति के, संचार माध्यम प्रमुख रूप से ब्राह्मण जाति द्वारा प्रबन्धित किए जाते हैं। स्वास्थ्य क्षेत्र पर एक नजर डालने पर अनुभव होता है कि दवा उद्योग, निगमित हस्पताल, बहु-विशिष्ट हस्पताल, व्यक्तिगत निजी हस्पताल में से कितने अनुसूचित

जाति या अनुसूचित जनजाति के लोगों द्वारा प्रबन्धित किए जाते हैं। इसके अतिरिक्त कितने दवाई विक्रेता, दवाई प्रतिनिधि, दवाई वितरक, इस वर्ग से सम्बन्धित हैं। निश्चय ही हमें इसका उत्तर न में मिलेगा, इन वर्गों का इसमें कोई भी प्रतिनिधित्व नहीं है। एक बहु-विशिष्ट हस्पताल के चिकित्सक के कक्ष के बाहर अपना नाम क.ख. वर्मा (सुनार) लिखा था। जाति लिखने का चिकित्सक का उद्देश्य स्पष्ट है। क्या अनुसूचित जाति का चिकित्सक अपने कक्ष के बाहर नाम के साथ जाति लिख सकता है और उससे रोगी आकर्षित होंगे? इसका जवाब हम सभी जानते हैं।

जाति व्यवस्था को आगे जारी रखने की अब अनुमति नहीं दी जा सकती क्योंकि अभी तक हमने जो भी सकारात्मक उपायों से हासिल किया है वह धीरे धीरे घटता चला जाएगा और सबसे ज्यादा वही वर्ग प्रभावित होगा जो हजारों सालों से पीड़ित था और आने वाली पीढ़ी दर पीढी पीड़ित ही रहेगा। यह इस समाज के साथ जानबुझकर की गई क्रूरता होगी। अब हमें इस राक्षसी व्यवस्था को खत्म करना चाहिए क्योंकि अब हम इसे खत्म कर सकते हैं और हमारे पास इसे खत्म करने के लिए साधन भी हैं और क्षमता भी।

अध्याय आठ
जाति विनाश का तन्त्र

8.1

भारत की प्रचलित सामाजिक, आर्थिक और राजनीतिक परिस्थितियों में पूर्ण रूप से जाति व्यवस्था को समाप्त करके अनिवार्य रूप से समतावादी समाज की स्थापना करने की आवश्यकता है जिसमें एक अपने ही पड़ोसी शूद्र के नाम पर एक अप्राकृतिक भेदभाव द्वारा मानव जाति के सभी बाकी हिस्सों से अलग रखा जाता है। उन्मूलन प्रक्रिया में बहुसंख्यक संचालन और कार्यों की आवश्यकता होगी क्योंकि इस व्यवस्था के अन्तहीन प्रभाव हैं। इस आन्तरिक व्यवस्था के कारण केवल जातियों के बीच श्रेणीबद्ध असमानता ही नहीं है बल्कि एक जाति को देवताओं की तरह पूजना और आदर करना तथा पैमाने में सबसे निम्न जाति को अनादर और घृणा की दृष्टि से देखना है। सामाजिक कठोरता हिन्दू धर्म की मूल प्रकृति और सिद्धान्तों के खिलाफ है जो हमें "वासुदेव कुटुम्बकम और सर्व भवन्तु सुखिनाः" का सन्देश देती है।

निम्न जाति शूद्रों ने न केवल दमनकारी और घृणित जीवन व्यतीत किया बल्कि उनको ज्ञान व शिक्षा से भी वंचित रखा

गया, जिससे किसी सम्मानजनक व्यवसाय से अपना जीवन यापन करके दूसरों की तरह एक सभ्य समाज की ओर अग्रसर हों। उन्हें अपना जीवनयापन करने के लिए या तो दूसरों पर निर्भर रहना पड़ता था या सबसे निम्न स्तर के काम करने पड़ते थे जिसे दूसरे वर्ग किसी भी स्थिति में करने को तैयार नहीं थे। शूद्रों की यह स्थिति मनुस्मृति के आने के बाद हुई, उसके बाद वही स्थिति पुराणों और स्मृतियों में भी देखी गई। इस राक्षसी व्यवस्था के विरूद्ध अतीत में बहुत से विरोध हुए लेकिन उनमें सफलता नहीं मिली। फिर भी अम्बेडकर के आक्रामक, कठोर और लगातार प्रयासों और संविधान के प्रावधानों के कारण जाति व्यवस्था में कुछ बदलाव आए हैं लेकिन व्यवस्था ज्यों की त्यों खड़ी ही नहीं बल्कि अपने नए नए स्वरूप धारण कर रही है जो कि देश की अखण्डता के लिए खतरा ही नहीं अपितु हिन्दू धर्म के लिए भी एक श्राप है।

हमारे पूज्य और श्रद्धेय सन्तों, समाज सुधारकों, दार्शनिकों, समाजशास्त्रियों और राजनैतिक नेताओं ने जाति के विध्वंसक परिणामों को समझते हुए इसे समाप्त करने के लिए अपने अपने रास्ते अपनाए, जब उन्हें इस बात का एहसास हुआ कि इसको समाप्त नहीं किया जा सकता तो उन्होंने अपने अपने सपनों के समतावादी समाजों की अलग से स्थापना की। गौतम बुद्ध, गुरु नानक देव, सन्त कबीर और स्वामी दयानन्द ने अपने अपने नए समुदाय और पंथ जो समानता और भाइचारे पर आधारित हैं, का गठन किया। इसके बाद ज्योति बा फूले ने इस व्यवस्था में रहते हुए उग्र रूप से जाति व्यवस्था के खिलाफ विद्रोह किया। यद्यपि उन्हें इसे समाप्त करने में सफलता नहीं मिली, फिर भी उन्होंने समाज के इस वर्ग में इस व्यवस्था के अन्याय के बारे में चेतना जगाई तथा लोगों में यह विश्वास पैदा करने में सफलता हासिल की कि यह भगवान की देन नहीं है

बल्कि समाज की उपज है और इसे हर हाल में समाप्त होना चाहिए। जब अम्बेडकर का इस व्यवस्था से पूर्ण रूप से मोह भंग हो गया तो उन्होंने हिन्दू धर्म त्याग कर अपनी मृत्यु से कुछ दिन पहले ही बौद्ध धर्म अपना लिया। यद्यपि उन्होंने यह घोषणा करने की कि वह हिन्दू धर्म त्याग देंगे उसके बाद भी लगभग 20 वर्ष तक इन्होंने इसका इन्तजार किया।

हमारे सभी सम्मानित नेता जाति व्यवस्था के खिलाफ थे और समतावादी समाज की स्थापना के लिए जी जान से प्रयास किया। हमारे संविधान की मूल भावना भी समतावादी समाज की ही है जिसमें अम्बेडकर द्वारा दिए गए त्रिवेणी समानता, स्वतन्त्रता और भाईचारे के सिद्धान्त पर है। परन्तु यह समाप्त होने के बजाय और अधिक उग्रता से फल फूल रही है जिसमें आपसी बैर और वैमनस्य बढ़ता ही जा रहा है। यह सर्वविदित है कि उचित, निष्कपट और लगातार प्रयास भी इस व्यवस्था को समाप्त करने में विफल रहे हैं। कारण और प्रभाव के सिद्धान्त के आधार पर इस विफलता का विवेचन करना होगा। प्रभाव स्पष्ट दिखाई देता है, कारण का पता लगाना होगा।

ईमानदार और समवेत प्रयासों की असफलता के कारणों का पता लगाने की यात्रा में मुझे दो अलग-अलग आयामों में, दो अलग-अलग काल खण्डों में, जो एक दूसरे के पूरक हैं, लेकर जाते हैं। प्रथम रूप में समाज सुधारकों ने इस घृणित व्यवस्था को समाप्त करने के लिए आध्यात्मिक ज्ञान, नैतिक मूल्य, समानता और भाईचारे के सिद्धान्त का रास्ता अपनाया। उनकी शिक्षाओं ने लोगों को प्रभावशाली ढंग से प्रभावित किया लेकिन ऐसे लोग संख्या में कम थे। जो इस प्रणाली के प्रचार के पक्ष में थे वे संख्या में अधिक और शक्तिशाली थे तथा उन्होंने लोगों को चतुराई से कर्म रूपी जुए में बान्धा हुआ था। अन्य

कारकों में गर्व की भावना, विशेषाधिकार होने और उसके नीचे की जाति को पदानुक्रमित पैमाने पर शक्ति प्रदान करने के साथ-साथ सत्य अद्भुत आकर्षण और अधिकार ने व्यवस्था को सामाजिक पैमाने पर अभेद्य बनाने में मदद की। पहला कारण मुझे लगता है कि उन सभी समाज सुधारकों के निस्वार्थ, अथक और शक्तिशाली प्रयासों के बावजूद असफलता का होना, कानूनी प्रावधान का न होना है।

दूसरा मैं स्वतन्त्रता के बाद के समय को देखता हूं, जिसमें संविधान ने दबे-कुचले और तिरस्कृत वर्ग के कल्याण और उत्थान के लिए कई सकारात्मक प्रावधान किए, विशेष रूप से अनुसूचित जाति और अनुसूचित जनजाति के लोगों के लिए जिन्होंने हजारों वर्षों से घृणित और दमनकारी जीवन व्यतीत किया। अस्पृश्यता उन्मूलन के प्रावधानों ने समाज की गतिहीनता में काफी हद तक सेंध लगाई है। संविधान का एक मात्र उद्देश्य एक समतावादी समाज का गठन है फिर भी जाति व्यवस्था न केवल बरकरार है बल्कि और भी अधिक वैमनस्कारी और आधुनिक हो गई है। संसद सदस्य और विधायक संविधान की रक्षा की शपथ लेते हैं, परन्तु आज तक किसी भी विधायक या संसद सदस्य ने इस विनाशकारी व्यवस्था की पूर्ण समाप्ति के लिए एक भी शब्द नहीं बोला बल्कि इस व्यवस्था को संसद और विधायिकाओं में पहुंचने का मार्ग बना लिया है। संविधान में प्रभावी और अभिव्यंजक प्रावधान होने के बावजूद, विधायिकाओं को अनुसूचित जाति और अनुसूचित जनजातियों के कल्याण और उत्थान के लिए कानून बनाने की असीमित शक्तियां होने के बावजूद 75 साल बीतने के बाद भी हमारे संस्थापकों का समतावादी समाज की स्थापना के मुख्य मुद्दे का आज तक भी किसी को ध्यान नहीं है और सपना, सपना ही है। संवैधानिक प्रावधान होने व जाति व्यवस्था को खत्म करने

के लिए कानून बनाने की शक्ति के बावजूद भी जाति व्यवस्था आज भी जस की तस खड़ी है, इसमें मैं देखता हूं कि इसका कारण इस समय सामाजिक सुधारों और उनके समर्थन की आवाज उठाने वाले नहीं हैं।

अगर हम अतीत में देखें तो कोई भी सामाजिक सुधार कानून के प्रावधान के बिना सम्भव नहीं हुआ है चाहे वह बाल विवाह हो, सति प्रथा हो, छुआछूत हो या और भी ऐसी दूसरी सामाजिक बुराइयाँ हों। सामाजिक सुधार कानून के बिना सम्भव नहीं है और इसी तरह समाज के सहयोग के बगैर कानून को लागू नहीं किया जा सकता है। सामाजिक सुधार और कानूनी प्रावधान एक दूसरे के पूरक हैं। सामाजिक वर्गीकरण के वर्तमान की पदानुक्रम असमानता का समाप्त करना आज समय की आवश्यकता है। यह राष्ट्रिय, सामाजिक, सांस्कृतिक और राजनीतिक समरसता के लिए बहुत बड़ा खतरा है। समतावादी समाज न केवल राष्ट्र को मजबूत बनाएगा बल्कि जाति पिरामिड के नीचले भाग से सम्बन्धित समूह को पिरामिड के शीर्ष के बराबर सामाजिक परासरण द्वारा एक ही तालाब में तैरना, एक ही नाव में नौकायान, मुकेश और महेन्द्र कपूर के कोरस गाने की एक लय, एक ही समय में एक ही जगह एक ही भगवान की पूजा करना और एक दूसरे के लिए औपचारिक अनुष्ठान करने में परिणित होगा।

8.2

संवैधानिक संसोधन

जैसा कि पहले कहा गया है कि जाति का सम्पूर्ण विनाश कानूनी प्रावधानों के बिना सम्भव नहीं हो सकता है। जातिविहीन समाज

की संरचना के उद्देश्य को प्राप्त करने में संवैधानिक संसोधन और विधायी अधिनियम अपरिहार्य हैं। जिनमें से कुछ ये हो सकते हैं।

संवैधानिक संसोधन:

1. अनुच्छेद 17 में संसोधन:

   अनुच्छेद 17[1] में शब्द "और जातिवाद" छुआछूत शब्द के बाद जोड़ा जा सकता है। छुआछूत की उत्पत्ति जातिवाद से होती है अतः छुआछूत को पूर्ण रूप से समाप्त करना है तो पहले जातिवाद खत्म करना पड़ेगा अन्यथा छुआछूत समाप्ति हमेशा एक अधूरा सपना ही रहेगा।

2. अनुच्छेद 18 में संसोधन:

   अनुच्छेद 18 में धारा (5) जोड़ी जा सकती है जिसमें नाम के आगे से गौत्र, जाति और उपजाति या ऐसे शब्द जो किसी विशेष जाति की ओर इंगित करते हैं को हटाया जाए।

---

1 अम्बेडकर ने कहा है "कुछ लोग कहते हैं कि वे छुआछूत को खत्म करने को लेकर सन्तुष्ट है और जातिवाद को ऐसे ही रहना चाहिए। जाति व्यवस्था में निहित असमानता को समाप्त किए बिना छुआछूत को समाप्त करना एक बहुत ही छोटा उद्देश्य है। हमें याद रखना चाहिए "तुच्छ उद्देश्य असफलता नहीं, अपराध है।" आओ हम बुराई को जड़ से जांचे परखे और हमारे दर्द को कम करने के लिए खींचने वाले उपायों से सन्तुष्ट न हों। यदि रोग का सही निदान नहीं किया जाता है, तो उपाय बेकार हो जाएगा और ईलाज स्थगित किया जा सकता है।

अम्बेडकर के विचार से संविधान सम्पूर्ण न हो कर हमेशा के लिए परिवर्तनशील और प्रगतिशील होता है। थामस जैफरसन की तरह अम्बेडकर भी मानते थे कि "जब तक हर पीढी को अपने लिए एक नया संविधान बनाने का अधिकार नहीं होगा, तब तक पृथ्वी मृतकों की होगी, जीवितों की नहीं।"

8.3

विधायिका अधिनियम

जाति व्यवस्था के विनाश को प्रभावी बनाने के लिए अधिनियम बनाए जा सकते हैं जिनमें निम्न प्रावधान हो सकते हैं:

1. सामान्य श्रेणी की सारी जातियों को मिलाकर एक वर्ग बनाया जाए जिसे सामान्य श्रेणी कहा जाए और सभी जातियों को समाप्त समझा जाए।

2. सभी अन्य पिछड़े वर्गों की सारी जातियों को समाप्त करके उसे सामान्य वर्ग में सम्मिलित किया जाए।

3. सभी अलग-अलग अनुसूचित जातियों को समाप्त किया जाए और सिर्फ एक ही वर्ग बनाया जाए जिसे सामान्य वर्ग (विशिष्ठ) कहा जा सकता है।

4. सभी अलग-अलग जनजातियों को समाप्त किया जाए और अनुसूचित जनजाति का एक ही वर्ग बनाया जाए और उसको भी सामान्य वर्ग (विशिष्ठ) की श्रेणी में शामिल किया जाए।

5. अनुसूचित जाति और अनुसूचित जनजाति के वे लोग जो केन्द्रीय सरकार, राज्य सरकारों, बैंकों, बीमा कम्पनियों, सरकारी संस्थानों और दूसरे संस्थानों में

जो वर्ग 'ए' और वर्ग 'बी' के अधिकारी हैं उन परिवारों को सीधा सामान्य श्रेणी में स्वेच्छा से या कानून द्वारा सम्मिलित किया जाए। वे निजी संस्थानों के कर्मचारी या व्यापारी जो उपरलिखित श्रेणियों के अनुरूप हैं वे भी सीधे सामान्य वर्ग में शामिल किया जा सकते हैं।

6. वे अनुसूचित जाति और अनुसूचित जनजाति के पूर्व कर्मचारी जो वर्ग 'ए' और वर्ग 'बी' में रहे हैं और एक निर्धारित राशि से ज्यादा पैंशन ले रहे हैं या उनकी सन्तानें किसी वर्ग 'ए, वर्ग 'बी' या वर्ग 'सी' में कर्मचारी है उन परिवारों को भी सीधे सामान्य श्रेणी में सम्मिलित किया जा सकता है।

7. सभी अनुसूचित जाति और अनुसूचित जनजाति के सांसदों, विधानसभा और विधान परिषद के विधायकों के परिवारों को सीधे सामान्य श्रेणी में शामिल किए जा सकता है। पूर्व मन्त्री, सांसद, विधायक या ऐसे पदों पर रहे अन्य जिनकी पैंशन एक निर्धारित राशि से अधिक हो को भी सामान्य श्रेणी में शामिल किया जा सकता है।

8. वे लोग, जो स्वेच्छा से सामान्य श्रेणी में सम्मिलित होना चाहें, उन्हें भी सामान्य श्रेणी में शामिल किया जा सकता है।

9. इनके अतिरिक्त कोई अन्य भी मापदण्ड बनाया जा सकता है जो जाति विहीन समाज की संरचना में सहायक हो सकता है।

8.4

सामान्य वर्ग (विशिष्ठ) और सामान्य वर्ग का आत्मसात

अनुसूचित जाति जिन्हें शूद्र कहा जाता था और अम्बेडकर जिन्हें अछूत, बहिष्कृत और अदृश्य कहते थे, घोर बहिष्कृत, कलंक और घृणा के साथ जीते थे, यहां तक जीवित रहने के लिए भोजन के लिए भी स्वर्णों की दया पर निर्भर थे, जबरन मजदूरी कराना, मजदूरी के लिए बिल्कुल नाम मात्र का भुगतान करना, भीख मांगने को मजबूर होना, वैदिक काल में वेदों को सुनने और सिखने से वर्जित करना, वैदिक काल के बाद और ब्राह्मण काल में ज्ञान से वंचित करना और अंततः परिस्थितियों ने उन्हें शिक्षा से वंचित होने के लिए मजबूर कर दिया और इस तरह से मौर्य और अम्बेडकर के काल खण्डों को छोड़कर आजादी तक दयनीय और घृणित परिस्थितियों में रहे, जिनके लिए सभ्य जीवन जीना एक सपना मात्र भी नहीं था।

ऐसी परिस्थितियों में, जब यह वर्ग हजारों वर्षों से उत्पीड़न और दासता का पीढ़ी दर पीढ़ी शिकार रहा है तो सामान्य श्रेणी में सम्मिलित अभी करने के अनुरूप नहीं है, बल्कि बगैर सकारात्मक उपाय, स्वतन्त्रता के बाद जो विशेष स्थिति में आ गए है उनके अतिरिक्त, उनके साथ और अधिक अन्याय होगा।

यह स्पष्ट रूप से प्रमाणित है कि सामाजिक और सांस्कृतिक वातावरण व आर्थिक परिस्थितियां वे प्रमुख विशेषताएं है जो किसी व्यक्ति के जन्म (गर्भधारण अवस्था में भी) के बाद से उसके शारीरिक और तंत्रिका सम्बन्धी विकास को प्रभावित करती हैं[2] और अनुसूचित जाति और अनुसूचित जनजातियां

---

2   वर्ष के कुछ निश्चित मौसमों में, कछुए समुद्र से अपने अंडे उष्णकटिबंधीय शाखाओं पर जमा करने के लिए आते हैं, वे

हजारों वर्षों से उच्च जातियों की तरह अपने व्यक्तित्व के विकास के लिए अनुकूल परिस्थितियों से वंचित रहे।

यदि अभी भी प्रचलित परिस्थितियों की अनुमति दी जाती है, जिसके परिणामस्वरूप वर्तमान पीढ़ी और कई भावी पीढ़ियाँ सभ्यता के मीठे स्वाद की प्रतीक्षा करती रहेंगी, और तब तक घृणित परिस्थितियों में रहना होगा। वर्तमान समय में इन वर्गों के साथ घोर अन्याय होगा यदि उन्हें समतामूलक समाज बनाने में उनके योगदान के लिए अवसर प्रदान नहीं किया गया। इसलिए सभी विशेषाधिकार प्राप्त वर्ग और राज्य का यह प्रमुख कर्त्तव्य है कि वे उन्हें बिना किसी प्रतीक्षा के समाज

तुरन्त समुद्र में लौट आते हैं, जो अपने अंडों को सूरज की गर्मी से नियमित समय पर निकलने के लिए छोड़ देते हैं। अंततः छोटे कछुए गोले में से निकल आते हैं। गर्म रेत के माध्यम से चलते हुए समुद्र की तरफ चल पड़ते हैं। वे एक निश्चित वृत्ति द्वारा निर्देशित होते हैं और बिना किसी निर्देश या सीखने की आवश्यकता के, वे अपना ख्याल रखते हैं, भोजन की तलाश करते हैं जहाँ यह मिल सकता है और खतरों से बचते हैं, जो हर जगह हैं। ये कछुए बिना सीखे और निर्देशों के बड़े हो जाते हैं क्योंकि इनका तंत्रिका तन्त्र गोले से निकलते ही आपस में जुड़ जाता है और काम करता है। जीवित चीजें इस तरह से अपनी देखभाल कर सकती हैं और इस कारण से अपरिचित नहीं है। कीड़े ऐसा करते हैं और चूजे और बत्तख जैसे जानवर भी करते हैं।

लेकिन मनुष्य का निर्माण पूरी तरह से अलग तल पर हुआ है। जब एक बच्चा पैदा होता है, तो वह उसकी देखभाल करने में काफी असमर्थ होता है, और वर्षों तक अपेक्षाकृत असहाय रहता है। वास्तव में, ऐसा प्रतीत होता है कि मनुष्य के परिपक्वता तक पहुंचने में बीस या इससे अधिक वर्षों की आवश्यकता होती है। (सभ्यता का विकास, कैरोल कुगले)

के विशेषाधिकार प्राप्त और उच्च जाति के साथ संगत बनाया जाए।

उन्हें उच्च जातियों के समकक्ष लाने के लिए, अगले पृष्ठों में आगे वर्णित अन्य प्रभावी उपायों के अलावा, सबसे पहले और महत्वपूर्ण है, पर्याप्त आर्थिक सहायता, जिसके बिना अन्य सभी उपाय व्यर्थ अभ्यास में परिणित होंगे। इसके लिए सभी वंचित अनुसूचित जाति और अनुसूचित जनजाति के परिवारों को अगले दस वर्षों के लिए परिवार के प्रति सदस्य को 3000/- रू. या अधिकतम 15000/- रू. प्रति परिवार प्रतिमाह आर्थिक सहायता प्रदान की जानी चाहिए, साथ ही गेहूं और चावल जो आज दिया जा रहा है प्रदान किया जाना चाहिए। अगर दस वर्ष से पहले परिवार की खुद की आय समेत 25000/- रू. या 5000/- रू. प्रति सदस्य हो जाए तो उसके बाद सहायता अनुपातिक आधार पर दी जाए।

नारी सशक्तिकरण को आगे बढाते हुए यह आर्थिक सहायता परिवार की नारी के नाम से प्रदान की जानी चाहिए। अनुसूचित जाति और अनुसूचित जनजाति के लिए प्रचलित आरक्षण व्यवस्था अगले दस सालों तक और रहनी चाहिए और इस दौरान जो भी सामान्य श्रेणी में आने लायक विशेष स्थिति प्राप्त कर लेते हैं उन्हें सामान्य श्रेणी में मिला लिया जाए। आर्थिक सहायता के लिए दो आवश्यक मापदण्ड अपनाए जाने चाहिएं। उनमें से एक दो बच्चों की नीति[3] और दूसरा सभी योग्य बच्चों

---

3   डा. अम्बेडकर का मानना था कि जनसंख्या की अत्यधिक वृद्धि गरीबी का प्रमुख कारण है। अम्बेडकर की अध्यक्षता में अनुसूचित जाति महासंघ ने 6 अक्टूबर 1951 को अपने घोषणा पत्र में गरीबी के खिलाफ लड़ाई लड़ने का प्रस्ताव एवं जनसंख्या को कम करने के लिए, लोगों के जन्म नियन्त्रण के पक्ष में गहन प्रचार

के लिए शिक्षा 10+2 या 10+ कौशल विकास कार्यक्रम की अनिवार्यता निश्चित हो। एक बार जब यह आर्थिक सहायता मिलनी प्रारम्भ हो जाए तो यह सामान्य श्रेणी (वशिष्ठ) कही जाए। जब यह योजना पूरी हो जाए या योजना के दौरान सामान्य श्रेणी के संगत हो जाए तो इसको सामान्य श्रेणी में बदला जाए जिससे समतामूलक समाज की संरचना हो जिससे हमारे पूर्वजों का सपना पूरा होगा और जिन्होंने स्वतन्त्रता के लिए बलिदान दिया, उनको सच्ची श्रद्धांजलि होगी।

8.5

आर्थिक सहायता योजना:

1881 में भारत की पहली जनगणना हुई। 1891 की जनगणना में भारतीय जनगणना आयुक्त ने जनसंख्या को जाति, नस्ल और वर्ग में विभाजित करने का प्रयास किया। जाति आधारित जनगणना करने का आने वाली जनगणनाओं में प्रयास किया गया। परन्तु 1931 की जनगणना में कुछ हद तक अछूतों की जनसंख्या का सही आकलन किया गया जो कि चार करोड़ पैंतालिस लाख थी।

स्वतन्त्रता के बाद पहली जनगणना 1951 में हुई जिसमें भारत की जनसंख्या 35 करोड़ 67 लाख में से अनुसूचित जातियों की संख्या 5 करोड़, 13 लाख थी। 2011 की जनगणना के अनुसार भारत की कुल जनसंख्या 121 करोड़ में से 20

की वकालत की। इसमें देश के विभिन्न हिस्सों में जन्म नियन्त्रण क्लीनिक खोलने का प्रावधान किया। यह देश में जनसंख्या की वृद्धि दर को इतनी गम्भीर बुराई मानता है कि इसे नियंत्रित करने के अधिक कठोर तरीकों की वकालत करने में संकोच नहीं करेगा। (बाज खण्ड 17(1)432 गरीबी की समस्या)

करोड़ अनुसूचित जाति जो 16.6 प्रतिशत है और अनुसूचित जनजाति की जनसंख्या साढ़े 10 करोड़ जोकि 8.6 प्रतिशत है। वर्तमान में भारत की अनुमानित जनसंख्या 135 करोड़ में से उसी प्रतिशत दर से अनुसूचित जातियों की जनसंख्या 21.9 करोड़ और अनुसूचित जनजाति की 11.3 करोड़ है जो दोनों मिलाकर 33.2 करोड़ हो जाती है।

औसतन भारतीय परिवार में पांच सदस्य के परिणाम स्वरूप अनुसूचित जाति और अनुसूचित जनजाति के 6.64 करोड़ परिवार हैं। यह मानते हुए कि स्वतन्त्रता के पिच्चहतर वर्ष में तीस प्रतिशत परिवार स्वयं पोषित स्थिति में है और उनको आर्थिक सहायता योजना से बाहर रखा जा सकता है, जिसका परिणामस्वरूप शेष 4.63 करोड़ परिवारों के लिए 69450 करोड़ प्रति माह और 833400 करोड़ रू. प्रति वर्ष योजना खर्च होगा। केन्द्र और राज्य सरकारों का 70:30 अनुपात मानते हुए केन्द्र 583380 करोड़ और राज्य 250020 करोड़ का योजना खर्च वहन करेंगे। ये केवल मार्गदर्शक सिद्धान्त है, वास्तविक आंकड़े और योजना विवरण के आधार पर कार्यान्वयन के समय वास्तविक योजना और राशि भिन्न हो सकती है।

8.6

सम्भावित आर्थिक समावेश

कुल आवश्यक राशि सकल घरेलु उत्पाद का लगभग छः प्रतिशत होगी जिसकी उच्चतम विकास क्षमता रखने वाले अर्थव्यवस्था से अन्य क्षेत्रों को प्रभावित किए बिना भी बहुत कठिन कार्य नहीं होगा, कुछ सम्भावित तरीके ये हो सकते हैं:

1. एक बहुत बड़ी राशि आज भी समाज के इस वंचित और उत्पीडित वर्ग को केन्द्र व राज्य सरकारों द्वारा प्रदान की जाती है। सभी ऐसी योजनाएं जैसे मनरेगा, मध्य दिवस भोजन, व गैस, केरोसिन और बिजली अनुदान, शिक्षा भत्ता, छात्रवृत्ति और दूसरी ऐसी ही योजनाएं जो केन्द्र व राज्य सरकारें इन वर्गों को आर्थिक सहायता के लिए चलाती हैं का नई आर्थिक सहायता योजना में समावेश किया जा सकता है।

2. संसद सदस्यों और विधायकों के स्थानीय क्षेत्र विकास को अगले दस वर्षों के लिए या तो सम्बन्धित सरकार द्वारा प्रयोग में लाया जा सकता है या ये सदस्य खुद परिवारों को नोडल अधिकारी, जो योजना को क्रियान्वयन के लिए जिला स्तर पर नियुक्त किए जा सकते हैं, के द्वारा परिवारों को गोद ले सकते हैं।

3. संसद सदस्यों, विधायकों के वेतन, पैंशन और भत्ते हमेशा विवादों में रहे हैं। ये सभी समतामूलक समाज की परिकल्पना करने वाले संविधान की शपथ लेते हैं। इस नेक काम में योगदान उनके वेतन या पैंशन का दस प्रतिशत और परिवार से एक से अधिक सदस्य होने पर बीस प्रतिशत प्रति सदस्य आसानी से किया जा सकता है। यह एक वित्तिय योगदान नहीं होगा बल्कि एक समतावादी समाज के निर्माण के नेक कार्य में व्यावहारिक भागीदारी होगी।

4. पैट्रोल और डीजल पर उपकर लगाना मुश्किल नहीं होगा।

5. निगमित सामाजिक उत्तरदायित्व कोष:

   कम्पनी अधिनियम 2013 पात्र कम्पनियों के लिए सी.एस.आर. के लिए शुद्ध लाभ का दो प्रतिशत का प्रावधान करता है, एक प्रतिशत दस वर्षों के लिए बढ़ाया जा सकता है और कुछ संशोधित मानदंडों पर वर्तमान में पात्र नहीं होने वाली अन्य कम्पनियों पर भी दस वर्षों के लिए एक प्रतिशत का प्रावधान किया जा सकता है। यह कोष केन्द्रिय सरकार प्रयोग कर सकती है या कम्पनियां स्वयं नोडल अधिकारी के द्वारा परिवारों को इसके लिए गोद ले सकती हैं।

6. गैर सरकारी संगठनों से योगदान:

   सभी गैर सरकारी संगठनों का कोष केन्द्रिय सरकार द्वारा इस योजना में अनिवार्य रूप प्रयोग किया जा सकता है या गैर सरकारी संगठन स्वयं नोडल अधिकारी के द्वारा परिवारों को गोद ले सकते हैं।

7. व्यक्तियों, संगठनों और व्यवसायिक घरानों आदि को स्वैच्छिक योगदान के लिए प्रोत्साहित किया जा सकता है।

8. भारत को दुनिया में बड़ी संख्या में परोपकारियों का होने पर गर्व है, वे एक समतावादी समाज के हमारे उद्देश्य को प्राप्त करने के लिए प्रेरक शक्ति के रूप में काम कर सकते हैं।

8.7

आरक्षण नीति:

1. सामान्य वर्ग (विशिष्ठ) के लिए वर्तमान में अनुसूचित जाति और अनुसूचित जनजाति के लिए रोजगार और शिक्षा में आरक्षण नीति को सामान्य श्रेणी (विशिष्ठ) से सामान्य श्रेणी में पात्र होने पर परिवर्तित करने की नीति अपनाते हुए वर्तमान स्वरूप में दस वर्षों तक जारी रहना चाहिए।

2. वर्तमान की अन्य पिछड़े वर्गों के लिए आरक्षण व्यवस्था को पूर्ण रूप से आर्थिक आधार बना कर सामान्य श्रेणी के लिए किया जाए और ऊपरी स्तर (क्रीमी लेयर) का आर्थिक स्तर घटा कर वास्तव में जरूरतमंदों के लाभ के लिए प्रावधान करना चाहिए। हरियाणा सरकार ने ऊपरी स्तर सीमा आठ लाख से घटाकर छः लाख कर दी है जिससे जरूरतमंदों को अधिक अवसर प्राप्त होंगे।

3. जिनका प्रवेश आरक्षण के माध्यम से आई.आई.टी. आई.आई.एम., आई.आई.आई.टी., एम्स और एन.आई.टी. और अन्य ऐसे संस्थानों में होता है वे भविष्य में किसी भी प्रकार के आरक्षण के योग्य न हों।

4. दस वर्ष पश्चात् जब एक समतावादी समाज की संरचना हो जाए तो पूरा आरक्षण आर्थिक आधार पर कर देने से सबको समान अवसर मिलेंगे।

8.8

जाति व्यवस्था के उन्मूलन के पक्ष में कारक:

तीन कारक स्वच्छ भारत, सबके लिए आवास, स्वास्थ्य बीमा योजना आयुष्मान भारत न केवल अनुकूल हैं बल्कि जाति उन्मूलन और आर्थिक सहायता योजना के क्रियान्वयन में सहायक सिद्ध होंगे। स्वच्छ भारत आन्दोलन की भूमिका जाति व्यवस्था उन्मूलन में मील का पत्थर साबित होगी। सिर पर मैला ढोने की प्रथा अब अतीत की बात हो गई है। सफाई और मैला ढोने का काम मुख्यतः बाल्मिकी, भंगी और ऐसी ही दूसरी जातियों जो देश के विभिन्न भागों में भिन्न-भिन्न नाम से जानी जाती हैं, के द्वारा किया जाता था। महात्मा गांधी ने ब्राह्मण और बाल्मिकी को समान स्तर पर रखा था क्योंकि दोनों ही सफाई के दूत हैं - एक भौतिक शरीर के लिए और दूसरा आत्मा के लिए। भारत के प्रधानमन्त्री नरेन्द्र मोदी ने स्वच्छ भारत के पांच यौद्धाओं के चरण धोए थे। यह प्रतीकात्मक नहीं था बल्कि श्रम की गरिमा को ध्यान में रख कर किया गया था।

स्वतन्त्रता की पच्चहतरवीं वर्षगांठ तक सभी के लिए 'आवास योजना' समाज में असमानता को दूर करने और समाज के निचले तबके में विश्वास की भावना का निर्माण करने में एक अहम कदम साबित होगी। किसी के सिर पर खुद की छत का होना हर किसी का जीवन भर का सपना होता है, चाहे वह किसी भी वर्ग, पथ, लिंग या धर्म का हो और समाज के स्तरीकरण के लिए चाहे हम जो भी अलग-अलग पैमाना चुन लें।

आयुष्मान भारत योजना के अन्तर्गत सभी को स्वास्थ्य बीमा समाज के दलित वर्ग लिए बहुत ही लाभकारी सिद्ध होगा। क्योंकि वर्तमान में यह वर्ग स्वास्थ्य के लिए अच्छे उपचार

सुविधाओं से वंचित रहता है और उन्हें उपचार पर अपनी हैसियत से ज्यादा खर्च करना पड़ता है और यह उनके सामाजिक और आर्थिक विकास में बाधा का बहुत बड़ा कारण है। बीमारी के उपचार पर होने वाले खर्च ने उसे कभी भी गरीबी से बाहर नहीं आने दिया है। यह स्वास्थ्य योजना न केवल शारीरिक और आर्थिक स्वास्थ्य में मदद करेगी बल्कि उनके मानसिक स्वास्थ्य को भी बढ़ावा देगी और सुधार करेगी जो अंततः राष्ट्र की प्रगति में योगदान देगी। साक्ष्य के एक महत्वपूर्ण निकाय ने स्थापित किया है कि निम्न सामाजिक-आर्थिक स्थिति के व्यक्तियों में बीमारी से पीड़ित होने, कामकाज में बाधा होने, संज्ञानात्मक और शारीरिक रूप से अक्षम होने और उच्च मृत्यु दर की अधिक संभावना रहती है।

8.9

जातिवाद के विनाश का कार्यान्वयन

इस राक्षसी जाति व्यवस्था को केवल 'आर्थिक सहायता योजना'के हथियार से ही नहीं समाप्त किया जा सकता है। इसके हर हिस्से को बड़ी सूक्ष्मता से छेदना पड़ेगा जो हमारे समाज में हर क्षेत्र में, मूर्त या अमूर्त रूप में गहराई से समा चुकी है। हजारों साल पुरानी इस भयानक घृणित सामाजिक व्यवस्था के हजारों प्रभाव और जड़ें हैं और इन्हें पूरी तरह से नष्ट कर दिया जाना चाहिए और जीवित रहने या पुनरूत्थान का कोई भी अंश नहीं छोड़ा जाना चाहिए।

8.9.1

राजनीतिक दलों की भूमिका

सभी राजनीतिक दलों को अपने सभी निकायों में निम्न से लेकर उच्चतम स्तर तक तीस प्रतिशत सामान्य श्रेणी (विशिष्ट) से सदस्य बनाने चाहिए जिसमें विशेषतः बाल्मिकी, भंगी और ऐसी ही दूसरी जातियां हों। हर दूसरे कार्यकाल में सभी राजनीतिक दलों को अध्यक्ष के पद पर सामान्य श्रेणी (विशिष्ट) को नियुक्त करना चाहिए जिसमें बारी बारी से अनुसूचित जाति और अनुसूचित जनजाति से हो और यह प्रक्रिया कम से कम पंद्रह वर्ष तक कायम रहनी चाहिए।

8.9.2

विधायिकाओं के सदस्यों की भूमिका

सभी अनुसूचित जाति और अनुसूचित जनजाति के सांसदों और विधायकों को स्वेच्छा से अनुसूचित जाति और अनुसूचित जनजाति का वर्ग त्याग कर सामान्य श्रेणी में सम्मिलित होना चाहिए ताकि इनके स्थान पर दूसरे लोगों को यह अवसर प्राप्त हो सके और हम वास्तव में समतावादी समाज की ओर स्वयं से बढ़ सकें।

8.9.3

कर्मचारी, पेशेवर और व्यवस्यायियों की भूमिका

केन्द्र, राज्य सरकारों, सार्वजनिक उपक्रमों, बैंकों और इस तरह के अन्य संस्थानों के वर्ग 'ए'और वर्ग 'बी'के कर्मचारी, पेशेवर जैसे

इंजीनियर्स, डाक्टर, अधिवक्ता, अन्य इस प्रकार के लोग और व्यापारी स्वेच्छा से अनुसूचित जाति और अनुसूचित जनजाति का वर्ग त्याग कर सामान्य श्रेणी में सम्मिलित होना चाहिए।

8.9.4

भारतीय चिकित्सा परिषद् व भारतीय अधिवक्ता परिषद् की भूमिका

चिकित्सा व कानून दो ऐसे क्षेत्र हैं जिनका हर मनुष्य के जीवन की दिनचर्या में महत्त्वपूर्ण योगदान ही नहीं बल्कि अपरिहार्य भी है। हर व्यक्ति इनके परामर्श को स्वीकार करता है और इसीलिए चिकित्सकों और अधिवक्ताओं का समाज में सदैव एक प्रामाणिक प्रभाव रहता है। किसी भी देश के न्यायालयों में आने वाले मुकदमे और उनके फैसले, उस समाज का शीशा होते हैं। चिकित्सक और अधिवक्ता किसी भी बड़े सामाजिक बदलाव के ध्वजवाहक हो सकते हैं। जाति व्यवस्था को समाप्त करने में भी ये दोनों पेशेवर महत्वपूर्ण भूमिका निभा सकते हैं। ये अपनी-अपनी भारतीय परिषदों में अगले पन्द्रह वर्षों तक क्रम से अनुसूचित जाति और अनुसूचित जनजाति के प्रधान पद पर और शेष संगठन में तीस प्रतिशत तक इन वर्गों की भागीदारी सुनिश्चित कर सकते हैं। यह कदम इन वर्गों के इन व्यवसायों में आत्मविश्वास ही नहीं बढायेगा बल्कि पूरे समाज में इसका प्रभाव होगा और समतावादी समाज की स्थापना में एक अहम कदम होगा।

8.9.5

हिन्दू धार्मिक निकायों की भूमिका

एक क्षेत्र ऐसा है जहां से अनुसूचित जाति और अनुसूचित जनजाति को हमेशा दूर रखा गया है और वह है मन्दिरों का प्रबन्धन, अनुष्ठान व कर्मकांड के कार्य से। समाज के एक वर्ग को देवी देवताओं की पूजा करने से रोकना दुर्भाग्यशाली ही नहीं अपितु मानव जाति पर अभिशाप भी है। सभी सामाजिक संस्थाएं जैसे राष्ट्रीय स्वयं सेवक संघ, विश्व हिन्दू परिषद, आर्य समाज और ऐसे अन्य संगठनों को कम से कम एक लाख अनुसूचित जाति और अनुसूचित जनजाति के लोगों को मन्दिर के पुजारी, धार्मिक अनुष्ठान और कर्मकांड के लिए प्रशिक्षित करना चाहिए। विशेषकर सबसे निम्न वर्ग जैसे हरियाणा से बाल्मिकी, गुजरात और पंजाब से भंगी, आन्ध्रप्रदेश से पाखी, तमिलनाडु से सिंगलीगर और ऐसे ही दूसरे राज्यों से।[4] इस तरह के ज्ञान और योग्यता प्राप्त करने के बाद इन श्रेणियों के प्रशिक्षितों को तीस प्रतिशत तक नीचे से लेकर उच्चतम मुख्य पुजारी तक तथा प्रबन्धन न्यासों के सभी पदों पर पन्द्रह वर्षों तक नियोजित किया जाना चाहिए। भगवान राम के मन्दिर का निर्माण कार्य प्रगति पर है, राम मन्दिर ट्रस्ट को इन वर्गों में से लोगों को प्रशिक्षित करने का कार्य आरम्भ करना चाहिए ताकि जब तक मन्दिर का निर्माण पूरा हो तब तक इन वर्गों के प्रशिक्षित लोगों को समायोजित किया जा सके। यही वास्तव में राम राज्य की शुरूआत होगी। यह सार्वभौमिक सत्य है

---

4   1950 में अय्यर आयोग ने पुरोहित और औपचारिक संस्कारों के प्रशिक्षण के लिए एक केन्द्रिय संस्थान स्थापित करने की सिफारिश की थी।

कि भगवान के सामने सब समान हैं। सभी अनुष्ठानों, और औपचारिक संस्कारों, साहित्य, श्लोकों और भजनों का स्थानीय भाषा में अनुवाद किया जाना चाहिए।

8.9.6

हिन्दू धर्म में घर वापसी योजना

इतिहास में प्रत्येक राष्ट्र की एक संस्कृति और स्थान होता है। राष्ट्रों के नागरिक भी अपने राष्ट्र के प्रति निष्ठा रखते हैं। किसी राष्ट्र की संस्कृति के प्रति सम्मान राष्ट्र को ही मजबूत करने में मदद करता है। भारतीय अपने देश को अपनी मातृभूमि मानते हैं। एक धार्मिक परिवर्तित आदमी देश की संस्कृति के प्रति निष्ठा और सम्मान खो देता है। नोबल पुरस्कार विजेता श्री वी.एस. नायपाल ने अपनी पुस्तक 'बियोंड बिलिफ'में लिखा है कि "जो व्यक्ति धर्म परिवर्तन कर चुका है, वह अपना अतीत खो देता है। उनके लिए अपनी विरासत और पूर्वजों की संस्कृति व्यर्थ है।"[5]

इतिहास में पर्याप्त प्रमाण हैं कि मुगलों ने बलपूर्वक और हिंसा से हिन्दुओं का जबरदस्ती हिन्दू से इस्लाम में धर्म परिवर्तन करवाया। वे अनुसूचित जाति और अनुसूचित जनजातियों के लोग जिन्हें या तो बल पूर्वक परिवर्तित किया गया था या अन्य धर्मों द्वारा उच्च जातियों द्वारा उत्पीड़न के कारण स्वेच्छा से परिवर्तित किया या परिवर्तित करने के लिए प्रेरित किया गया था और वे अपने पूर्वजों की विरासत और संस्कृति में शामिल होने के लिए वापिस आने के इच्छुक हैं उन्हें सामान्य श्रेणी (विशिष्ठ) में सम्मिलित किया जाना

---

5   हृदय नारायण दीक्षित, दैनिक जागरण 20 सितम्बर, 2020।

चाहिए क्योंकि यह उनका दोष नहीं था बल्कि व्यवस्था और परिस्थितियों का था।

8.9.7

संचार माध्यम घरानों की भूमिका

यह एक और क्षेत्र है जहां इस तिरस्कृत और उत्पीड़ित वर्ग को पूरी तरह से नजरअंदाज कर दिया गया है। इलैक्ट्रानिक और प्रिंट संचार घरानों को इन वर्गों के लोगों का प्रशिक्षण प्रदान करना चाहिए और आवश्यक योग्यता प्राप्त करने पर पन्द्रह वर्षों तक प्रबन्धन सहित प्रत्येक श्रेणी में कम से कम तीस प्रतिशत नियोजित करना चाहिए। मीडिया की भूमिका समतावादी समाज के निर्माण में सबसे अधिक योगदान दे सकती है।

8.9.8

जाति सूचक नाम और शीर्षक में परिवर्तन

सभी को अपने नाम के साथ गौत्र को हटाकर ऐसा शीर्षक का प्रयोग करना चाहिए जो जाति सूचक न हो जैसे भारती, भारतीय, आर्य, पेशा, जन्म स्थान या अपनी पसंद का। अगर कोई स्वेच्छा से नाम नहीं बदलता है तो नाम के आगे पिता का नाम अपने आप लगने का प्रावधान करना चाहिए। संस्थाओं, संघों, निगमों, व्यवसायिक संस्थाओं, पेशेवरों के सभी नाम इस प्रकार से बदले जाएं कि किसी भी प्रकार से जाति इंगित न हो।

8.9.9

पी.डी.एस. प्रणाली में बदलाव

सभी को आवास मिलने पर लागत के आधार पर सम्बन्धित परिवारों को अनाज भण्डारण के लिए टंकी प्रदान की जा सकती है जिनको गेहूं और चावल वितरित किया जाता है। अनाज प्रत्येक महीने वितरित करने के स्थान पर हर फसल चक्र पर या फसल चक्र में दो बार दिया जा सकता है। यह देश की भण्डारण क्षमता को बढ़ाएगा और भण्डारण लागत को कम करेगा।

8.9.10

अनुसूचित जाति, अनुसूचित जनजाति और पिछड़े वर्ग आयोगों का उन्मूलन

जाति व्यवस्था समाप्त करने की योजना क्रियान्वयन होने पर अनुसूचित जाति, अनुसूचित जनजाति और पिछड़ा वर्ग आयोगों की आवश्यकता समाप्त हो जाएगी इसलिए इनको खत्म किया जा सकता है। योजना की निगरानी के लिए सामाजिक न्याय मन्त्रालय के अधीन नोडल अधिकारी नियुक्त किए जा सकते हैं।

8.9.11

राज्यों की विधान परिषदों और दिल्ली विधानसभा का उन्मूलन

बदली हुई समकालीन परिस्थितियों में राज्यों में विधान परिषदों का कोई औचित्य नहीं है और यह सरकारी खजाने पर एक बहुत बड़ा बोझ है। यह न्यूनतम सरकार और अधिकतम शासन के

सिद्धान्त के भी विरूद्ध है। इसी प्रकार राष्ट्रीय राजधानी दिल्ली की प्रशासनिक व्यवस्था एक भूल भूलैया है और आए दिन अलग अलग प्रशासनिक इकाइयों का टकराव देखने को मिलता रहता है। राष्ट्रीय राजधानी होने के कारण दिल्ली को पूर्ण राज्य का दर्जा सम्भव नहीं है अतः यह स्थिति हमेशा बनी रहेगी। इसलिए दिल्ली विधानसभा को समाप्त कर पुरानी व्यवस्था करना अधिक उचित होगा।

8.10

भारत में आन्दोलनों का इतिहास

1857 के युग की क्रान्ति की यादें आज भी अस्सी वर्ष के वयोवृद्ध व्यक्ति का भी चेहरा लाल कर देती हैं, ऐसे किसी आन्दोलन में भाग लेने के लिए नए खून का संचार करती हैं। झांसी की रानी लक्ष्मी बाई की जैसी वीरता दुनिया में कहीं नहीं मिलती। रानी की एक आवाज पर देश के लिए हजारों लोगों ने अपने प्राण देश पर न्योछावर कर दिए और लाखों न्योछावर करने के लिए आगे आए।

शहीद भगत सिंह, राजगुरु और सुखदेव जब फांसी पर लटकाए गए थे उनका सीना गर्व से भरा हुआ था और मनोबल ऊँचा था। उनके लिए प्यारे देश की आजादी के लिए फांसी किसी तीर्थयात्रा से कम नहीं थी।

नेता जी सुभाष चन्द्र बोस की "तुम मुझे खुन दो मैं तुम्हें आजादी दूंगा" की एक आवाज ने देश के हजारों नौजवानों को बलिदान देने के लिए प्रेरित किया और भारतीय राष्ट्रीय सेना" जो वास्तव में भारत की आजादी के वास्तविक नायक थे, में सम्मिलित हो गए।

गौतम बुद्ध, गुरु नानक देव, सन्त कबीर, स्वामी दयानन्द और स्वामी विवेकानन्द जो धार्मिक और सामाजिक नेता थे जो पूर्ण रूप से मानवता और उसके कल्याण के लिए ही समर्पित थे। उनके हजारों लाखों अनुयायी होना ही मानव सेवा के प्रति उनकी निस्वार्थ भक्ति को दर्शाते हैं।

अस्पृश्यता के हजारों वर्षों के भेदभाव और उत्पीड़न के खिलाफ अम्बेडकर का आन्दोलन और स्वतन्त्रता, समानता और बन्धुत्व की त्रिमुर्ति के सिद्धान्तों पर आधारित एक समाज का गठन दुनिया में कहीं नहीं पाया जाता है। संविधान सभा की प्रारूप समिति के अध्यक्ष होने के नाते उन्होंने संविधान में कई प्रावधानों का शामिल करके समतावादी समाज के अपने सपने की नींव सफलतापूर्वक रखी।

पाकिस्तान के 1965 के युद्ध के दौरान तत्कालीन प्रधानमन्त्री लाल बहादुर शास्त्री के सप्ताह में एक दिन का उपवास का आह्वान पूरे भारत ने उत्साह पूर्वक अपनाया। उनके नारे 'जय जवान जय किसान'ने न केवल उन समुदायों में जिनके लिए उन्होंने सम्बोधित किया, बल्कि पूरे भारत के लोगों में गर्व से नए रक्त का संचार किया।

लोकतान्त्रिक और मौलिक अधिकारों को दबाने वाले कठोर कानूनों के खिलाफ जयप्रकाश नारायण का आन्दोलन जिसे जे.पी. आन्दोलन के रूप में जाना जाता है, लोगों की भागीदारी के मामले में अब तक सबसे बड़ा आन्दोलन था।

अन्ना हजारे का भ्रष्टाचार के खिलाफ और महात्मा गांधी का सत्याग्रह आन्दोलन लोगों की भागीदारी के कारण बहुत सफल रहे और उस समय की सरकारों को सत्ता से जाना पड़ा। वर्तमान में भी लोगों की भागीदारी के कारण दो आन्दोलन

"स्वच्छ भारत" और "जनधन बैंक खाता" योजना पूर्ण रूप से सफल रहे हैं।

सरकारी सेवा से त्यागपत्र देते हुए कांशीराम ने घोषणा की थी कि वह समाज के कल्याण को समर्पित होंगे, विवाह नहीं करेंगे, कोई सम्पत्ति नहीं खरीदेंगे, कभी घर नहीं जाएंगे और फूले और अम्बेडकर के लक्ष्यों को प्राप्त करने के लिए पूरा जीवन उसी में लगाऐंगे।

सभी पूर्वोक्त आन्दोलन अपने वांछित लक्ष्यों और उद्देश्यों में लोगों की आन्दोलन में भागीदारी परिणामस्वरूप सफल हो गए। इनके उद्देश्य नेक थे और इनके नेता अपने आंदोलन में शामिल लोगों से पहले किसी भी बलिदान को तत्पर थे।

जाति का उन्मूलन वह महान कार्य है जो न केवल हमारे देश की सामाजिक संरचना को बदल देगा बल्कि साथ ही साथ हमारे देश की अखण्डता और ताकत को कई गुणा मजबूत करेगा। उद्देश्य एक समतावादी समाज के निर्माण की ओर निर्देशित है और वास्तविक रूप में, एक और स्वतन्त्रता का आन्दोलन है, पहले यह राजनीतिक स्वतन्त्रता के लिए था और अब यह सामाजिक स्वतन्त्रता के लिए है और यह केवल हमारे देश तक सीमित नहीं रहेगा बल्कि पूरी दुनिया को मार्ग दिखाने वाला होगा और अंततः पूरी मानवता का कल्याण होगा। अम्बेडकर राष्ट्र की वास्तविक सेवा के लिए कहते हैं, "हमारा एक आन्दोलन है जिसका उद्देश्य न केवल हमारी अक्षमताओं को दूर करना है, बल्कि एक सामाजिक क्रान्ति लाना भी है, एक ऐसी क्रान्ति जो सभी को उच्चतम पद पर पहुंचने के लिए समान अवसर प्रदान करके जाति की सभी मानव निर्मित बाधाओं को दूर करे और जहां तक नागरिक अधिकारों के सम्बन्ध में मनुष्य और मनुष्य के बीच कोई भेद नहीं करे। यदि

हम सभी हिन्दुओं को एक ही जाति में एकजुट करने के अपने आंदोलन में सफलता प्राप्त कर लेते हैं तो हम सामान्य रूप से भारतीय राष्ट्र और विशेष रूप से हिन्दू समुदाय की सबसे बड़ी सेवा करेंगे। वर्तमान जाति व्यवस्था अपने अभेद्य भेदों और अन्यायपूर्ण व्यवस्था के साथ हमारी साम्प्रदायिक और राष्ट्रीय कमजोरी के सबसे बड़े स्रोतों में से एक है।"

पीढ़ियों पहले अमेरिकी कवि जेम्स रासेल लोवेल ने आत्मनिर्णय पर लिखा था जो अब भारत के लिए जाति उन्मूलन के सम्बन्ध में प्रासंगिक है, जो मानवता के लिए सामाजिक स्तरीकरण की सबसे क्रूर प्रणाली है।

"एक बार हर आदमी और हर राष्ट्र के पास अच्छे या बुरे और सच्चाई या झूठ के संघर्ष में से तय करने का समय आता है।"

भारत सबसे नवीन दिमागों, अपार जीवन शक्ति, उच्चतम आर्थिक और मानव संसाधन जिनका उपयोग नहीं हुआ है, का अपार भण्डार है और ये सभी सामूहिक रूप से जाति व्यवस्था को समाप्त कर सकते हैं। सरकार के सभी अंगों, राजनीतिक दलों, न्यायपालिका और अन्य संस्थानों को जाति व्यवस्था को खत्म करने की दिशा में कड़ी मेहनत करने का समय आ गया है ताकि जातिविहीन भारत का निर्माण हो सके जहां सभी नागरिकों के बीच सद्भाव हो क्योंकि यही संवैधानिक जनादेश, मौलिक सिद्धान्त और भावना है।

अम्बेडकर के अनुसार "जाति को जड़ से खत्म करने के लिए आपको अपने प्रयास करने चाहिए, अगर मेरे रास्ते से नहीं तो अपने तरीके से।" मानवता एक राष्ट्र के रूप में भारत के और धर्म के रूप में हिन्दू के खून में है। हमारे समाज की पहचान समुद्र के पानी की तरह होनी चाहिए न कि विभिन्न

नदियों के पानी की तरह। जिस प्रकार सभी नदियों का पानी अलग-अलग होता है लेकिन समुद्र में मिलने के बाद वह समुद्री जल ही बन जाता है उसी तरह सभी जातियों के नष्ट होने पर, विभिन्न जातियों के लोग एक ही समाज में आत्मसात हो जाएंगे और केवल भारतीय समाज की पहचान होगी।

संदर्भ

अध्याय 1

1. श्री बीपी मंडल पिछड़ा वर्ग आयोग रिपोर्ट।

2. रीसेंट सर्विसेज जर्नल 1993 (1) एससी 7 इंदिरा साहनी और अन्य वर्सेज यूनियन ऑफ इंडिया और अन्य

अध्याय 2

1. दत्त, एनके, भारत में जातियों की उत्पत्ति और वृद्धि

2. रीसेंट सर्विसेज जर्नल 1993 (1) एससी 7 इंदिरा साहनी और अन्य वर्सेज यूनियन ऑफ इंडिया और अन्य

3. अम्बेडकर, बी आर, बीएडब्ल्यूएस वॉल्यूम 1 भारत में जातियां

4. आहूजा, राम। भारतीय सामाजिक व्यवस्था

5. बाबा साहेब अम्बेडकर लेखन और भाषण (बीएडब्ल्यूएस) खंड -7

6. पांडे.एस.मनाली। भारतीय जाति व्यवस्था का इतिहास और भारत पर इसका आज प्रभाव

7. शेरिंग, एमए, हिंदू एंड ट्राइब्स ऑफ कास्ट्स, ट्रयूबैनर एंड कंपनी लंदन वॉल्यूम 3

8. समाजशास्त्र चर्चा - com/caste/7&major Theory/2354

9. बीएडब्ल्यूएस वॉल्यूम-1

10. मंडल, पूजा।, yourarticlelibrary-com/sociology/differencebetween&class और जाति

11. मर्डॉक, जोहान।, जातिः इसका अनुमान मूलः इसका इतिहासः इसके प्रभाव, सरकार का कर्तव्य, हिंदू और ईसाई इसके संबंध मेंय और इसकी विवरणिका

अध्याय 3

1. कुगलो, कैरोल।, सभ्यता का विकास

2. अहिजा, राम।, भारतीय सामाजिक व्यवस्था, रावत प्रकाशन

3. बेटेल, आंद्रे, कास्ट्सः ओल्ड एंड नीव्स, सामाजिक स्तरीकरण में निबंध

4. घुर्ये, जीएस, वर्ग और व्यवसाय, लोकप्रिय बुक डिपो, बॉम्बे

5. गोल्ड, गेरोल्ड, द हिंदू कास्ट सिस्टम, चाणक्य प्रकाशन, नई दिल्ली

6. बेटेली, आंद्रे, कास्ट, क्लास एंड पावर, कैलिफोर्निया यूनिवर्सिटी, बर्कले

7. इयूमॉन्ट, लुइस, होमियो हिराचिकस, यूनिवर्सिटी ऑफ शिकागो प्रेस, शिकागो

8. गॉल्ड, हेरोल्ड, भारतीय समाज के आधुनिकीकरण में जाति अनुकूलन, चाणक्य प्रकाशन

9. बोस, पीएन, ब्रिटिश शासन के दौरान हिंदू सभ्यता का इतिहास

10. देसाई, आईपी, द क्राफ्ट ऑफ सोशियोलॉजी एंड अदर एसेज, अजंता पब्लिकेशन्स दिल्ली

11. ड्यूमॉन्ट, लुइस, भारतीय समाजशास्त्र में योगदान, वॉल्यूम। 1, 7 और 8, माउटन एंड कंपनी। हेग

12. गुप्ता, दीपांकर, सामाजिक स्तरीकरण, ऑक्सफोर्ड यूनिवर्सिटी प्रेस, बॉम्बे

13. मैरियट, मैकिम (एड), विलेज इंडिया, यूनिवर्सिटी ऑफ शिकागो प्रेस, शिकागो

14. प्रसाद, नर्मदेश्वर, जाति व्यवस्था का मिथक, पटना

15. रॉस एच. लॉरेंस, पर्सपेक्टिव्स ऑन द सोशल ऑर्डरः रीडिंग्स इन सोशियोलॉजी मैकग्रा-हिल बुक कं, न्यूयॉर्क

16. हटन, जेएच, भारत में जातिः इसकी प्रकृति, कार्य और उत्पत्ति, ऑक्सफोर्ड यूनिवर्सिटी प्रेस, बॉम्बे

17. कपाड़िया, केएम, सोशियोलॉजिकल बुलेटिन, वॉल्यूम। ग्यारहवीं, सितंबर 1962

18. मुखर्जी, आरके, द डायनामिक्स ऑफ रूरल सोसाइटीः ए स्टडी ऑफ द इकोनॉमिक स्ट्रक्चर इन बंगाल विलेज, एकेडमिक वेरलॉग, बर्लिन

19. सिंह, योगेंद्र, भारतीय परंपरा का आधुनिकीकरण, थॉमसन प्रेस, दिल्ली

20. श्रीनिवास, एमएन, कास्ट इन मॉडर्न इंडिया एंड अदर निबंध, मीडिया प्रमोटर्स एंड पब्लिशर्स बॉम्बे

21. बीएडब्ल्यूएस वॉल्यूम- 7

22. दत्त, एनके, भारत में जातियों की उत्पत्ति और वृद्धि

23. ऋग्वेद संहिता सयाना की टिप्पणी के साथ

24. यास्का की निरुकतः

25. मुइर, मूल संस्कृत ग्रंथ वेबर, भारतीय साहित्य का इतिहास

26. कैगी, डेर रिग- वेद

27. बार्थ, द रिलिजन ऑफ इंडिया

28. ब्लूमफील्ड, द रिलिजन ऑफ वेद

29. होपकिंस, द रिलिजन ऑफ इंडिया। भारत, पुराना और
नया

30. अमेरिकन ओरिएंटल सोसाइटी का जर्नल

31. ओल्डेनबर्ग, डाई रिलिजन डेस वेदाय डाई लिटरेचर डेस
अल्टेन इंडियन

32. हिलेब्रांट, वेदिशे मिथोलॉजी

33. मैक्स मूलर, प्राचीन संस्कृत साहित्य का इतिहास

34. एक जर्मन कार्यशाला से चिप्स

35. विंटरनित्ज, भारतीय साहित्य का इतिहास

36. हार्डी, डाई वेदिस्चे-ब्रह्मा-निश्चे पेरीओडे डेर रिलिजन डेस
अल्टेन इंडियंस

37. मैकडोनेल, संस्कृत साहित्य का इतिहास

38. कीथ, वेदों का धर्म और दर्शन

39. विल्सन, भारतीय जाति

40. कैम्ब्रिज हिस्ट्री ऑफ इंडिया प्

41. दत्त। एनके, द आर्यनाइजेशन ऑफ इंडिया

42. मित्रा, आरएल, द इंडो-आर्यन्स

43. दास, ए., ऋग्वैदिक संस्कृति

44. एस. अयंगर, प्राचीन भारत में जीवन और मंत्रों के युग में

45. शास्त्री, एस, इवोल्यूशन ऑफ इंडियन पॉलिटी

46. परगिटार, प्राचीन भारतीय ऐतिहासिक परंपरा

47. कथक संहिता

48. तैत्तिरीय संहिता

49. मातृयानी संहिता

50. वाजसनेयी संहिता

51. अथर्ववेद संहिता

52. ऐतरेय ब्राह्मणः

53. कौशिकी ब्राह्मण

54. शतपथ ब्राह्मण

55. पंचविंस ब्राह्मण

56. तैत्तिरीय ब्राह्मण

57. जैमिनिया ब्राह्मण

58. गोपथ ब्राह्मण

59. ऐतरेय आरण्यक

60. तैत्तिरीय आरण्यक

61. चंदयोग उपनिषद

62. बृहदारण्यक उपनिषद

63. महाभारतः

64. ड्यूसेन, डाई फिलॉसफी डेर उपनिषद

65. हॉपकिंस, एथिक्स ऑफ इंडिया

66. हिले ब्रांट, अनुष्ठान-साहित्य

67. श्रौत सूत्र- अश्वलायण, कात्यायन, शंखयान, आपस्तम्ब, लत्यायन, हिरण्यकेसिन, बौधायन

68. गृह सूत्र- अश्वालयन, संखयान, परस्कर, आपस्तंभ, गोभिला, मानव, हिरण्यकेसिन, कौसिका, खदिरा, बौधयान

69. धर्म सूत्र- आपस्तंब, वशिष्ठ,

70. धर्म शास्त्र-गौतम, बौधायन, विष्णु

71. मनुसंहिता

72. महाभारतः

73. कौटिल्य अर्थशास्त्रः

74. Sparknotes-com/sociology/social&stratification&and&inequality/section

अध्याय 4

1. बी ए डब्ल्यू एस वॉल्यूम- 13

2. जायसवाल, अजीत।, रिसर्च गेट.नेट/प्रकाशन/3407627369-नक्सलवाद - और -जनजाति -इन- इंडिया

3. भगबती एसी (2001)। उत्तर-पूर्वी भारत में उभरती जनजातीय पहचान। नई दिल्लीः संकल्पना प्रकाशन कंपनी, 3-9.

4. भारत की जनगणना। (2011)। गृह मंत्रालय। प्रकाशन विभाग, नई दिल्ली। 2013, 11-47.

5. जायसवाल, ए. (2012)। "भारत के उत्तर पूर्वी भाग में जनजातीय विकासः वास्तविकता और विवशताएं"। सोशल वर्क क्रॉनिकल, 1 (2), 68-81।

6. लॉयड, एंथनी (2015)। "भारत का विद्रोह"। नेशनल ज्योग्राफिक (अप्रैल) 82-94।

13 मार्च 2018 को पुनःप्राप्त https://www-nationalgeographic-com/ magazine/ 2015/04/indiacoal&conflict&minerals&maoist&insurgency/

7. hi-wikipedia-org/wiki/Adivasi

8. एनसाइक्लोपीडिया ब्रिटानिका, आदिवासी (https%//www-britannica-com/topic/Adivasi)

9. लोकसभा वाद-विवाद धारा 10 जून 41-42 1995 अ. 42 संख्या 41-42 ¼https://books-google-com/\ id=EaRXAAAAMAAJ½, लोकसभा सचिवालय, भारत की संसद, 1995, 25 नवंबर 2008 को पुनः प्राप्त, "... आदिवासी भारत के आदिवासी हैं..."

10. 'आदिवासी महिला के उत्पीड़न पर सुप्रीम कोर्ट का फैसला''¼https://www-thehindu-com/news/

resources/ध्सुप्रीम-कोर्ट-फैसला-पर-उत्पीड़न-आदिवासी-महिला-पीडीएफ-संस्करण-पूर्ण-पाठ/लेख   1551963 2. ece)। हिन्दू। 11 जनवरी 2011। 23 अप्रैल 2021 को लिया गया।

11. 'आदिवासी, द. और कर।" ओ ई डी ऑनलाइन। ऑक्सफोर्ड यूनिवर्सिटी प्रेस, जून 2017. वेब। 10 सितंबर 2017।

12. "पी यू सी एल बुलेटिन, फरवरी 2003"(https://web-archive-org/web/ 20080616184214 /http://www-puc1-org/Topics/ Dalit&tribal/ 2003/adivasi-htm) मूल से संग्रहीत ¼http://www-pucl-org/Topic.½

एस/दलित-आदिवासी/2003/आदिवासी.एचटीएम) 16 जून 2008 को। 27 नवंबर 2008 को लिया गया।

13. पी. 27 मध्य प्रदेशः मध्य प्रदेश द्वारा शाजापुर (भारत)

14. पी. 219 कलकत्ता समीक्षा कलकत्ता विश्वविद्यालय द्वारा, 1964

15. पिया चटर्जी (2001), ए टाइम फॉर टीः वीमेन, लेबर, एंड पोस्ट्ध्कोलोनियल पॉलिटिक्स ऑन ए इंडियन

प्लांटेशन   ¼https://books-google-com/?id (Ldw2lX7u&HsC½, इयूक यूनिवर्सिटी प्रेस, ISBN 978-0-8223-2674-8, 26 नवंबर 2008 को पुनःप्राप्त,

16. उलरिच वैन डेर हेडनय होल्गार स्टोकर (2005), मिशन अंड मच इम वांडेल पॉलिटिशरय ओरिएंटिएरंगेनः यूरोपाइस्चे मिशन्सगेसेलशाफ्टेन इन पॉलिटिसचेन स्पैनुंग्सफेल्डर्न अफ्रीका में und Asien zwischen 1700 और 1945 (https://books-google-com/\id)N7JfoaVbMGgC)],

फ्रांज स्टेनर वेरलाग, ISBN 978-3-515-08423-9, 26 नवंबर 2008 को पुनःप्राप्त,

17. ओपी Ralhan (2002), Encyclopedia राजनीतिक दलों का (https://books-google-com/\id)_1gQS3LOafAC), अनमोल प्रकाशन प्रा। लिमिटेड, आईएसबीएन 978-81-7488-865-5, 26 नवंबर 2008 को पुनःप्राप्त,

18. गोविंद केलकरय देव नाथन (1991), जेंडर एंड ट्राइबः वीमेन, लैंड एंड फॉरेस्ट इन झारखण्ड (https://books-google-com/\id?cTIuAAAAMAAJ), काली महिलाओं के लिए, ISBN 978-1-85649-035-1, 26 नवंबर 2008 को पुनःप्राप्त, विलियम विल्सन हंटरय हरमन माइकल किशय एंड्रयू वालेस मैकीय चार्ल्स जेम्स ओ'डोनेलय हर्बर्ट होप रिस्ले (1877), ए स्टैटिस्टिकल अकाउंट ऑफ बंगाल (https%// books-google-c -½ om /\id¾R2MOAAAAQAAJ) डूबनेर, 26 नवंबर 2008 को पुनःप्राप्त,

19. राधाकांत बारिक (2006), बिहार में भूमि और जाति की राजनीति (https://books-google-com/\id?IGNu) AAAAMAAJ), शिप्रा प्रकाशन, ISBN 978-81-7541-305-4, 26 नवंबर 2008 को पुनःप्राप्त,

20. सीता वेंकटेश्वर (2004), डेवलपमेंट एंड एथनोसाइडः अंडमान में औपनिवेशिक व्यवहार द्वीप (https://books-google-com/\id?XFETVEÛNUYgC), IWGIA] ISBN 978-87-91563-04-1,

21. लुइगी लुका कैवल्ली-स्फोर्जाय फ्रांसेस्को कैवल्ली-स्फोर्जा (1995), द ग्रेट ह्यूमन डायस्पोरासः विविधता और विकास का इतिहास (https://books-google-com/\

id?ApuuiwUkEZ0C), बुनियादी Books] ISBN 978-0-201-44231-1,

22. परमजीत एस जज (1992), इंसुरेक्शन टू एजिटेशनः द नक्सली मूवमेंट इन पंजाब (https://books-google-com/\id?HvYpVtBXw5kC), लोकप्रिय प्रकाशन, ISBN 978-81-7154-527-8, 26 नवंबर 2008 को पुनःप्राप्त ,

23. द इंडियन जर्नल ऑफ सोशल वर्क (https://books-google-com/\id?q0c0AAAAIAAJ), अ.59, प्रकाशन विभाग, टाटा सामाजिक विज्ञान संस्थान, 1956, 26 नवंबर को पुनः प्राप्त 2008,

24. रॉय मोक्सहम (2003), चाय (https://books-google-com/\id?FAiHU5JSYwwC), कैरोल और ग्राफ प्रकाशक, आईएसबीएन 978-0-7867-1227-4, 26 नवंबर 2008 को पुनः प्राप्त,

25. हेउजे, जेराडरूः ओ वा ल'इंडे मॉडर्न? ल'हरमट्टन, पेरिस 1993. ए. टिकीरूः "इर्वेंजेलाइजेशन" उरांवों के बीच ", इंडियन मिसियोलॉजिकल रिव्यू, जून 1997, विशेष रूप से पृष्ठ 30-32। Elst 2001

26. पेज 63 टैगोर विदाउट इल्यूजन द्वारा हितेंद्र मित्र

27. समीक्षा ट्रस्ट, पी. 1229 इकोनॉमिक एंड पॉलिटिकल वीकली

28. पृष्ठ 4 "खुर्दा में स्वतंत्रता आंदोलन" (http%//orissagov-nic-in/e&magazine/Orissareview/august&2)007/engpdf/Page1&11-pdf) संग्रहीत (https://web-archive-org/web/2071129141833   http://

Orissa gov-nic-in/e&magazine /Orissareview/ august-2007 engpdf/ Page 1-11-pdf) 29 नवंबर 2007 को वेबैक मशीन डॉ अतुल चंद्र प्रधान

29. पी. 111 हैदराबाद में स्वतंत्रता संग्रामः हैदराबाद से जुड़ा हुआ एक विषय (भारतः राज्य)

30. सिंहभूमि का आदिवासी संघर्ष

31. एस जी सरदेसाई (1986), प्राचीन भारत में प्रगति और रूढ़िवाद (https://books-google-com/\i½d?kscNAAAAIAAJ), पीपुल्स पब्लिशिंग हाउस, 25 नवंबर 2008 को पुनःप्राप्त, "... का केंद्र ऋग - वैदिक धर्म यज्ञ, यज्ञ था। ... कोई आत्मा नहीं, कोई ब्रह्मा नहीं, मोक्ष, ऋग्वेद में कोई मूर्ति पूजा नहीं... "

32. शिव कुमार तिवारी (2002), हिंदू धर्म की जनजातीय जड़ें (https://books-google-com/\id?n0gwfmPFT एलजीसी), सरूप एंड संस, आईएसबीएन 978-81-7625-299-7, 12 दिसंबर 2008 को पुनःप्राप्त

33. कुमार सुरेश सिंह (1985), ट्राइबल सोसाइटी इन इंडियाः एन एंथ्रोपो-हिस्टोरिकल पर्सपेक्टिव (https://Books-google-com/\id?WIAIAAAAMAAJ), मनोहर, 12 दिसंबर 2008 को पुनःप्राप्त,

34. "भगवान शिव को समर्पित - इंटरनेट पर हिंदू भगवान शिव का निवास" (http://www-shaivam-or g/nakanna1-html)। शैवम. ओ आर जी. 14 जुलाई 2019 को लिया गया।

35. "हिंदू धर्म के बारे में सब कुछ"(https%//web-archive-org/web/20080102233739/ http%//www-

divinelifesociety -org/graphics /ebooks/swami_ sivandaji/download/ all_about_hinduism-html) | से संग्रहीत मूल (http://www-divinelifesociety-org/ graphics/ebooks/swami_sivanandaji/downnload/ all_about_ hinduism -html) 2 जनवरी 2008 को। 14 जुलाई 2019 को लिया गया।

36. पृष्ठ 269 ब्राह्मणवाद और हिंदुत्व, या, भारत में धार्मिक विचार और जीवनः के आधार पर सर मोनियर मोनियर-विलियम्स द्वारा वेद और हिंदुओं की अन्य पवित्र पुस्तकें (गूगल ईबुक)

37. "श्रीवैष्णववाद" (https%//web-archive-org/ web/20080504053609/ http%//www-srivaishnavan-com/tomcat/thiruppa2-htm) | मूल से संग्रहीत (http://www-srivaishnavan-com/tomcat/ thirupp a2-htm) 4 मई 2008 को। 14 जुलाई 2019 को लिया गया।

38. "संग्रहीत प्रति" (https://web-archive-org/ web/20070928010508/http://rrtd-nic-in/Birsa-html) | मूल (http://rrtd-nic-in/Birsa-html) से 29 सितंबर 2007 को संग्रहीत। 13 नवंबर 2007।

39. "thetribaltribune-com^^ ¼https%//archive-today/ 20080502212703/ http://www-thetribaltribune-com/V1vkbZ2/fcjlk-.एचटीएम) | संग्रह.इस. मूल से संग्रहीत (http://www-thetribaltribune-com/V1l2/ Birsa-htm) 2 मई 2008 को। 14 जुलाई 2019 को लिया गया।

40. "तमिलनाडु/श्रीवाकुंटम के मंदिर और किंवदंतियां - (पृष्ठ 3)" (https://web-archive-org/web/20160) 304103825/ http://www-hindubooks-org/ temples/ tamilnadu/srivaikuntam/ page3-htm)। संग्रहीत से पर 4 मूल (http://www-hindubooks-org/temples/ tamilnadu/srivaikuntam/page3-htm) मार्च 2016। 14 जुलाई 2019 को लिया गया।

41. थॉमस पार्कहिलः द फॉरेस्ट सेटिंग इन हिंदू एपिक्स।

42. एमएस गोलवलकरः बंच ऑफ थॉट्स, पी.479।

43. जैन, गिरिलालः द हिंदू फेनोमेनन। यू बी एस पी डी, दिल्ली 1994।

44. ईशमन, कुलके और त्रिपाठी, संपा.ः जगन्नाथ का पंथ, पृष्ठ 97। एलस्ट 2001

45. महाभारत (पृ.31६54) (प्प्.37.47य प्प्.44.21) म्सेज 2001

46. कौटिल्यः अर्थशास्त्र 9ः2ः13-20, पेंगुइन संस्करण, पृ. 685. एलस्ट 2001

47. भुक्या, भंग्या (जनवरी 2013)। चटर्जी, जोयाय पीबॉडी, नॉरबर्ट (संस्करण)। "अधीनता" की गिन्नीः। उपनिवेशवाद और मध्य भारत, 1818-1948 में गोंड राजाओं "आधुनिक एशियन अध्ययन। कैम्ब्रिज यूनिवर्सिटी प्रेस। 47 (1) 309. जे एस टी ओ आर 23359786 (https://www-jstor-orth/ fLFkj/23359786)।

भारतः एक देश का अध्ययन, संघीय अनुसंधान प्रभाग - जनजातियाँ

48. आनंद, एस।, एनोटेशन, एनीहिलेशन ऑफ कास्ट, नवायना पब्लिशिंग प्राइवेट लिमिटेड। सीडब्ल्यूएमजी 68,327

49. गुरुस्वामीमोहन, स्क्रॉल.इनध्आर्टिकल/773759/ आदिवासी-इंडिया-ओरिजिनल -इनहैबिटेंट्स ॠहैवॠसफर्ड्ॠद मोस्ट्ॠएट्ॠइट्स्ॠहैंड्स 25.04.2021 को एक्सेस किया गया

अध्याय 5

1. एम एच एम टी एल: फाइलः //% // सीः / उपयोगकर्ता / एम्पायर / डाउनलोड। जाति भेदभाव- mhtml

2. डी बी "सागर" Bishwakarma, "नस्लीय भेदभाव के सभी रूपों के उन्मूलन के लिए संयुक्त राष्ट्र सम्मेलन के लिए देश की रिपोर्ट जनरल टिप्पणियाँ," कागज अकादमी द्वारा लोक उत्थान के लिए तदर्थ कार्य समूह के लिए के गैर सरकारी संगठन देश रिपोर्ट तैयार पर तैयार के तहत नस्लीय भेदभाव के सभी रूपों के उन्मूलन पर संयुक्त राष्ट्र अंतर्राष्ट्रीय सम्मेलन।

3. आई. बी. आई. डी.।

4. राजेंद्र कालिदास विमला गोनेसेकेरे, "स्वदेशी लोगों और अल्पसंख्यकों के भेदभाव और संरक्षण की रोकथाम" (न्यूयॉर्कः संयुक्त राष्ट्र, 2001) ई/सीएन-4/उप। 2/2001/16, पैरा। 38

5. "नेपाल अछूत जाति के खिलाफ पूर्वाग्रह को रोकता है," द न्यूयॉर्क टाइम्स, 17 अगस्त, 2001।

6. नस्लीय भेदभाव के उन्मूलन पर समिति, "1996 में राज्यों की पार्टियों की चैदहवीं आवधिक रिपोट्रः भारत, "CERD/C/299/Add-3, पैरा। 7, अप्रैल 29, 1996।

7. नस्लीय भेदभाव के उन्मूलन पर समिति, "1998 में राज्यों की पार्टियों की चैदहवीं रिपोट्रः नेपाल, "CERD/C/337/ Add-4, पैरा। 22 मई 12, 1999।

8. आई. बी. आई. डी.। पैरा। 38.

9. गोनेसेकेरे, "भेदभाव की रोकथाम" (न्यूयॉकर्ः संयुक्त राष्ट्र, 2001), ई/सीएन-4/उप। 2/2001/16, पैरा। 28-29.

10. 1999 में श्रीलंका में ह्यूमन राइट्स वॉच द्वारा किए गए शोध में, कुरावर अल्पसंख्यक, एक गैर-तमिल आदिवासी समूह के विस्थापित सदस्यों ने शिकायत की कि उनके तमिल पड़ोसी उन्हें गांव की पानी की आपूर्ति का उपयोग करने से रोक रहे हैं क्योंकि उन्हें निम्न जाति या "न छूने योग्य" त्रिंकोमाली में श्रीलंकाई तमिल आंतरिक रूप से विस्थापित व्यक्तियों (आईडीपी) ने भी शिकायत की जब उन्हें भारतीय मूल के तमिलों के करीब रहने के लिए मजबूर किया गया, जिन्हें वे निचली जाति मानते थे। ह्यूमन राइट्स वॉच साक्षात्कार, अप्रैल 1999।

11. Oddvar Holup, "जाति की पहचान और श्रीलंका में तमिल बागान श्रमिकों के बीच सांस्कृतिक निरंतरता," एशियाई और अफ्रीकी अध्ययन के जर्नल, वॉल्यूम। 28, संख्या 1-2 (1993), पीपी 79-81।

12. जेरोम नजिकवुलिमचुकवु ओकाफोर, द चैलेंज ऑफ ओसु कास्ट सिस्टम टू द इग्बो क्रिश्चन (ओनित्शाः वेरिटास प्रिंटिंग एंड पब्लिशिंग, 1993), पी। 33.

13. इयान नेरी, माइकल वेनर में "बुराकुमिन इन कंटेम्पररी जापान" (संस्करण) जापान के अल्पसंख्यकः समरूपता का भ्रम (लंदनः रूटलेज, 1997), पी। 55.

14. भेदभाव और जातिवाद के सभी रूपों के खिलाफ अंतर्राष्ट्रीय आंदोलन और बुराकू लिबरेशन लीग और बुराकू लिबरेशन एंड ह्यूमन राइट्स रिसर्च इंस्टीट्यूट, "जापान में बुराकू भेदभाव की वास्तविकताः इतिहास, स्थिति, चुनौती," फरवरी 2001, पीपी। 7-8।

15. आई. बी. आई. डी.। पी 10.

16. "क्योटो," एनसाइक्लोपीडिया ब्रिटानिका ऑनलाइन, http://members-eb-com/bol/topic\eu?109591&sctn?4] (18 जुलाई 2001 को अभिगमित)।

17. लेस्ली डी. ऑलड्रिट, "द बुराकुमिनः द कॉम्प्लिसिटी ऑफ जापानी बौद्ध धर्म इन ऑप्रेशन एंड एन अपॉर्चुनिटी फॉर लिबरेशन," जर्नल ऑफ बुद्धिस्ट एथिक्स, वॉल्यूम। 7 (2000), http://jbe-la-psu-edu/7/alldritt001-html पर उपलब्ध (28 मार्च 2001 को एक्सेस किया गया)।

18. 18.   युका इशिकावा, "अधिकार कार्यकर्ता और अधिकार उल्लंघनः जापान में बुराकुमिन केस," जातिवाद और जाति के खिलाफ वैश्विक सम्मेलन के लिए बुराकू लिबरेशन लीग द्वारा तैयार पेपर - आधारित भेदभाव, नई दिल्ली, भारत, 1-4 मार्च, 2001, यहां उपलब्ध है http://www-imadr-org/tokyo/ishikawareport-html (21 मई 2001 को एक्सेस किया गया)।

19. इशिकावा, "अधिकार कार्यकर्ता और अधिकार उल्लंघन।"

20. बुराकू लिबरेशन एंड ह्यूमन राइट्स रिसर्च इंस्टीट्यूट और बुराकू लिबरेशन लीग, बुराकू पीपल।

21. http://www-geocities-com/jbenhill/thesisChap2-html (26 जुलाई 2001 को एक्सेस किया गया)।

22. "बांग्लादेश दलित हिंदू नौकरियों और घरों के लिए लड़ते हैं," इंडियन एक्सप्रेस, 20 सितंबर, 2000।

23. आई. बी. आई. डी.।

24. पीपी शिवप्रगसम, "श्रीलंका में भारतीय मूल के तमिलः एक उत्पीड़ित लोग" (जातिवाद और जाति के खिलाफ वैश्विक सम्मेलन के लिए दलित मानवाधिकारों पर राष्ट्रीय अभियान द्वारा तैयार किया गया पेपर - दलितों के खिलाफ भेदभाव ध् व्यवसाय और वंश आधारित भेदभाव, नई दिल्ली, भारत मार्च 1-4, 2001)।

25. गोनेसेकेरे, "भेदभाव की रोकथाम" (न्यूयॉर्कः संयुक्त राष्ट्र, 2001) ई/सीएन-4/उप। 2/2001/16, पैरा। 32

26. आई. बी. आई. डी.।

27. आई. बी. आई. डी.। पैरा। 36.

28. एंटी-स्लेवरी इंटरनेशनल, "मॉरिटानिया में दासता की दृढ़ता और गुलामी विरोधी कार्यकर्ताओं का दमन," अल्पसंख्यकों के भेदभाव और संरक्षण की रोकथाम पर संयुक्त राष्ट्र उप आयोग को मौखिक बयान (अब्देल नासिर औलद ओथमान सिड अहमद द्वारा वितरित, फ्रांसीसी मूल से अनुवादित) अगस्त 1998.

29. ह्यूमन राइट्स वॉच, जॉन रोसेनबाम को पत्र, व्यापार और विकास के लिए सहायक यू एस टी आर, यू एस ट्रेड

रिप्रेजेंटेटिव का कार्यालय, 14 मई, 1999। केविन बेल्स, डिस्पोजेबल पीपलः न्यू स्लेवरी इन द ग्लोबल इकोनॉमी (बर्कलेः यूनिवर्सिटी ऑफ कैलिफोर्निया प्रेस, 1999)।

30. बुराकू लिबरेशन लीग और बुराकू लिबरेशन एंड ह्यूमन राइट्स रिसर्च इंस्टीट्यूट, जापान में बुराकू लोगों के खिलाफ भेदभाव की वास्तविकता और भेदभाव के उन्मूलन के लिए चुनौती (जापानः बुराकू लिबरेशन एंड ह्यूमन राइट्स रिसर्च इंस्टीट्यूट, 2001), पी। 60.

31. बुराकू लिबरेशन एंड ह्यूमन राइट्स रिसर्च इंस्टीट्यूट और बुराकू लिबरेशन लीग, "बुराकू पीपल," (जापानः डिस्क्रिमिनेशन अगेंस्ट बुराकू पीपल)।

32. ohchr-org/hi/hrbodies/hrc/pages/home-aspÛ

33. ohchr-org/Documents/ HR बॉडीज/ HR काउंसिल/ रेगुलर सेशन II/A&HRC&II&CRP&3-pdf

34. un-org/en/about -us/Universal Declaration&of Human&rights

35. un-org/hi/about&us/history&of&the&un

36. एशिया दलित अधिकार मंच, काम और वंश और अस्पृश्यता के आधार पर भेदभाव

37. यूनाइटेड किंगडम की 21-23 आवधिक रिपोर्टों की समीक्षा में नस्लीय भेदभाव के उन्मूलन पर संयुक्त राष्ट्र समिति को वैकल्पिक रिपोर्ट- यूके में जाति - आधारित भेदभाव

38. आईएसडीएन ब्रीफिंग पेपर (2014) - यूके में जातिगत भेदभाव

39. रोमा लोग यूरोप में 21वीं सदी में: हिंसा, बहिष्कार और असुरक्षा मानवाधिकार रिपोर्ट की रक्षा के लिए एक यूरोपीय संघ।

40. द रोमा पीपल इन यूरोप- पीस रिसर्च, रिचर्डसन इंस्टीट्यूशन, (2014)।

अध्याय 6

1. अम्बेडकर, बीआर, बीएडडब्ल्यूएस, खंड 1

2. सी:/उपयोगकर्ता/डेल/डेस्कटॉप/ज्योतिराव/विकिपीडियाण्जिउस

3. hi-wikipedia-org/wiki/ ध्ज्योतिराव फुले

4. फुले, ज्योतिराव (1991)- चयनः महात्मा ज्योतिराव फुले की कलेक्टेड वर्क्स वॉल्यूम II   (http://books) descr-org/ads-php\md5?d0b5f4caf 0917 b30dbae350f0abd3946 मुंबईः सरकार महाराष्ट्र। पीपी. xv-

5. 15. फुले, ज्योतिराव (1991)। चयनः महात्मा ज्योतिराव फुले की कलेक्टेड वर्क्स वॉल्यूम II   (http://books) descr-org/ads-php\md5? d0b5f4caf0917 b30dbae350f 0abd3946। मुंबईः सरकार महाराष्ट्र। पीपी. xvi-

6. ओ'हानलॉन (2002), पी. 135 sfnp त्रुटिः एकाधिक लक्ष्य (2×) CITEREFO^Hanlon2002 (सहायता)

7. भद्रू, जी. (2002)। "निम्न जाति विरोध आंदोलन में शतशोधक समाज का योगदान"

में 19 वीं सदी "। भारतीय इतिहास कांग्रेस की कार्यवाही। 63:। 845-854 JSTOR 44,158,153 (https://www-jstor-org/stable/44158153)।

8. "महात्मा ज्योतिराव का जीवन और कार्य"(https://web-archive-org/web /20090311014003/http%//www-unipune-ernet-in/chairs/mahatmaphule/lifework-htm)। पुणे विश्वविद्यालय। मूल से संग्रहीत (http://www-unipune-ernet-in/chairs/mahatmaphule/lifework-htm) 11 मार्च 2009 को।

9. मानविकी और सामाजिक विज्ञान आविष्कार के अंतर्राष्ट्रीय जर्नल (आईजेएचएसएसआई) आई एस एस एन (ऑनलाइन) 2319-7714 www-ijhssi-org//volume 8 अंक 03 सर्व-इन मार्च 2019/1 पी-43-50

10. hi-wikipedia-org/wiki/Ambedkar

11. "डॉ अम्बेडकर" (https://web-archive-org/web/20121008195805/http://www-ncdhr-org-in/ncdhr/general-info-misc-pages/dr-ambedkar)। दलित मानवाधिकारों पर राष्ट्रीय अभियान। से संग्रहीत मूल (http://www-ncdhr-org-in/ncdhr/general-info-misc-pages/dr-ambedkar) 8 अक्टूबर को 2012। 12 जनवरी 2012 को लिया गया।

12. कुमार, ऐश्वर्या "द लाइज ऑफ मनु" (http%//www-outlookindia-com/article/The-Lies-Of-Manu/2) 81937)। आउटलुकइंडिया डॉट कॉम। संग्रहीत (https://web-archive-org/web/20151018233954/http://

www-Outlookindia-com/article/the-lie-of-manu/281937) मूल से 18 अक्टूबर 2015 को।

13. "जाति का विनाश" (http://www-frontline- in/static/ html/ fl2815/stories/ 20110729281509500-htm)।

फ्रंटलाइन.इन। संग्रहीत (https://web-archive-org/ web/140528172120/http://www-frontline-in/static/ html/fl2815/stories/20110729281509500-htm) मूल से 28 मई 2014 को।

14. hi-wikipedia-org/wiki/Narayana_Guru

15. "नारायण गुरु, 1856-1928" (https://id-loc-gov/ authorities/names/n82142354-html)। एलसी नाम प्राधिकरण फाइल। कांग्रेस के पुस्तकालय। 18 मार्च 2021 को लिया गया।

16. पुलपिल्ली, सिरिएक के. (1976)। "केरल के इझावा और स्वीकृति के लिए उनका ऐतिहासिक संघर्ष इन द हिंदू सोसाइटी" स्मिथ में, बाईवेल एल. (संपा.) दक्षिण एशिया में धर्म और सामाजिक संघर्ष (एचटीटी)

ps://books-google-com/books\ id?xNAl9F8lBOgC)। समाजशास्त्र और सामाजिक में अंतर्राष्ट्रीय अध्ययन नृविज्ञान। 22. ब्रिल। पीपी 24-46। आईएसबीएन 978-90-04-04510-1।

17. "अरुविपुरम प्रतिष्ठा के 125 वर्ष" (http://www-newindianexpress-com/ cities/ chennai/2013 / aug/22/ 125&years&of&v# foiqje&çfr"Bk&509120-html)। द न्यू इंडियन एक्सप्रेस। पुनः प्राप्त किया 1 अप्रैल 2019।

18. "श्री नारायण गुरु एक नई रोशनी में" (https://web-archive-org/web/20131113133024/ http://newindianexpress-com/ cities/kochi/ article 167942-ece\service?print)। 13 नवंबर 2013। संग्रहीत से मूल (http://newindianexpress-com/cities/kochi/article167942-ece\service?print) पर 13 नवंबर 2013। 1 अप्रैल 2019 को लिया गया।

19. "गुरु-वर्षम 150 श्री नारायण गुरु का वर्ष" (https://www-rediff-com/news/2004/aug/30राजीव.एचटीएम)। www-rediff-comA 1 अप्रैल 2019 को लिया गया।

यह सभी देखें

टिप्पणियाँ

संदर्भ

20. स्टाफ रिपोर्टर (7 अक्टूबर 2009)। "केरल ने केंद्र को राष्ट्रीय प्रार्थना गीत की सिफारिश की" (https://www-thehindu-com/news/national/kerala/Kerala-recommends-national-prayer-song-to-Centre/article16885319-ece)। हिन्दू। 1 अप्रैल 2019 को लिया गया।

21. "श्री नारायण गुरु के लेखन" (https://www-sndp-org/html/writings-html)A www-sndp-orgA 1 अप्रैल 2019 को लिया गया।

22. डायने पी. माइंसय सारा लैम्बय सारा ई। लैम्ब (2010)। दक्षिण एशिया में रोजमर्रा की जिंदगी (https://books-google-com/books\id?828fOvb61 wIC&pg?PA209)। इंडियाना यूनिवर्सिटी प्रेस। पीपी.

209-.आईएसबीएन 978-0253-35473-0 आर. रमन नायरय एल सुलोचना देवी (2010)। चट्टम्पी स्वामीः एक बौद्धिक जीवनी-1 (https://books-google-com/books\id?K&JRfipEdV0C&pg?PA189)। दक्षिण भारतीय अध्ययन। पीपी. 189-.आईएसबीएन 978-81-905928-2-6।

23. बार्डवेल एल. स्मिथ (1976)। दक्षिण एशिया में धर्म और सामाजिक संघर्ष (https://books-google-comधपुस्तकें?आईडी xNAI9F8IBOgC&pg?PA42)। ब्रिल। पीपी 42-. आईएसबीएन 90-04-04510-4।

24. स्टाफ रिपोर्टर (8 मार्च 2016)। "अलुवा में सर्वधर्म सम्मेलन शुरू" (https://www-thehindu-com/ne -½ ws/cities/dksfPp/ allreligion- meet-begins- at- aluva /article8325913-ece)। हिन्दू। पुनः प्राप्त किया 1 अप्रैल 2019।

25. hi-wikipedia-org/wiki/Dalit&Panthers

26. राजावत, पी. 325

27. राजावत, ममता (2004). Encyclopedia भारत में दलितों की, खंड 1 (https%//books-google-com/\आईडी = oXNQvgAACAAJ और Encyclop edia + दलितों में ममता की)। अनमोल प्रकाशन। पी। 325. आईएसबीएन 978-81-261-2084-0।

28. माइकल, एसएम (2007)। आधुनिक भारत में दलितः दृष्टि और मूल्य (https%//books-google-com/book -) एस? आईडी = गदलव1गच्छूगूब्-चहघ्च।172)। साधू। पी।

173. आईएसबीएन 978-0-7619-3571-1। पुनः प्राप्त किया 9 जनवरी 2010।

29. "दलित पैंथसर्ः एक और दृश्य"। आर्थिक और राजनीतिक साप्ताहिक। 9 (18) 715-716। 1974। आईएसएसएन 0012-9976 (https%//www-worldcat-org/issn0012-9976)। जेएसटीओआर 41497050 (https://www-jstor-org/stable/41497050)।

30. "द लास्ट पैंथर" (https://www-mid-day-com/articles/the-last-panther /21386193)। मध्याह्न - 21 जुलाई 2019। 8 अगस्त 2019 को लिया गया।

31. सत्यनारायण और थारू (2013)। द एक्सरसाइज ऑफ फ्रीडमः एन इंट्रोडक्शन टू दलित राइटिंग। नई दिल्लीः नव्याना। पी। 55। आईएसबीएन 978-8-18905-961-3।

32. hi-wikipedia-org/wiki/BAMCEF

33. जाफरलॉट 2010, पी। 535.

34. hi-wikipedia-org/wiki/BAMCEF/ध्कांशी-राम

35. नारायण, बद्री (11 मई 2012)। "अम्बेडकर और कांशीराम - इतने एक जैसे, फिर भी इतने अलग" (http://www-thehindu-com/opinion/op-ed/ambedkar-and-kanshi-ram-so-alike-yet-so-different/article3405293 ई.सी.)। हिन्दू। 15 मई 2016 को लिया गया।

36. वाघमोर, सूर्यकांत. नागरिकता के खिलाफ जातिः पश्चिमी भारत में दलित राजनीति और नागरिकता (ht   -)   tps://books-google-com/books\id?PPenAwAAQBAJ&pg?PA40)। साधू। पी। 40.

37. बागची, सुवोजीत (17 नवंबर 2013)। "छत्तीसगढ़ चुनावः एक तस्वीर खत्म करने की ओर" (https://www-thehindu-com/news/national/other-states/Chhattisgarh-polls-towards-a-photo-finish/article53593 12 -ece)। हिन्दू। ISSN 0971-751 X (https://www-worldcat-org/issn/0971-751X)। पुनः प्राप्त किया 9 अगस्त 2018।

38. रावत, रामनारायण (23 अक्टूबर 2006)। "दलित चाणक्य" (http://www-outlookindia-com/article-aspx\232896)। आउटलुक। 16 अक्टूबर 2016 को लिया गया।

39. शेरिंग, एमए, हिंदू ट्राइब्स एंड कास्ट्स , ट्र यू बैनर एंड कंपनी, लंदन

40. hi-wikipedia-org/wiki/Ramanuj

41. en-wikipedia-org/wiki/ध्भक्ति कवि

42. शोमर और मैकलियोड (1987), पी। 1.

43. https://www-indiatoday- in/education-today/gk-current-affairs/story/-crashcourse-cbse-class-12 इतिहास-भक्ति-आंदोलन-एस-उद्भव-और-प्रभाव-1438286-2019-01-24 (https://www-indiatoday-in/education-today/gk-current-affairs/story/-crashcourse-cbse-class-12-history-bhakti-move esaV&,। -उद्भव-और-प्रभाव- 1438286-2019-01-24)। गुम या खाली शीर्षक= (सहायता)

44. शोमर एंड मैकलियोड (1987), पीपी 1-2।

यह सभी देखें

टिप्पणियाँ

संदर्भ

45. लांस नेल्सन (2007), धर्मशास्त्र और धार्मिक अध्ययन का एक परिचयात्मक शब्दकोश (संपादकः ऑरलैंडो ओ. एस्पिन, जेम्स बी. निकोलॉफ), लिटर्जिकल प्रेस, आईएसबीएन 978-0814658567, पृष्ठ 562-563

46. एसएस कुमार (2010), भक्ति - द योग ऑफ लव, एलआईटी वेरलाग मुन्स्टर, आईएसबीएन 978-3643501301, पेज 35-36

47. वेंडी डोनिगर (2009), "भक्ति" (http://www-britannica-com/EBchecked/topic/63933/bhakti), एनसाइक्लोपीडिया ब्रिटानिका

48. "हिंदू धर्म के चार संप्रदाय" (http://www-himalayanacademy-com/readlearn/basics/f) हमारे-सम्प्रदाय)। हिमालयन अकादमी। 2013.

49. जोहर, सुरिंदर (1999). गुरु गोबिंद सिंहः एक बहुआयामी व्यक्तित्व। एमडी प्रकाशन।

पी। 89. आईएसबीएन 978-8-175-33093-1।

50. शोमर और मैकलियोड (1987), पी। 2.

51. क्रिश्चियन नोवेट्जके (2007)। "भक्ति और उसकी जनता"। इंटरनेशनल जर्नल ऑफ हिंदू स्टडीज। 1 1

(3): 255-172। डोईः 10.1007धै11407-008-9049-9 (https://doi-org/10-1007:2Fs11407-008-9049-9)। जेएसटीओआर 25691067 (https%//www-jstor-org/stable/25691067)। S2CID 144065168 (https://api-semanticscholar-org/CorpusID:144065168)।

52. पेचिलिस प्रेंटिस (2014), पीपी। 10-16।

53. पेचिलिस प्रेंटिस (2014), पीपी। 15-16।

54. कैथरीन रॉबिन्सन (2005), भगवद-गीता की व्याख्या और हिंदू की छवियां परंपरा, रूटलेज, पै्ठछ 978-0415346719, पृष्ठ 28-30

55. पेचिलिस प्रेंटिस (2014), पीपी। 26-32, 217-218।

56. पेचिलिस प्रेंटिस, करेन (1999)। भक्ति का अवतार। यूएसः ऑक्सफोर्ड यूनिवर्सिटी प्रेस. पी। 24.

    आईएसबीएन 978-0-19-512813-0।

57. वर्नर, कारेल (1993)। लव डिवाइनः भक्ति और भक्ति रहस्यवाद में अध्ययन। रूटलेज।

    पी। 168. आईएसबीएन 978-0-7007-0235-0।

58. मोनियर मोनियर-विलियम्स, मोनियर-विलियम्स संस्कृत अंग्रेजी शब्दकोश, मोतीलाल बनारसीदास, पेज 743

59. भक्ति (http://spokensanskrit-de/ index-php\ tinput) bhakti-direction) SE-script? HK&link) yes-beginning?0) संस्कृत अंग्रेजी शब्दकोश, कोएलन विश्वविद्यालय, जर्मनी

60. पेचिलिस प्रेंटिस (2014), पीपी। 19-21।

61. पेचिलिस प्रेंटिस (2014), पी। 3.

62. मैडलीन बियाईँ (1994), हिंदू धमरः एक ब्पअपसप के मानव विज्ञान रों समझना (मूलः फ्रांस), ऑक्सफोर्ड यूनिवर्सिटी प्रेस, आईएसबीएन 978-0195633894 (रिचर्ड नाइस द्वारा अंग्रेजी अनुवाद), पृष्ठ 89-91

63. श्वेताश्वतारा उपनिषद 6.23 (https://sa-wikisource-org/wiki/srkrjksi x"kn) विकिसोर्स

64. पॉल कैरस, द मोनिस्ट (https://books-google-com/books\id?96sLAAAAIAAJ) Google पर पुस्तकें, पृष्ठ 514-515

65. पॉल इयूसेन, वेद के साथ उपनिषद, खंड 1, मोतीलाल बनारसीदास, आईएसबीएन 978-9120914694, पृष्ठ 323

66. मैक्स मूलर, श्वेताश्वतर उपनिषद (https://archive-org/ stream/ Upanishads 02ml#page/266/eksM/2vi), उपनिषद, भाग प्प्, ऑक्सफोर्ड यूनिवर्सिटी प्रेस, पृष्ठ 267

67. डब्ल्यू ए एन ब्राउन (1970), मैन इन द यूनिवसरः सम कंटिन्युटीज इन इंडियन थॉट, यूनिवर्सिटी ऑफ कैलिफोर्निया प्रेस, पैठछ 978-0520017498, पृष्ठ 38-39

68. पॉल इयूसेन, वेद के साथ उपनिषद, खंड 1, मोतीलाल बनारसीदास, आईएसबीएन 978-9120914694, पृष्ठ 301-304

69. मैक्स मूलर, श्वेताश्वतर उपनिषद (https://archive-org/ stream/ upanishads02ml#page/ n33/mode/2up), ऑक्सफोर्ड यूनिवर्सिटी प्रेस, पेज xxxii - xiii

70. मैक्स मूलर, श्वेताश्वतर उपनिषद (https://archive-org/ stream /upanishads02ml#page/n33/eksM/2up), ऑक्सफोर्ड यूनिवर्सिटी प्रेस, पेज गगगपअ और गगगअपप

71. डी श्रीनिवासन (1997), कई सिर, हथियार और आंखें, ब्रिल, आईएसबीएन 978 -9004107588, पृष्ठ 96-97 और अध्याय 9

72. ली सीगल (अक्टूबर 1978)। "टिप्पणीः भारतीय विचार में आस्तिकता"। दर्शन पूर्व और पश्चिम। 28 (4)ः 419-423। डोईः 10-2307/1398646 (https://doi-org/10-2307:2F1398646)।

जे एस टी ओ आर 1398646 (https://www-jstor-org/ stable/1398646)।

73. आर सुचिदा (1985)। "श्वेताश्वतर-उपनिषद के पाठ पर कुछ टिप्पणियां"। जर्नल का

भारतीय और बौद्ध अध्ययन 34 (1)ः 460-468 "श्वेताश्वर -उपनिषद वैदिक उपनिषदों के बीच एक अत्यंत विशिष्ट स्थान रखता है, जिसकी गवाही सांख्य-योग सिद्धांतों के साथ संयुक्त ध्यान और अद्वैतवादी रुद्र-पंथ।"

74. एम. हिरियाना (2000), द एसेंशियल ऑफ इंडियन फिलॉसफी, मोतीलाल बनारसीदास, आईएसबीएन 978-912913304, पृष्ठ 32-36

75. फाउलर (2012), प्राक्कथन देखें।

76. माइनर, रॉबर्ट नील (1986)। भगवद्गीता के आधुनिक भारतीय दुभाषिए (https://books-google) ई.कॉम/

किताबें? आईडी = Ku2DGm20WWUC&pg?PA3)। सनी प्रेस. पी। 3. आईएसबीएन 978-0-88706-297-1।

77. Xydfyp], एरियल (2008)। विष्णु के कदम (https://books-google-com/books\id?KtLScrjrWiA) सी एंड पीजी = पीए104)। ऑक्सफोर्ड यूनिवरसिटि प्रेस। पी। 104. आईएसबीएन 978-0-19-531405-2।

78. जैकबसेन, नट ए., एड. (2005)। योग का सिद्धांत और अभ्यासः गेराल्ड के सम्मान में निबंध जेम्स लारसेन। ब्रिल अकादमिक प्रकाशक। पी। 351. आईएसबीएन 90-04-14757-8।

79. क्रिस्टोफर की चैपल (संपादक) और विन्थ्रोप सार्जेंट (अनुवादक), भगवद गीताः पच्चीसवाँ-वर्षगांठ संस्करण, स्टेट यूनिवर्सिटी ऑफ न्यूयॉर्क प्रेस, ISBN 978-1438428420 पेज 302-303, 318

80. बेरी, विलियम थिओडोर डीय स्टीफन एन हे (1988)। "हिंदू धर्म" (https://books-google-com/book -)एस? आईडी = PqzFZNF2RxgC&pg? PA330)। भारतीय परंपरा के स्रोत। मोतीलाल बनारसीदास। पी। 330. आईएसबीएन 978-81-208-0467-8।

81. जॉर्ज फुएरस्टीनय केन विल्बर (2002)। योग परंपरा (https://books-google-com/books\id?Yy5s2EHXFwAC&pg?PA55)। मोतीलाल बनारसीदास। पी। 55. आईएसबीएन 978-81-208-1923-8।

82. स्वामी विवेकानंद (2006)। "भक्ति योग" (https://books-google-com/books\id?usBhrZcnJ78)। अमिया पी

सेन (सं .) में। अपरिहार्य विवेकानंद। ओरिएंट ब्लैकस्वान। पी। 212. आईएसबीएन 978-81-7824-130-2।

83. एसएम पांडे (1965)। "मीराबां और भक्ति आंदोलन में उनका योगदान"। का इतिहास

धर्म। 5 (1): 54-76. डोईः 10-1086/462514 (https:// doi-org/10-1086-2F462514)।

जेएसटीओआर 1061803 (https://www-jstor-org/ stable/1061803)। S2CID 162398500 ¼https:// api-semanticscholar-org/CorpusID 162398500)।

84. एम्ब्री, आइंस्ली थॉमसय स्टीफन एन। हेय विलियम थियोडोर डी बेरी (1988)। के स्रोत

भारतीय परंपरा। कोलंबिया यूनिवर्सिटी प्रेस। पी। 342 आईएसबीएन 978-0-231-06651-8।

85. फ्लड, गेविन (1996)। हिंदू धर्म का एक परिचय (https:// archive-org/details/introductiontohi0000फ्लो)। कैम्ब्रिज यूनिवर्सिटी प्रेस। पीपी. 131 (https://archive- org/details/introductiontohi0000floओ/पेज/131)। आईएसबीएन 978-0-521-43878-0।

86. ओल्सन, कार्ल (2007)। कई Colo # हिंदू धर्म केः एक विषयगत-ऐतिहासिक परिचय। रटगर्स विश्व - विद्यालय का मुद्रणालय। पी। 231 आईएसबीएन 978-0-8135- 4068-9।

87. शेरिडन, डैनियल (1986)। भागवत पुराण का अद्वैतवाद। कोलंबिया, मोः साउथ एशिया बुक्स। आईएसबीएन 81- 208-0179-2।

88. जे ए बी वैन बुइटेनन (1996)। "भागवत पुराण का पुरातनवाद"। एसएस शशि (सं .) में।

इनसाइक्लोपीडिया इंडिका। पीपी 28-45। आईएसबीएन 978-81-7041-859-7।

89. पेचिलिस प्रेंटिस (2014), पीपी। 17-18।

90. नोटः जल्द से जल्द आगमन की तारीख विद्वानों द्वारा विवादित है। वे 7वीं से 9वीं शताब्दी तक के हैं, भारतीय प्रायद्वीप के तटीय क्षेत्रों में बसने वाले मुस्लिम व्यापारियों के साथ , शरण मांगने वाले मुसलमानों के लिए में तमिलनाडु, मुहम्मद बिन कासिम द्वारा उत्तर पश्चिमी भारत में छापे के लिए। देखें: एनीमेरी शिमेले (1997) भारतीय उपमहाद्वीप में इस्लाम, ब्रिल अकादमिक, आईएसबीएन 978-6004061170, पृष्ठ 3-7य

आंद्रे विंक (2004), अल-हिंदः द मेकिंग ऑफ द इंडो-इस्लामिक वर्ल्ड, ब्रिल एकेडमिक पब्लिशर्स, आईएसबीएन 90-04-09249-8

91. करेन पेचेलिस (2011), "भक्ति परंपराएं", द कॉन्टिनम कम्पेनियन टू हिंदू स्टडीज में (संपादकः जेसिका फ्रेजियर, गेविन फ्लड), ब्लूम्सबरी, पैठछ 978-0826499660, पृष्ठ 107-121

92. हॉली (2015), पीपी। 39-61।

93. रेखा पांडे (2014), डिवाइन साउंड्स फ्रॉम द हार्टकृसिंगिंग अनफिटेड इन देयर ओन वॉयस, कैम्ब्रिज यूके, पैठछ 978-1443825252, पृष्ठ 25

94. वसुधा नारायणन (1994), द वर्नाक्यूलर वेदः रहस्योद्घाटन, सस्वर पाठ, और अनुष्ठान, ज़ीम यूनिवर्सिटी ऑफ साउथ कैरोलिना प्रेस, पैठछ 978-0872499652, पेज 84

95. गेविन फ्लड (2003)। हिंदू धर्म के ब्लैकवेल साथी। विली-ब्लैकवेल। पी। 185, आईएसबीएन 978-0-631-21535-6।

96. स्टीफन नील (२००२), भारत में ईसाई धर्म का इतिहास, 1707-1858, कैम्ब्रिज यूनिवर्सिटी प्रेस, आईएसबीएन 978-0521-89332-9, पृष्ठ 412

97. मैरी केल्टिंग (2001), सिंगिंग टू द जिनसः जैन लेवुमेन, मास सिंगिंग, एंड द जैन भक्ति की वार्ता, ऑक्सफोर्ड यूनिवर्सिटी प्रेस, पृष्ठ 87, आईएसबीएन 978-0-19-514011-8

98. क्लॉस जी विट्ज (1998), द सुप्रीम विजडम ऑफ द उपनिषदः एन इंट्रोडक्शन, मोतीलाल बनारसीदास, आईएसबीएन 978-8120815735, पृष्ठ 10

99. गाइ बेक (2011), सोनिक लिटुरजीः रिचुअल एंड म्यूजिक इन हिंदू ट्रेडिशन, द यूनिवर्सिटी ऑफ साउथ कैरोलिना प्रेस, आईएसबीएन 978-1611170375, अध्याय 3 और 4

100. डेविड किंसले (1979), द डिवाइन प्लेयरः ए स्टडी ऑफ कृष्ण लीला, मोतीलाल बनारसीदास, आईएसबीएन 978-0896840195, पृष्ठ 190-204

101. रिचर्ड कीकेफर और जॉर्ज बॉन्ड (1990), सेंटहुडः इट्स मैनिफेस्टेशन्स इन वर्ल्ड रिलिजन्स, कैलिफोर्निया

विश्वविद्यालय प्रेस, आईएसबीएन 978-0520071896, पृष्ठ 116-122

102. हॉली (2015), पीपी 304-310।

103. लोरेंजेन (1995), पीपी। 182-199।

104. मुखर्जी, सुजीत (1998)। भारतीय साहित्य का एक शब्दकोश। हैदराबादः ओरिएंट लॉन्गमैन. आईएसबीएन 81-250-1453-5। ओसीएलसी 42718918 (https://www-worldcat-org/oclc/42718918)।

105. ब्रिटिश भारत में किसान और भिक्षु, कैलिफोर्निया विश्वविद्यालय प्रेस, आईएसबीएन 978-0520200616, पेज 2-3, 53-81

106. रूपर्ट स्नेल (1991), द हिंदी क्लासिकल ट्रेडिशनः ए ब्रज भाषा रीडर, रूटलेज, आईएसबीएन 978-0728601758, पृष्ठ 39-40

107. राचेल मैकडरमोट (2001), सिंगिंग टू द गॉडेसः पोएम्स टू काली एंड उमा फ्रॉम बंगाल, ऑक्सफोर्ड यूनिवर्सिटी प्रेस, आईएसबीएन 978-0195134346, पृष्ठ 8-9

108. महेश्वर नियोग (1995), वैष्णव आस्था और असम में आंदोलन का प्रारंभिक इतिहासः शंकरदेव और उनका समय, मोतीलाल बनारसीदास, पैठछ 978-8120800076, पृष्ठ 1-4

109. लर्निंग हिस्ट्री सिविस स्टैंडर्ड सेवन (https://books-google-com/books\id?   uZxdatjyWkEC&pth?

PA29)। जीवनदीप प्रकाशन प्राइवेट लिमिटेड पी. 30. GGKEY : CYCRSZJDF4J

110. रेखा पांडे (13 सितंबर 2010)। हृदय से दिव्य ध्वनियाँकृउनमें निरंकुश गायन ओन वॉयसः द भक्ति मूवमेंट एंड इट्स वूमेन सेंट्स (12वीं से 17वीं सदी) (https://books- google-com/books\ vkbZMh? mYEnBwAAQBAJ&pg?PA162)। कैम्ब्रिज स्कॉलर्स पब्लिशिंग। पीपी 162-163। आईएसबीएन 978-1-4438-2525-2।

111. शोमर एंड मैकलियोड (1987)।

112. एक्सल माइकल्स (2003), हिंदुइज्मः पास्ट एंड प्रेजेंट, प्रिंसटन यूनिवर्सिटी प्रेस, आईएसबीएन 978-0691089539, पेज 62-65

113. पेचिलिस प्रेंटिस (2014), पी। 21.

114. फाउलर (2012), पीपी। xxvii - xxxivA

115. फाउलर (2012), पीपी। 207-211।

116. जेसिका फ्रैजियर और गेविन फ्लड (2011), द कॉन्टिनम कम्पेनियन टू हिंदू स्टडीज, ब्लूम्सबरी अकादमिक, आईएसबीएन 978-0826499660, पृष्ठ 113-115

117. डेविड लोरेंजेन (1996), एक निराकार ईश्वर की प्रशंसा करता हैः उत्तर भारत से निर्गुण ग्रंथ, राज्य न्यूयॉर्क विश्वविद्यालय प्रेस, आईएसबीएन 978-0791428054, पृष्ठ 2

118. इवाओ (1988), पीपी. 184-185

119. पीटर वैन डेर वीर (1987)। "टैमिंग द एसिटिकः डिवोशनलिज्म इन ए हिंदू मोनैस्टिक ऑर्डर"। आदमी। नई श्रृंखला। 22 (4): 680-695।

120. हॉली (2015), पीपी 338-339।

121. शोमर एंड मैकलियोड (1987), पीपी. 154-155।

122. निर्मल दास (2000), आदि ग्रंथ से संतों के गीत, स्टेट यूनिवर्सिटी ऑफ न्यूयॉर्क प्रेस, आईएसबीएन 978-0791446836, पृष्ठ 181-184

123. शैव हिंदू धार्मिकता में एक शब्द, एक ऐसे व्यक्ति का जिक्र है जो हमेशा यात्रा पर रहता है, तलाश करता है, सीखना य देखेंः विन्नंद कैलेवार्ट (2000), द हैगियोग्राफीज ऑफ अनंतदासः द भक्ति पोएट्स की उत्तर भारत, रूटलेइज, ISBN 978-0700713318, पेज 292

124. विन्नंद कैलेवार्ट (2000), अनंतदास की जीवनीः उत्तर भारत के भक्ति कवि, रूटलेज, ISBN 978-0700713318, पृष्ठ 292

125. वेंकटेश कार्तिक।, सीरूध्उपयोगकर्ता/डेल/डेस्कटॉप/संदर्भ/ एक- संक्षिप्त-इतिहास -भक्ति आंदोलन

अध्याय 7

1. शेरिंग, एम ए, हिंदू एंड ट्राइब्स ऑफ कास्ट्स वॉल्यूम 3, ट्रयूबैनर एंड कंपनी, लंदन

2. अम्बेडकर, बीआर, बी ए डब्ल्यू एस वॉल्यूम .1

3. अरुंधति रॉय डॉक्टर और संत

4. गुप्ता। ओपी, http://sify-com/news/othernews/ fullstory-php\id?13167991

5. श्रज्. भारत में जाति की उत्पत्ति

6. अम्बेडकर, बीआर, बीएडब्ल्यूएस वॉल्यूम। 7

7. निवार संजीव।, हिंदुस्तान के दलित

8. कोलंबिया- edu/its/ mealac/Prichett/ 00ambedkar/ timeline/ graphics/text&Gandhi &1936& Bhangi-pdfNcdhr-org-in/wp-content/ uploads/2019/05/ Discrimination-based -on-work-descent- और-अस्पृश्यता-पीडीएफ

अध्याय 8

1. बीएडब्ल्यूएस वॉल्यूम। 17 (1)

2. Hardyanaryan दीक्षित, दैनिक जागरण 20 वें सितंबर, 2020

3. गुरुस्वामी मोहन, स्क्रॉल.इन/आर्टिकल/773759/ आदिवासी-इंडिया- ओरिजिनल-इनहैबिटेंट्स- हैव-पंडेड-थेमोस्ट-एट-इट्स-हैंइस 25.04.2021 को एक्सेस किया गया

4. केन्द्र सरकार शेयर रों संगठित क्षेत्र में रोजगार में है धीरे-धीरे 4 प्रतिशत से 12.4 प्रतिशत से 1994 में 8.5 प्रतिशत करने के लिए 2012 में पंद्रह वर्षों में कमी आई है। (prsindia-org/policy/vital-stats/overview-central-government-employees)।

5. 1950 में अय्यर आयोग ने पुरोहित और औपचारिक संस्कारों के प्रशिक्षण के लिए एक केंद्रीय संस्थान स्थापित करने की सिफारिश की थी।

6. हरदयानारायण दीक्षित, दैनिक जागरण 20 सितंबर 2020

मेरा देश बदल रहा है
मैं भी बदलूंगा